RAIMONDO SATTA

SACRO ARCAICO

Religiosità popolare in Gallura

EDIZIONI
MESSAGGERO
PADOVA

Il Rito
non è semplicemente un modo alternativo
di esprimere certe cose,
è che piuttosto un certo tipo di cose
possono venire espresse
solo in modo rituale.

A.R. RAPPAPORT

In copertina:

Il Petroglifo. Stilizzazione artistica di graffito preistorico di epoca neolitica a Oniferi, Nuoro.
È una delle più antiche raffigurazioni dell'uomo in Sardegna; simboleggia il rito di passaggio a una vita ultraterrena, come esistenza parallela a quella dei vivi. I colori sullo sfondo sono zafferano, robbia, sambuco... i colori della terra. Perché la storia dell'uomo è nelle radici.

ANGELA PALA, 2009, *meistudios@hotmail.it*

ISBN 978-88-250-2429-6

MESSAGGERO DI SANT'ANTONIO – EDITRICE
Basilica del Santo - Via Orto Botanico, 11 - 35123 Padova

www.edizionimessaggero.it

Antropologia e Liturgia

– 1 –

Collana diretta da
Aldo Natale Terrin

PREFAZIONE

LA RELIGIOSITÀ POPOLARE DELLA GALLURA

Il fascino della religiosità popolare della Gallura con le sue preghiere antiche, con le sue filastrocche, con i suoi riti antichi e misteriosi, con la partecipazione viva e sentita dei fedeli – come viene descritta in questo libro – fa capire come la realtà vera è sempre qualcosa che assomiglia a un processo visionario che precede ogni tipo di intellettualizzazione. Il passato e il presente infatti si intrecciano in un unico riconoscimento nostalgico del sacro che porta le tracce di una storia indelebile per la vita degli uomini e in particolare per la vita degli abitanti della Gallura di ieri e di oggi.

L'argomento qui trattato però non vale soltanto per le sue coloriture e per la sua espressione auto-biografica, ma vale anche perché pone dei problemi a tutto il mondo religioso e cristiano. In particolare la storia religiosa popolare della Gallura suscita l'interrogativo se non ci sia una religiosità «arcaica», «indistruttibile», quasi «istintiva», una religiosità, che oserei dire, è capace di autolegittimarsi in maniera autonoma e a livello antropologico prima che in chiave cristiana.

In questo senso, come primo commento di questo libro, mi sia permesso fare un'osservazione fondamentale impiegando un'espressione forte e dirompente: vorrei affermare che non c'è nessuna possibilità di capire la «memoria storica» e l'«universo simbolico» religioso nel suo complesso e in particolare in rapporto alla ritualità se non si è in grado di capire il valore e il senso della religiosità popolare. E allo stesso modo, vorrei porre allora – quasi in anteprima – anche una preclusione a tutto il mondo cultuale e liturgico affermando che, se la liturgia e l'ambito cultuale della Chiesa volesse mantenere le distanze e considerarsi un tutto a sé lontano dal sentire religioso del popolo, vedrebbe forse fallire definitivamente la sua missione. La liturgia e il culto hanno bisogno di integrarsi con il senso religioso spontaneo del popolo e hanno bisogno di entrare in dialogo e di vivere il confronto con la religiosità popolare perché in caso contrario sarebbe la liturgia stessa a perdere il suo smalto, la sua forza e la sua incisività sulla vita dei fedeli.

Ora, chiunque comprende come un tale asserto stia a fondamento dell'importanza capitale e imprescindibile che deve essere attribuita alla religiosità popolare.

*In un'altra stagione storica ho affermato che la religiosità popolare – lungi dall'essere interpretata in maniera adeguata ed esauriente dalle varie letture delle scuole laiciste, filo-gramsciane o quant'altro – non fa per niente parte di una cultura povera e non si comporta secondo i canoni della sottomissione, dell'arrendevolezza, o del rapporto servo-padrone. Escludendo dall'interpretazione ogni matrice culturale di tipo «egemone/ subalterno», ho affermato che la religiosità popolare è se stessa in modo sovrano e costituisce l'*analogatum princeps *(il paradigma fondamentale) dello stesso «essere religiosi». Oggi mi sento di ripetere quella tesi e anzi di assolutizzarla anche in relazione alla sussistenza stessa dell'azione liturgica della Chiesa. Infatti l'anima della liturgia è l'anima stessa della religiosità popolare che «sente», «prega», «vive», «partecipa». La religiosità popolare è parte di quell'esperienza cultuale che ha bisogno di «immagini», di «formule», di «simboli» e di «preghiere immediate» e semplici, di «presenza del mistero» e di «percezione» del mistero attraverso i sensi. Non c'è dubbio, il contatto con il sovrannaturale deve passare attraverso l'esperienza viva con il corpo. L'esperienza religiosa popolare ne è l'esempio. Essa ha come sua propria essenza il fatto che crea un'occasione unica per pervenire a un «sentire immediato», per giungere quasi a una «mistica delle cose» attraverso semplici gesti che permettono di fare un tuffo nella trascendenza. Perciò si può affermare che soltanto nella religiosità popolare si vive quel riavvicinamento della religione all'immanenza che sempre si sogna, così come si vive un vero contatto con la propria terra, una parentela con i luoghi che sono familiari e nello stesso tempo si può assaporare una solidarietà profonda con le stagioni e una vicinanza con le proprie origini, al di là di ogni estetismo.*

Si tratta di dar voce a un flusso di esperienze molteplici che nel loro accadere dischiudono uno scenario di «misteri», «ombre» e «inquietudini». Nel momento stesso in cui queste emozioni creano trepidazione e attesa arricchiscono la vita di ogni giorno e sono indice ad un tempo delle vere tracce dell'esperienza di Dio, che si rivela sempre nell'ambivalenza delle nostre esperienze vitali.

La religiosità popolare si sostanzia perciò anche di questi scenari «in penombra».

In questo senso, forse la liturgia della Chiesa ha bisogno di imparare alcuni aspetti antropologici dalla religiosità popolare: il senso drammatico dell'esistenza trasmesso ad esempio nella religiosità popolare dalle componenti sceniche, dai gesti spettacolari, o forse soprattutto dalla coralità dell'azione. Nella religiosità popolare perciò si può dire che le nostre vite diventano storie vere, mentre si ha l'impressione che nella liturgia della Chiesa spesso non c'è alcuna possibilità di vivere il proprio mondo e la propria autobiografia e dunque sembra che non si potrà mai diventare attori della propria esperienza religiosa.

Ma su quale paradigma si costruisce la religiosità popolare?

Se noi facciamo attenzione, una funzione fondamentale di tutte le grandi tradizioni religiose in ordine al sacro è quella di fornire cognitivamente delle rappresentazioni in forma di immagini e di racconti di una realtà «invisibile» più profonda e più vera, facente parte di un ordine che sta – come dire – dietro al nostro mondo e che è diverso dall'apparente disordine dell'esperienza sensibile. Si tratta di un ordine «invisibile», velato e ancora nascosto ma che appare come una epifania sempre possibile, che può irrompere nel mondo con la capacità di trasformare l'ordine mondano. Ora, la religiosità popolare si basa su questo stesso paradigma, però rispetto all'ordine sovrannaturale, il senso religioso popolare fa qualcosa di più e di meglio: traduce e «narra» non solo la possibilità, ma lo stesso darsi dell'evento epifanico del sovrannaturale, mantenendo costantemente aperta una «finestra» sul divino per mezzo di preghiere ritmiche, canti semplici, gesti arcaici e tradizionali, comprensibili immediatamente. Ma direi di più. Per creare una vera cerniera tra il sovrannaturale e nello stesso tempo l'«umano più umano» la religiosità popolare si incarica di tradurre i significati profondi della vita e della morte attraverso il linguaggio dei sensi, quasi senza bisogno di parole e di commenti. Le parole che servono alla religiosità popolare sono poche; la verità più profonda «si mostra», non si dice con parole, oppure si sussurra soltanto tramite qualche mezza parola, lasciando poi spazio soltanto all'azione, al gesto, al cuore.

Ma, dal punto di vista fenomenologico, potremmo fare una seconda osservazione.

Il senso religioso popolare – come ogni altra esperienza religiosa – nel proporre l'idea del sacro, tende di necessità a creare una certa opposizione tra esperienza della «vita quotidiana» e vera «esperienza del sacro». Bisogna entrare nell'ambito del sacro per vivere l'esperienza religiosa e perciò occorre lasciare in qualche modo l'ambito profano.

Anche la religiosità popolare crea questa dialettica tra le due sfere. Perciò il senso popolare non nega una dualità di base tra sacro/profano. Cerca però subito di «ricucire» quel divario e di riportare il «sovrannaturale» nel «naturale», il «divino» nell'«umano» colmando quella distanza tra mondo «visibile» e mondo «invisibile», tra realtà parziale e realtà totale e finale. E lo fa attraverso l'accostamento a «simboli», a «reliquie», a «segni», lo fa attraverso «gesti» come il bacio delle reliquie, la processione, il canto, gli stendardi, la coreografia del luogo, i fiori, le candele, le immagini, il dramma. La religiosità popolare non divide l'uomo se non per riconciliarlo e non parla della grandezza di Dio, se non per vivere le sue meraviglie e sentirne «qui» e «adesso» l'effetto benefico tramite l'atto cultuale che diventa perciò stesso un atto corale che condensa tutta la realtà interiore ed esteriore nello stesso tempo. Se è vero che il senso religioso è un «senso totale», «olistico» di cui non ce n'è uno più grande – come afferma Van der Leeuw – non si può non immaginare che questo senso dell'esperienza religiosa non diventi il vero modo di capire la propria vita al mondo. Il senso religioso popolare, come ogni vero atto religioso che abbraccia l'intero orizzonte della propria esistenza, porta a una catarsi, porta a una rigenerazione che è qualitativamente «di più» di ogni psicodramma.

Ma si può proseguire con la metafora religiosa del «visibile» e dell'«invisibile».

L'idea fondamentale del senso religioso popolare di tutti i tempi si gioca in una specie di correlazione immediata e inconscia, in una «corrispondenza uno a uno» che si intende stabilire tra il mondo «visibile» e il mondo «invisibile». È vero che – come affermava P. Ricoeur – «il sacro si annuncia quasi volando» e non può essere catturato esaurientemente da nessuna formula interpretativa e da nessun codice esplicativo. Ma questa tesi è troppo filosofica e non adeguata alla religiosità popolare. Questa al contrario, senza dubbi, ha bisogno di schemi semplici d'azione tanto quanto sono schemi semplici di pensiero la polarizzazione e opposizione binaria tra «vero»/«falso», buono/cattivo, logico/illogico. Ora, quali sono le opposizioni su cui si basa il religioso popolare? L'opposizione più potente sembra essere quella tra Dio/diavolo (opposizione cultuale), oppure alternativa-

mente quella tra bisogno/soddisfazione del bisogno (opposizione antropologica), mentre il rapporto puro/impuro, colpa/espiazione (opposizione morale) diventa inconsciamente ma prepotentemente la trama in cui si gioca il proprio destino religioso.

Dunque il senso religioso popolare vive a suo modo anche la tragedia del male e sente la forza della tradizione con la stessa intensità con cui si accosta al «tremendum» e al «fascinans» del sacro. Ciò che ha fatto vedere chiaramente l'autore di questo libro Raimondo Satta.

Ma, dopo queste idee introduttive, voglio portare brevemente il mio sguardo sul bel volume che Raimondo Satta offre alla lettura.

Il libro inizia da alcune importanti tracce della storia plurimillenaria della Sardegna e in particolare della Gallura con particolari riferimenti alla geografia e alla topografia per inquadrare l'esperienza vissuta degli aborigeni della Gallura. Poi si concentra sulle grandi tesi sviluppate soprattutto negli anni Settanta e Ottanta intorno alla religiosità popolare: da una parte, la scuola Gramsciana, dall'altra, l'interpretazione più promettente di M. Eliade con l'esaltazione dell'arcaico e degli elementi naturali visti come un'epifania del sacro. Quasi come una specie di interludio, l'autore accenna poi alla religiosità popolare filtrata dalla New Age e dalla post-modernità con accenti del tutto nuovi, dove però fa vedere come la persistenza del sacro popolare, nonostante tutte le secolarizzazioni, sia il risultato più ovvio dell'approfondimento.

Un altro capitolo è dedicato all'importanza del rito. Qui l'autore si rende conto che la religiosità popolare è qualcosa di particolare che va vista nel contesto della «performance rituale». C'è una forza nel rito di cui non si è ancora capito l'importanza: viene dalla «stilizzazione», dalla «formalità», dall'osservanza di «regole», dalla «ripetizione ritmica», dal «decoro». Sulla scia di Rappaport, l'autore sa cogliere l'importanza eccezionale del rito, che non soltanto «orienta» ma «coinvolge» e «costringe» a un significato specifico attraverso la sua messa in scena che si gioca sul prevedibile e sull' imprevedibile nello stesso tempo.

Il capitolo più importante però viene riservato alle preghiere popolari che si recitano nei vari contesti rituali e che sono costantemente messi a confronto con le preghiere altrettanto significative del Benedizionale *romano. Ciò avviene nell'ambito del parto e della nascita; nel contesto del rito di passaggio del tutto «innaturale» che è costituito dalla morte. Qui nell'un caso come nell'altro ci sono gli accenti più vivi e drammatici: la vita e la morte – come un tempo erano eventi circondati da tabù – così oggi sono eventi che suscitano grande emozione e perciò sono al centro della religiosità, per l'invocazione di aiuto, per il bisogno di protezione e il desiderio che tutto possa avere un buon esito. I particolari sono drammatici e pittoreschi nello stesso tempo e costituiscono una delle parti più belle del libro.*

Non meno caratteristiche sono le preghiere e i riti che sono connessi alla malattia e alla guarigione, al diavolo e alla paura del malocchio. «Vivere – scrive l'autore – significa vivere secondo modelli extra-umani, in conformità agli archetipi» e dunque secondo un ordine prestabilito. Su questo presupposto la malattia diventa un disordine e la guarigione un ritorno all'ordine originario che si ristabilisce in vari modi tramite la Vergine Maria e i Santi. Altre storie, altri miti quasi come una costellazione scaturiscono dalle preghiere e vengono ad arricchire l'agiografia popolare. Ma anche il diavolo fa da protagonista quasi come il famoso trikster (il briccone divino) di cui parla tutta l'etnologia classica. Ha a che fare con l'«ombra cattiva», con la «tentazione», con la «malora», con lo «spavento». Ma non possiede uno strapotere assoluto: le preghiere e i riti possono tenerlo a bada, impedire il suo influsso malefico, sconfiggere la sua volontà maligna.

Credo però che sia necessario leggere il libro per sentire il fascino del sacro in tutte le sue figurazioni che si incontrano e si scontrano con i problemi della vita e della morte. Si tratta di conversioni del cuore e di continui passaggi che vanno dalla tentazione alla preghiera, dal desiderio alla rassegnazione, dalla disgrazia e dalla paura del malocchio alla speranza e alla vittoria finale sul male.

Non ci resta perciò alla fine che lasciare al lettore di leggere e di gustare i vari bozzetti tratteggiati con gusto e con delicatezza da questo libro. Si tratta di riti e preghiere che nascono in vari contesti e che poi via via si arricchiscono di note preziose quasi in una sinfonia senza fine che rispecchia e ricama in vari modi e con tanta bellezza la religiosità popolare della Gallura.

ALDO N. TERRIN

Docente di Storia delle Religioni
e di Antropologia Culturale
all'Università Cattolica di Milano
e all'Università di Urbino

INTRODUZIONE

La ricerca che qui proponiamo nasce dal desiderio di approfondimento di quella religiosità popolare da cui io stesso provengo e che dunque in qualche modo mi appartiene. È un ricco contesto dentro il quale permangono profonde radici arcaiche in cui ho potuto maturare la mia stessa sensibilità religiosa attraverso le feste tradizionali, il folklore, le celebrazioni, i canti popolari e i racconti degli anziani che mi venivano tramandati e in qualche modo contribuivano ad alimentare la mia fantasia di bambino. Ricordo in maniera particolare l'incontro personale durante gli studi e poi da giovane presbitero con forme di credenze talvolta magiche e di religiosità popolare ancora presenti e che resistono al tempo della modernità in cui il rituale veniva gestito non da un religioso ma da donne anziane, che svolgevano la funzione di intermediarie del sacro. Per esempio ho assistito e ho ancora vivo nella mente il rito di Li parauli folti, *parole forti, conosciuto anche con il nome delle* dodici parauli, *dodici parole. Si trattava di un rito complesso per liberare la persona colpita da disturbi psico-fisici che venivano attribuiti al potere del malocchio e all'influenza del demoniaco. L'esperienza religiosa popolare assumeva per me il carattere di qualcosa di misterioso, di pericoloso, quasi una forma di tabù; ciò che sicuramente coinvolgeva anche la comunità a cui appartenevo.*

Dunque questo lavoro nasce da qualche cosa anche di personale che mi ha affascinato poi nel tempo per cui ho sentito il desiderio di approfondire questi aspetti popolari attraverso una visione più ampia di carattere antropologico e storico-teologico.

Il centro della ricerca che qui metto a tema è rappresentato da un'idea che percorre da cima a fondo questo lavoro ed è espressa nel sottotitolo di questa ricerca: si tratta di lasciarsi interpellare profondamente da una parte dalla religiosità tradizionale e popolare che in qualche modo ho vissuto anche in prima persona e in secondo luogo di mettere a confronto questa dimensione popolare con la liturgia della Chiesa in ordine al desiderio di capire come vi sia una relazione stretta tra religiosità del popolo e la vita della Chiesa. Se si parte dall'idea che la liturgia e la vita della Chiesa hanno bisogno di inserirsi nella vita concreta del popolo, credo che non ci sia maggiore fecondità nello studio e nella ricerca liturgica di quella che cerca di agganciare la visione della Chiesa alla mentalità esperienziale del popolo nel suo modo spontaneo di tradurre la fede. È necessaria un cerniera più stretta che ancora è piuttosto debole tra ciò che vive il popolo nella sua immediatezza religiosa e ciò che propone la chiesa attraverso i sacramenti e le sue forme cultuali. Si tratta di riconoscere quello spazio di libertà che non fa da ostacolo alla liturgia, ma che eventualmente aiuta la liturgia a capire meglio il mondo della religiosità.

Su questo sfondo la ricerca si apre a ventaglio su un capitolo che riguarda l'ambiente storico-culturale della Gallura in cui si inserisce il nostro discorso. L'identità della Gallura si esprime in un suo proprio linguaggio che definisce in qualche modo anche una cultura specifica, seppur pienamente inserita nel contesto sardo.

Una volta presentato l'ambiente nella sua storia culturale e geografica, ci siamo introdotti al nostro argomento della religiosità popolare affrontando le varie teorie che oggi interpretano tale fenomeno. Ha ancora senso parlare di religiosità popolare oggi? C'è chi ne parla in un modo, chi in un altro e chi pensa che ormai nel contesto della secolarizzazione nata negli anni Settanta, la religiosità non sia più un argomento da prendere in considerazione. Gramsci ne parlava a partire da modelli socio-culturali a sfondo conflittuale, dove prevaleva il più potente. Di conseguenza la religiosità popolare era la semplice alternativa al potere; altri non si distanziavano molto da questa tesi, anche se proponevano qualche modifica. Eliade, in quanto religionista, parlava piuttosto della religiosità come dell'«archetipo» del nostro stesso modo di credere e di vivere. Dopo una lunga rassegna, il nostro sguardo si è orientato proprio sulle tesi eliadiane che perciò fanno da sfondo alla nostra stessa ricerca.

In un terzo e ampio capitolo si è scelto la novità del pensiero dell'antropologo americano Roy Rappaport che ha studiato in particolare i mondi rituali per congiungere l'esperienza del sacro della religiosità popolare con il mondo rituale e liturgico che è lo scopo di questa ricerca. Nel nostro autore c'è una specie di convergenza in unum*: si uniscono infatti nella sua visione sia il rito con il mondo biologico, sia la religiosità con la natura, come anche l'antropologico con il teologico. La grande sintesi di Rappaport ci dà allora la chiave di volta per capire la religiosità popolare nel contesto della biologia e dell'antropologia senza conflitti o opposizioni. Questa tesi è quella che ci appare più appropriata oggi in particolare quando tutto appare dicotomico e non si riesce a trovare forme di unità e di pensiero olistico.*

Alla fine, avendo gli strumenti adatti per una visione non più separata e frammentaria, abbiamo raccolto la vera documentazione relativa alla religiosità e ai rispettivi rituali popolari con lo scopo di illuminare una realtà che finora non era stata sufficientemente indagata nelle sue coordinate: natura/ biologia/ rito/ cultura/ mondo religioso, dove il rito è il «prima» e il «dopo» della natura e della cultura stessa.

Nel contesto, il dialogo instaurato con il Benedizionale *della Chiesa ci ha permesso di leggere parallelamente e di esaltare sia l'esperienza religiosa popolare sia la visione della Chiesa che ha cercato lungo i secoli di interpretare e di fare via via un'ermeneutica di quell'«enorme massa di vita religiosa» (Dilthey) che appare essere l'originario stesso del rituale. La congiunzione di queste due dimensioni è lo scopo che abbiamo inteso raggiungere con questo lavoro, senza negare l'una o dimenticare l'altra. La concordanza tra le preghiere del popolo e la preghiera pubblica della Chiesa ne è una testimonianza.*

RINGRAZIAMENTI

All'illustrissimo Prof. Aldo Natale Terrin, maestro di varie generazioni di studiosi formatisi alla scuola del sapere nel campo della fenomenologia della religione, negli studi di specializzazione e della ricerca nel dottorato presso L'Istituto di Liturgia Pastorale di Padova.

A lui devo la mia apertura alla comprensione dell'affascinante mondo dello «Spirito» che è depositato nel cuore dell'uomo di ogni tempo e cultura, come l'Archetipo.

A Simone e Giovanna, miei genitori.

A Don Gianni Satta, mio fratello maggiore. Per me è difficile pensarmi senza di lui, a motivo del forte legame di sangue e di affetto. Le sue doti intellettuali e critiche espresse con amore nella sua speciale conoscenza teologica e nell'insegnamento della Cristologia, sono state per me bussola di riferimento nel percorso teologico-liturgico. Un riconoscimento al giovane scriba, Fabrizio Scardovi, per la preziosa collaborazione all'editing del lavoro e all'artista Angela Pala per il dono dell'espressione simbolica della copertina del libro.

Alla Comunità monastica del Monastero di Santa Giustina di Padova, che mi ha accolto come un fratello.

L'AUTORE
sat.rai@tiscali.it

CAPITOLO PRIMO

CONTESTO AMBIENTALE STORICO GEOGRAFICO DELLA RELIGIOSITÀ

L'ambiente e la storia

Prima di intraprendere la ricerca orazionale, cercheremo di tracciare almeno le grandi linee dell'ambiente storico-geografico nel quale le preghiere sono state composte. Questo procedimento sarà utile, insieme alle preghiere, per cogliere e cercare di interpretare il mondo della religiosità popolare del Nord Sardegna, per dare un contributo al dialogo sempre necessario fra liturgia popolare e liturgia ufficiale mediante un'interdisciplinarità che consenta di approfondire sempre meglio la comprensione dell'uomo che celebra.

Una premessa importante a questo fine è avvicinarsi alla ricerca liberi da pregiudizi sul mondo della religiosità popolare della Sardegna, leggendo nella sua ritualità una realtà ancor oggi viva anche se in fase di trasformazione culturale, sociale e religiosa, dovuta ai vari mutamenti della nostra civiltà. Per capire il fenomeno religioso popolare della Sardegna, è necessaria una presentazione della situazione storica, geografica e culturale dell'isola[1]. La Sardegna, situata

[1] Non è possibile superare, in questa sede, i limiti di una presentazione scheletrica degli aspetti storici e geografici della Sardegna. Per un approfondimento segnalo le seguenti opere: G. MANNO, *Storia di Sardegna*, Tipografia Elvetica, Capolago 1840; F. BARRECA, *La Sardegna fenicia e punica*, Chiarella, Sassari 1987; P. MELONI, *La Sardegna romana*, Chiarella, Sassari 1987; R. CARTA RASPI, *I Vandali occupano la Sardegna*, in ID., *Storia della Sardegna*, Mursia, Milano 1970, pp. 254-259; A. BOSCOLO, *La Sardegna bizantina e alto giudicale*, Chiarella, Sassari 1985; M. GUIDETTI, *Dalle origini alla fine dell'età*

geograficamente al centro del Mar Mediterraneo, è la seconda isola per estensione dopo la Sicilia. Vanta un territorio di 24.090 Kmq, con una popolazione di circa un milione 500 mila abitanti residenti e con oltre mezzo milione di emigrati. Per la sua posizione geografica, nei secoli passati è stata in continuazione terra di conquista per vari popoli: Fenici, Etruschi, Greci, Cartaginesi, Romani, Vandali, Bizantini, Saraceni, Pisani, Genovesi, Aragonesi, Spagnoli e, infine, i Piemontesi. Come si può notare, tutte le civiltà più importanti dell'Occidente hanno occupato la terra sarda, attuando quasi sempre non una politica di produzione, ma piuttosto cercando di sfruttare l'isola per le sue risorse naturali e minerali. Questi grandi popoli di conquistatori, incontrandosi con la civiltà sarda e con la sua cultura, hanno provocato uno scambio e una influenza reciproca, anche in campo religioso-culturale. Un elemento culturale non indifferente alla riflessione e alla manifestazione del fenomeno propriamente religioso è l'uso della lingua[2] parlata dal popolo, che si diffe-

---

bizantina, in ID., *Storia dei Sardi e della Sardegna*, vol. I, Jaca Book, Milano 1988; R. CARTA RASPI, *Bagliori nelle tenebre*, in ID. *Storia della Sardegna*, Mursia, Milano 1970, pp. 340-371; F. ARTIZZU, *La Sardegna pisana e genovese*, Chiarella, Sassari 1985; A. BOSCOLO, *La Sardegna dei Giudicati*, Edizioni Della Torre, Cagliari 1979; D. PANEDDA, *Il giudicato di Gallura. Curatorie e centri abitati*, Editrice Libreria Dessi, Sassari 1978; G. SORGIA, *La Sardegna spagnola*, Chiarella, Sassari 1987; C. SOLE, *La Sardegna sabauda nel Settecento*, Chiarella, Sassari 1984; L. DEL PIANO, *La Sardegna nell'Ottocento*, Chiarella, Sassari 1984.

[2] «La storia linguistica della Sardegna è contrassegnata da una quasi costante presenza di almeno due lingue. La prima, quella locale, è estremamente povera, quando non del tutto priva, di testi scritti. L'altra è sempre una lingua di gruppi dominanti esterni che conoscono e praticano l'uso della scrittura. Il contatto con la lingua latina per le popolazioni costiere soprattutto delle città più importanti dovette prendere l'avvio subito dopo le guerre puniche, ma all'interno dell'isola la latinizzazione non doveva essere compiuta ancora nel VI sec. d.C., quando Gregorio Magno scriveva a Ospitone, capo dei barbaricini adoratori di piante e di pietre (*ligna et lapides*) invitandolo a convertirsi al cristianesimo.

Dialetti come quello di Bitti (ancor oggi ma meno che nel passato recente fortemente conservatore delle forme latine), definito dal Wagner «una

renzia dalla lingua nazionale e ufficiale utilizzata anche dalla Chiesa cattolica per la trasmissione della fede. Data la vastità e diversità della cultura sarda, desidero restringere l'indagine fenomenologico-liturgica al Nord Sardegna, e in particolare alla Gallura, in quanto tale territorio si caratterizza per la sua unità culturale-religiosa, sepppur con varie influenze.

Panorama storico generale

Anche se un elenco sommario non può rendere ragione della complessità delle vicende storiche che hanno travagliato l'isola, può tuttavia aiutarci a prendere coscienza della varietà degli apporti che hanno creato, nel corso dei secoli, quelle che noi oggi definiamo la cultura e la civiltà della Sardegna[3]. Credo perciò opportuno iniziare il cammino di

---

volta il palladio d'arcaicità», sono testimonianza di una latinizzazione non già, come ritenuto da taluni, anticipata, ma fortemente ritardata. Il latino, dove è penetrato prima (come è accaduto nella parte meridionale dell'isola), ha anche avuto la sua maggior evoluzione, sia in conseguenza del maggior uso interno, sia in conseguenza dei più stretti contatti successivi con le lingue romanze della penisola iberica e di quella italiana. Gloriarsi, come erano soliti fare i bittesi e i letterati sardi in genere, della maggior vicinanza dei dialetti sardi al latino, significa gloriarsi dell'immobilità e della bassa accumulazione culturale; il che può anche essere vanto legittimo, ma in una sincronia che assuma a proprio valore appunto la conservazione e l'immobilità. [...] Tutte le volte che i sardi sono stati sul punto di trovarsi uniti in una vera koinè linguistica, una nuova lingua si è imposta dall'esterno. Intervennero i romani (e ancor prima di essi i fenici e i cartaginesi) quando forse era in corso il primo processo di formazione di una koinè protosarda. Sedici secoli dopo la conquista romana (238 a.C.), quando la koinè stava per fondarsi definitivamente sull'esito dell'incontro del latino con i sostrati isolani, intervennero Genova e soprattutto Pisa da un lato e, più tardi, la Spagna dall'altro, che rispettivamente italianizzarono i dialetti della parte settentrionale e iberizzarono quelli della parte meridionale dell'Isola. La vicenda – come vedremo – si ripetè ancora dopo il passaggio della Sardegna ai Savoia (la parentesi austriaca fu così breve e labile da non lasciare alcuna traccia nella lingua)». Cf. M. Pira, *La rivolta dell'oggetto. Antropologia della Sardegna*, Editore Giuffrè, Milano 1978, pp. 111-112.

[3] F. Barrecca, *La civiltà fenicio-punica in Sardegna*, Chiarella, Sassari 1986.

questa ricerca con un breve accenno ai popoli che hanno abitato la Sardegna: le prime testimonianze storiche attinte dai differenti reperti sono quelle rappresentate dai Fenici i quali giunsero in Sardegna, provenienti dal Libano, come commercianti e trovarono nell'isola materie prime non indifferenti quanto a valore, come l'argento e la porpora utili per la lavorazione e lo scambio. I Fenici portarono probabilmente in Sardegna anche la scrittura: il documento più antico finora rinvenuto dovrebbe infatti risalire al IX sec. a.C. e riporta, in caratteri fenici, la scritta «Sardegna». Seguirono i Cartaginesi[4], popolo, proveniente dal Nord Africa (540 a.C.), spinto in Sardegna da intenzioni belliche più che da interessi commerciali. Occuparono praticamente tutte le città costiere, lasciando profonde tracce nella cultura, nell'arte e nella religione. I Romani[5] naturalmente ebbero una parte privilegiata in relazione alla Sardegna. Già dal 384 a.C. istituirono rapporti commerciali con l'isola; sconfitti i Cartaginesi, divennero i dominatori assoluti di tutta l'isola, esercitando il loro potere soprattutto sulle città costiere, per spingersi poi verso l'interno, dove però non ottennero grandi risultati: molti condottieri romani furono costretti a cedere di fronte all'audacia del popolo sardo. Gradualmente però i Sardi cominciarono a convivere e a intessere relazioni commerciali con la penisola e a condividerne le leggi, i costumi e la religione. Roma contribuì, con il suo dominio, alla costruzione di città, strade e ponti, ancor oggi presenti in Sardegna come vestigia di un grande passato. Dopo il lungo dominio di Roma, nel 455 d.C. la Sardegna cadde sotto il dominio dei Vandali[6], i quali però non si allontanarono mai dalla costa, essendo la loro penetrazione all'interno ostacolata dalle popolazioni locali. Questa popolazione barbara era

[4] G. PESCE, *Sardegna punica*, Fossataro, Cagliari 1961.

[5] P. MELONI, *La Sardegna romana*, Chiarella, Sassari 1978.

[6] L. PANI ERMINI, *La Sardegna e l'Africa nel periodo vandalico*, «L'Africa romana» 2 (1984), Sassari 1985, pp. 105-122.

di fede ariana, per cui in quel periodo la Sardegna divenne per molti cristiani terra d'esilio[7]. La loro dominazione durò circa un secolo, senza però lasciare tracce profonde. Battuti i Vandali, occuparono l'isola i Bizantini[8], i quali però non riuscirono a dominare su tutto il territorio in quanto, respinti numerose volte dalle popolazioni interne guidate dal valoroso Ospitone, dovettero accontentarsi di un dominio puramente nominale. Un accordo fu raggiunto per merito del papa san Gregorio Magno[9], il quale inviò pure due missionari, il vescovo Felice e l'abate Ciriaco, per diffondere il vangelo nell'isola. I Barbaricini abbracciarono così la nuova fede e stipularono un trattato di pace con i Bizantini. Bisanzio influì sulla cultura sarda, contaminandone soprattutto la lingua, essendo per alcuni secoli il greco la lingua ufficiale della cancelleria del nuovo impero. La presenza della chiesa greca lasciò delle tracce visibili oggi nel culto, un caso emblematico e anomalo è rappresentato dalla conservazione della festa liturgica bizantina di Santu Antine[10] (Costantino imperatore) nella tradizione locale, cioè la festa di un santo non facente parte del santorale della Chiesa cattolica. Ai bizantini subentrarono nel 711 gli Arabi[11], con Musali ibn Nusayr, governatore del Magreb (Africa settentrionale), il quale, per conto del califfo di Bagdad, assalì Cagliari occupando le zone litoranee. Al ritorno dalla spedizione, tuttavia, la sua flotta fu inghiottita dal mare. Gli attacchi dei Saraceni furono in

---

[7] *Fulgentii episcopi Ruspensis Vita*, in PL, 65, coll. 117-150.

[8] A. Boscolo, *La Sardegna bizantina e giudicale*, Chiarella, Sassari 1978.

[9] Sancti Gregorii Magni, *Registrum epistolarum, I-II*, in CCL, CXL-CXLA, (a cura di D. Norberg), Turnhout 1982.

[10] L. Pani Ermini, *Una testimonianza del culto di San Costantino in Sardegna*, in *Memoriam sanctorum venerantes. Miscellanea in onore di monsignor Victor Saxer*, (Studi di Antichità cristiana XVIII), Città del Vaticano 1992, pp. 613-625.

[11] G. Contu, *Annotazioni sulle notizie relative alla Sardegna nelle fonti arabe*, in Atti del III Seminario internazionale (Cagliari 3-5 ottobre 1996) in *Storie di viaggi e viaggiatori: incontri nel Mediterraneo*, Cagliari 1996.

seguito ripetutamente respinti, ed essi non riuscirono mai a occupare completamente il territorio dell'isola. La Sardegna doveva servire agli Arabi come ponte verso il continente, in quanto la Corsica faceva già parte dell'impero carolingio. Ma occorre dire che l'isola riuscì sempre a resistere ai molti e continui attacchi. Come racconta la storia, l'assalto più duro fu sferrato nel 1015, ma in questa occasione la Sardegna fu aiutata dalle forze pisane e genovesi, inviate da papa Benedetto VIII, e gli Arabi vennero sconfitti.

Da allora tuttavia, Pisa e Genova esercitarono in Sardegna un forte dominio, approfittando della debolezza del governo locale dei Giudici. Dopo il tramonto bizantino, infatti, la Sardegna si era data un governo nazionale, formato territorialmente da quattro giudicati[12]: Gallura, Torres, Arborea, Cagliari. Tali territori erano guidati dai cosiddetti Giudici, o Donni, la cui carica, prima elettiva, divenne in seguito ereditaria. Ciascun giudicato, poi, si divideva in curatorie, o *partes*, province amministrate da un curatore, o governatore. Ogni curatoria comprendeva un certo numero di paesi, amministrati da un majore de villa, nominato dal curatore. Nella società giudicale la classe dominante era formata dall'alto clero, dai latifondisti e proprietari di bestiame; vi erano poi i piccoli proprietari terrieri e i servi. Durante questo periodo, come abbiamo accennato sopra, la Sardegna dovette difendersi dalle forze saracene, ma, non potendolo fare da sola, dovette ricorrere all'aiuto di Genova e Pisa. Queste due città stabilirono così dei rapporti stretti con l'isola e il suo governo. Per mezzo di Pisani e Genovesi, la Sardegna venne a contatto con la civiltà comunale della penisola e conobbe lo scambio culturale e l'arricchimento religioso portato dai monaci dei vari ordini monastici (cassinesi, vallombrosani, camaldolesi, vittorini, cistercensi). Queste diverse famiglie religiose ornarono l'isola di ricchi monasteri, chiese ed ab-

---

[12] A. BOSCOLO, *La Sardegna bizantina e alto-giudicale*, Chiarella, Sassari 1989.

bazie. Si può dire che tutta la Sardegna fu trasformata dalle attività culturali e agricole delle comunità monastiche.

Dopo i rapporti con le due città marinare, in Sardegna comparve anche il feudalesimo con le sue conseguenze negative: il governo sardo dei Giudicati fu sostituito dal governo dei nuovi signori: Cagliari divenne dominio pisano; Sassari si ribellò al governo giudicale per costituirsi comune sotto il dominio di Pisa; Castel Genovese (Castelsardo) e Alghero caddero sotto i Doria di Genova; Terranova (Olbia) sotto i Pisani. Solo Arborea mantenne l'indipendenza. Con gli Aragonesi la dominazione spagnola[13] in Sardegna durò ben quattro secoli: 1323-1714[14]. Gli storici sono concordi nel definire la dominazione spagnola come la più dannosa di tutte quelle avutesi in Sardegna. Il governo spagnolo in seguito soppresse anche quell'autonomia che perfino gli Aragonesi avevano riconosciuto alla Sardegna e assunse il monopolio di tutta l'economia: tale sistema condusse l'isola a un periodo di grave decadenza.

Gli Spagnoli imposero la loro lingua, che divenne obbligatoria nelle scuole e nei tribunali. Oltre che sulla lingua (che, come accadde in periodo bizantino per il greco, fu diffusa fra il popolo soprattutto dai soldati e dal clero), la dominazione spagnola incise profondamente anche sulla religiosità popolare: un'impronta profonda della religiosità proveniente dalla Spagna è dato, per esempio, dai riti della settimana santa. Si tratta di riti che ancora oggi si celebrano in tutta l'isola e che hanno come sfondo una sacra rappresentazione della passione di Cristo. Un contributo non meno rilevante fu portato nell'espressione artistica, dove prevalse l'architettura religiosa. Scomparsa l'arte toscana, gli artisti la sostituirono con lo stile gotico-catalano e, più tardi, col barocco. Nella pittura l'ispirazione spagnola fece emergere una scuola di artisti locali, come l'ignoto maestro di Castelsardo

---

[13] F.C. Casula, *La Sardegna aragonese*, Chiarella, Sassari 1978.

[14] G. Sorgia, *La Sardegna spagnola*, Chiarella, Sassari 1978.

e il maestro di Ozieri. Dopo un breve intervallo (1708-1720), la Sardegna conosce un nuovo invasore: l'Austria, che cedette più tardi l'isola ai Savoia in cambio della Sicilia. Si pone così fine alle dominazioni straniere che per oltre venticinque secoli apportarono all'isola ben pochi benefici.

A partire da questo momento infatti la Sardegna entra a far parte del Regno dei Savoia[15], anche se gli Spagnoli lasciarono ai sovrani piemontesi grossi problemi da risolvere come, ad esempio, il problema dell'istruzione, il problema della sanità e in particolare la necessità di combattere contro il banditismo che era molto diffuso.

Questa rapida panoramica non si propone certo di essere una esauriente sintesi storica, offre però una base che riteniamo sufficiente alla comprensione del discorso propriamente fenomenologico-rituale, che verrà svolto nell'analisi delle preghiere sarde. Fin da ora esse ci appaiono infatti il frutto di una cultura religiosa che ha radici storiche molto lontane e complesse.

La Gallura

Indici antropologici del territorio

Gli studiosi di antropologia, parlando della popolazione sarda, affermano che questa parte di popolazione del Nord Sardegna non ha la medesima omogeneità antropologica a causa delle frequenti emigrazioni avvenute nelle diverse epoche, fin dalla sua origine. La principale differenza fra le varie popolazioni risale all'epoca neolitica. È da questo periodo che si ebbero contatti a causa delle migrazioni di persone attraverso il mare etrusco o provenienti dal Nord, come i Balari, che si soffermarono in Gallura[16] provenienti dalla Cor-

---

[15] C. SOLE, *La Sardegna sabauda*, Chiarella, Sassari 1978.

[16] D. PANEDDA, *Il Giudicato di Gallura. Curatorie e centri abitati*, Editrice Libreria Dessì, Sassari 1978.

sica, dove – a loro volta – avevano preso possesso i primitivi Liguri (infatti i Corsi attuali hanno notevoli affinità con gli abitanti del nord della Sardegna). La differente componente antropologica[17] rispetto al resto dei sardi, si esprime anche nel modo originale di occupare e abitare il proprio territorio, attraverso quella caratteristica stanziale denominata lo *stazzo*. Ogni stazzo, parola che deriva dalla *statio* latina, era un luogo di incontro, stanziale, strutturato come una fattoria di istituzione patriarcale e formava, un'unità a gestione economico-familiare propria. L'autogestione condizionava non solo il tipo di economia ma anche la vita religiosa, gestita da figure *sacerdotali* riconosciute come tali, e non appartenenti alla gerarchia ecclesiastica, alla Chiesa ufficiale, anche se con i rappresentanti di quest'ultima si intrattenevano buone relazioni. Un mondo segnato dall'isolamento, rispetto alla vita del paese o a quella delle città. Questo stretto legame tribale ha consentito la conservazione del patrimonio orale tramandato dalla tradizione, attraverso una vera e propria *traditio/redditio* tra padre/madre e figlio. La distinzione antropologica tra i Sardi del nord con il resto dell'isola ha avuto un riflesso anche in rapporto con tutte quelle caratteristiche culturali di un popolo come la lingua, l'espressione religiosa, la ritualità, le tradizioni contenute nelle preghiere popolari inserite nel contesto rituale.

Limiti geografici

Dal punto di vista geografico la Gallura è una delle zone più caratteristiche della Sardegna (vedi la cartina al termine del capitolo): i suoi confini coincidono con il mare, essendo il territorio proteso nel mare a forma di un grande trapezio situato di fronte alla Corsica: a est della Gallura

---

[17] C. Maxia, *Note di antropologia sui Sardi e in particolare sui Galluresi*, in A. Murineddu (a cura di), *Gallura. Aspetti storici geografici ed economici*, Editrice Sarda - Fratelli Fossataro, Cagliari 1962, pp. 55-66.

troviamo il Mar Tirreno, a nord le Bocche di Bonifacio, a ovest il Golfo dell'Asinara. Il confine terrestre fa riferimento al fiume Coghinas, che separa la Gallura dall'Anglona e dal Logudoro, passando in direzione nord est lungo il tratto Oschiri-Monti, separando così la Gallura dagli altipiani della Sardegna centro-settentrionale.

Il territorio è caratterizzato dal rilievo montuoso che, pur non formando una lunga catena, costituisce una vera protezione, che separa la Gallura dal resto della Sardegna.

I monti si distinguono per l'asprezza delle loro cime e per il tipo di pietra: il granito. Questi grandi massi sembrano sovrapposti l'uno all'altro a modo di grandi muraglioni. Forme particolari hanno i «tafoni», massi dal volume enorme che esternamente paiono solidi, ma internamente risultano vuoti, formando vaste grotte utilizzate come abitazioni, ripari. Sono come delle caverne che nel tempo sono state all'origine di tradizioni fantastiche a motivo delle loro forme svariate: di persone e di animali. Nel territorio sono presenti due fiumi principali: il Liscia, lungo 38 Km, e il Coghinas, ricordato sopra. La zona è ricca di piccole sorgenti, che hanno facilitato il popolamento del territorio (stazzi). Un altro elemento tipico del paesaggio gallurese è il disegno frastagliato delle sue coste, fenomeno dovuto, secondo gli studiosi, all'erosione fluviale e, in un secondo tempo, all'azione del mare: le profonde rientranze della costa fanno sì che il mare penetri all'interno quasi per distribuire anche a quel territorio la sua ricchezza, formando così un paesaggio unico nel suo genere. Per buona parte della sua estensione, il territorio gallurese è ricoperto da querce da sughero, che vengono sfruttate per il loro prodotto, il sughero, appunto; esso viene estratto a intervalli di tempo, dando alla pianta la possibilità di far ricrescere la corteccia. Querce e lecci sono la specie dominante di piante di tutta la zona e rendono alcune parti del territorio impenetrabili e selvagge.

Oggi l'economia della Gallura è basata fondamentalmente su turismo, piccole industrie, attività edilizia, attività terziaria e pastorizia; nella zona di Tempio è fiorente l'industria sugheriera e, per quanto riguarda il territorio, esso viene coltivato anche a vigneti e frutteti. Nel complesso, quella che era fino a poco tempo fa la caratteristica della Gallura, cioè lo svolgersi della vita principalmente negli stazzi – con tutto ciò che ne derivava a livello culturale, religioso, tradizionale – va oggi scomparendo: con il boom turistico della Costa Smeralda molti agricoltori e pastori hanno venduto il loro podere, abbandonando la campagna per sistemarsi presso i centri urbani. La popolazione della Gallura è di circa centotrentamila abitanti, circa il sei per cento dell'intera popolazione dell'isola, mentre il suo territorio è la decima parte della Sardegna; ne deriva che la Gallura è una delle zone meno popolate dell'isola.

Come abbiamo accennato, fino ad alcuni anni fa, il territorio gallurese era occupato da infinite aziende agricole: gli stazzi. Lo stazzo è una azienda, diretta dal proprietario o a mezzadria, a prevalente struttura pastorale e in piccola parte agraria. Lo stazzo è gestito in modo familiare e solo nei periodi di raccolta e di maggiore attività si ricorre ad altra mano d'opera. Fino agli anni '60 del Novecento, circa metà popolazione si trovava stanziata in campagna, negli stazzi. Questo decentramento presentava dei vantaggi, ma anche notevoli limiti, determinando isolamento dalla comunità, difficoltà per l'istruzione, precarie condizioni igienico-sanitarie, ecc.[18].

---

[18] Anche per quanto riguarda una più approfondita conoscenza della Gallura nei suoi aspetti storico, geografico ed economico, rimando alla lettura di: V. ANGIUS, *Gallura*, in G. CASALIS, *Dizionario geografico, storico, statistico, commerciale degli stati di S.M. il Re di Sardegna*, VII, G, Maspero libraio, Cassone e Marzorati tipografi, Torino 1840, pp. 41-196; M. BRIGAGLIA (a cura di), L*a Sardegna. Enciclopedia*, Edizioni della Torre, Cagliari 1982; S.

Religiosità della Gallura

Scopo della ricerca

Ci proponiamo con la presente ricerca lo studio e la valorizzazione di un fenomeno religioso che permea tutto un mondo e che consente di comprendere la nostra realtà attuale come il frutto di un processo storico del quale noi siamo i fruitori e i produttori. La religiosità popolare si offre come il momento primo per una maturazione progressiva del dato liturgico, che, nella ricerca della verità della liturgia, dipende da una domanda umana di ritualità (antropologica). Questa dimensione antropologica è fondamentale per la comprensione della liturgia e per un suo arricchimento mediante l'interpretazione delle preghiere scaturite dall'intreccio tra la vita e il sacro. Non si tratta di un ritorno al passato nostalgico delle nostre origini per una sua sterile contemplazione, ma è un riflettere sulla religiosità dell'uomo del popolo, che ha saputo cogliere le più profonde domande esistenziali, trovando un senso religioso. Il passato non ha il compito di informarci sulle sue curiosità, come mero ritorno folklorico[19], quanto piuttosto, quello di essere considerato

---

LISSIA, *La Gallura*, Tortu, Tempio 1904; A. MURINEDDU, *Gallura. Aspetti storici, geografici ed economici*, Editrice Sarda - Fratelli Fossataro, Cagliari 1962; M. BRIGAGLIA, *Dove va la Gallura*, Gallizzi, Sassari 1964; ISPETTORATO RIPARTIMENTALE DELLE FORESTE DI SASSARI (a cura di), *Problemi e prospettive della Gallura*, Gallizzi, Sassari 1966; AA.VV., *La società in Sardegna nei secoli*, Eri, Torino 1972; G. NAVARRU, *L'economia agraria della provincia di Sassari*, Gallizzi, Sassari 1977; C. SOLE, *Politica, economia e società in Sardegna nell'età moderna*, Editrice Sarda Fossataro, Cagliari 1978.

[19] A questo riguardo è interessante considerare quanto riporta l'antropologo sardo M. Pira, rifacendosi all'affermazione di Cirese del 1963 sul significato di folklore in rapporto alla cultura: «A voler fare sul serio con le tradizioni sarde, bisogna dar retta a un sardo come Giuseppe Dessì: lasciar da parte i volantini reclamistici, diffidare di tutto ciò che presenti l'isola come una riserva di pellirosse, rendersi conto che la Sardegna che conta conoscere non è quella dei costumi sgargianti che partecipa alle cavalcate e alle parate di ogni genere, ma quella vestita di fustagno [...]. Occorre – aggiungeva Cirese – rifuggire dal mito, quali che siano le sue forme, e ridurre alla storia tutto

espressione di una cultura di un popolo, seppur distinto e differenziato dal resto. Gli aspetti propri di queste manifestazioni popolari, all'osservatore esterno potrebbero apparire quasi fuori luogo, o giudicate nel loro limite arcaico; invece il passato reso attuale dalla ritualità può farci capire quali sono le dimensioni antropologiche emergenti dalla religiosità. Il presente, confrontato con la storia, ha bisogno di essere sempre rinnovato per poter parlare in modo più chiaro all'uomo d'oggi. Sulla religiosità popolare si è molto discusso, particolarmente si è mosso in questo campo il filone filo-gramsciano di Lombardi Satriani, Lanternari, Di Nola, e quello storicistico di De Martino. Della Sardegna si è interessato Gramsci (cfr. *Quaderni dal carcere*), e in seguito la scuola che fa capo a lui: Clara Gallini, Atzori, che interpretano il termine «popolare» in un'ottica dialettica, dove la chiesa viene assimilata alle classi dominanti.

La questione del «popolare» nella religiosità

La religiosità popolare viene definita come la religiosità delle classi «subalterne», che subiscono il dominio di una classe egemone. Esiste cioè una religione degli intellettuali, che trova la sua espressione organica nella teologia, e una religione dei semplici, che viene valorizzata solo come ideologia delle classi subalterne. L'aspetto positivo che Gramsci riconobbe nella religione popolare è quello di essere stata espressione della protesta contadina contro lo sfruttamento e la dipendenza; mentre la Chiesa, in questa situazione, ha cercato di mantenere le masse nella loro ignoranza supersti-

---

quello che il colorismo folkloristico e l'esaltazione o il disprezzo – ambedue irrazionali – dell'arcaico e del primitivo vorrebbero sottrarle. Occorre superare l'inciampo che sempre oppone – per il suo fascino a buon mercato o per la stucchevole retorica – il romanticismo in ritardo che parla ancora di anima e di *etnos*, e guardare invece alle tradizioni sarde (come del resto a tutte le tradizioni popolari) per ciò che realmente sono: aspetti ed espressioni di una condizione storica». Cf. M. Pira, *La rivolta dell'oggetto. Antropologia della Sardegna*, Giuffrè, Milano 1978, p. 16.

ziosa. Nelle analisi delle scuole filo-gramsciane, la religione è vista come semplice fenomeno socio-culturale, senza nessun riferimento al sacro: il suo valore è misurato solo in base alla sua efficacia storica nel promuovere la lotta di classe[20]. Pur tenendo presenti questi studi, noi intendiamo ribaltare il significato di «popolare», non più comprendendolo in senso di dialettica tra classi «subalterne» e classi «egemoni», ma fondandolo su una realtà di popolo con un suo aspetto particolare e autonomo. Parlando di preghiere e ritualità popolari ci riferiamo perciò a quella realtà che ha il suo fondamento nell'*ethos* umano, con tutte le sue svariate forme di manifestazione, e che, soprattutto mediante la parola materna, quella originale e il gesto, esprime un bisogno popolare come l'«umanità del rituale». Proprio il ruolo della parola parlata, rarissimamente scritta, riveste nel contesto rituale una importanza di grande rilievo. La lingua materna della religiosità popolare, è capace di agire non solo sul livello di significato cognitivo, quanto su quello dell'espressione totale, con una forza evocativa tutta sua. «Popolare», pertanto, viene qui inteso come esigenza antropologica, momento originario di ogni religiosità, cui risponde il rito. Questo conferma quanto i fenomenologi della religione vanno dicendo, e cioè che all'inizio di ogni religione sono nati per primi i simboli religiosi naturali e solo in secondo tempo questi simboli furono interpretati, adattati e inseriti nelle religioni ufficiali[21]. Perciò la religiosità popolare, e in particolare le preghiere, mostrano in certa misura, quello che è l'originario, e attraverso la loro comprensione possiamo riconoscere su che cosa è innestato il nostro credere.

---

[20] Cf. V. FAGONE, *Gramsci e la religione popolare*, «La Civiltà Cattolica» 3 (1978), pp. 119-133.

[21] Cf. A.N. TERRIN, *La religiosità popolare in prospettiva fenomenologica. Tentativo di fondazione antropologica - religiosa*, in AA.VV., *Ricerche sulla religiosità popolare. Nella bibbia, nella liturgia, nella pastorale*, a cura dell'Istituto di Liturgia pastorale dell'Abbazia di Santa Giustina di Padova, EDB, Bologna 1979, pp. 119-148.

Caratteristiche specifiche della religiosità sarda in genere: colpa/espiazione, puro/impuro, donna e destino

La religiosità popolare della Gallura partecipa in gran parte agli elementi caratteristici di ogni religiosità: riferimento intenzionale al «sacro» con tutto ciò che questo termine implica a livello religioso e cristiano, per trovare in esso il senso della propria esistenza e di quanto ci circonda. Si distingue però per l'accentuazione di alcuni aspetti dovuti soprattutto alla diversità del contesto culturale in cui le preghiere sono nate. Come vedremo, non esiste netta separazione fra sacro e profano, è accentuato il senso del mistero, il rituale è ricco di segni, ha grande importanza il legame fra parola segno e simbolo e tutto concorre all'espansione della corporeità in cui il compito principale è dare sicurezza e creare protezione in ordine alla salvezza. Nelle preghiere del popolo è evidente il richiamo al mondo agro-pastorale, attraverso parole e immagini tratte da questa realtà, caratteristica della cultura sarda, nella quale l'elemento religioso si innesta in un contesto ricco di precarietà, di isolamento sociale, dovuti alla struttura del territorio e alle attività economiche prevalenti. È il mondo silenzioso del pastore, popolato dai suoni dei campanacci e dal canto degli animali, ricco di ombre e presagi, figure misteriose che suscitano nell'uomo stupore e paura dell'ignoto. Tutto ciò è riflesso nelle preghiere popolari prese in esame, si traduce nel cosiddetto patrimonio popolare, che è la vita stessa del singolo individuo in rapporto al resto del suo mondo sociale. Ogni cosa si integra con la manifestazione di sentimenti e desideri articolati secondo lo schema fenomenologico, dove subentra religiosamente il rapporto tra colpa/espiazione, puro/impuro, particolarmente rappresentato dal femminile, la donna, colei che assume questo onere, quasi come una sacerdotessa chiamata all'esercizio del suo carisma in favore dell'individuo o della comunità. L'uomo e la donna sembrano soggiacere a forze misteriose, potenti, riconosciute come «destino» che spesso conducono alla colpa, dopo la quale l'espiazione del dolore talvolta potrebbe rivelarsi come l'unico sentiero accessibile, via di ritorno verso il recupero della propria dignità individuale in un contesto comunitario. Al destino non si può scampare. Le preghiere e le espressioni rituali popolari sono il risultato di un forte sincretismo antropologico arcaico, indigeno, ma contaminato dalle diverse relazioni culturali con le popolazioni autoctone e quelle che hanno occupato il territorio nei secoli passati e per ultimo, con l'incontro più significativo della cultura locale e cioè con il cristianesimo. Vertice di questa rappresentazione è l'intensità «fatalistica», unita al significato cristiano della volontà divina. Fatalismo e volontà di Dio sono analoghe concezioni viscerali che forgiano i diversi soggetti e conducono all'accettazione degli eventi connessi con codici comportamentali ambigui. La matrice morale spinge ad agire in risposta a esigenze spirituali e affettive e si scontra con la norma etica della comunità: si tratta del confronto tra il codice dei sentimenti, patrimonio spirituale del singolo, e il codice di comportamento esterno, proprio della società che tende alla sua autoconservazione. Il destino è superiore rispetto alla pressione esercitata dal codice sociale e di fronte al fatalismo non si può operare un mutamento di direzione. In questa prospettiva, risulta dunque vero uomo colui che pur vivendo con la chiara consapevolezza della sua propria sorte, si oppone con tutto il suo essere per far valere la sua volontà. Si potrebbero portare ad esempio di questo rapporto tra fatalismo e realizzazione della propria soggettività, i temi propri di Grazia Deledda. In particolare là dove Marianna Sirca esclama:

> È inutile che tu mi contraddica, Fidela, è inutile che tu mi parli. Questo è il mio destino[22].

Nell'individuo e nella comunità si sviluppano quei sentimenti essenziali come l'amore e l'odio e divengono mani-

---

[22] G. DELEDDA, *Marianna Sirca*, Mondadori, Milano 1990, p. 16.

festazione piena della loro umanità; le passioni e i sentimenti alimentano quasi totalmente l'uomo che vive immerso nella natura, in un contesto aspro, talvolta contorto e impenetrabile che lo avvolge e di conseguenza la ritualità che ne scaturisce è strettamente condizionata dal mondo naturale, rispetto per esempio all'attuale contesto sottoposto al mutamento socio economico. Le cose e il denaro sono considerate nella loro essenzialità, mentre le passioni i sentimenti, espressioni della vita naturale, alimentano pienamente l'uomo; ciò che invece nel nostro tempo appare oramai come «coperto dalle cose»[23]. Sono le forze pulsionali che spiegano il movimento e l'orientamento antropologico del singolo e della comunità e dunque l'agire umano è fortemente suggestionato dalle contraddittorie passioni – che infrangono i dettami morali giustificati in nome della sorte di cui si riconosce vittima ed è pronto a chiamare in causa come elemento giustificatore una forza interiore, demoniaca – che mutano l'uomo. Il concetto di colpa è dipendente dal riconoscimento del legame subalterno con questa forza arcana e la consapevolezza dell'errore perciò risponde non tanto al riferimento verso una giustizia umana ma solo nei confronti di Dio, tra giustizia divina e giustizia terrena vi è dunque una netta separazione.

Fascino dell'ambiente: tra magia e sincretismo

La simbiosi con la natura selvaggia e lo stato di isolamento delle abitazioni privilegiano il silenzio rispetto alla parola; la parola cede il passo a differenti linguaggi propri dell'ambiente naturale. Nei rapporti interpersonali infatti è raro che la parola riveli totalmente il senso delle cose, ciò non vale al contrario per lo sguardo. È lo sguardo, soprattutto femminile, più che la parola a essere suscitatrice di *eros* e di possessione, come testimonia il Pettazzoni[24]. Questo autore, a

---

[23] G. DELEDDA, *Canne al vento*, Mondadori, Milano 1990, p. 13.

[24] «Nella *Naturalis historia* di Plinio, trattandosi della potenza fascinatrice

cui viene attribuita la caratteristica definizione di *fascinazione* ha messo in evidenza la necessità di un'ambientazione sacra, di un suo luogo e di un tempo sacrale. Questa modalità fa parte di una celebrazione dove compare la notte, la presenza della luna, il silenzio della campagna, proscenio del teatro della relazione umana del rito dell'*eros*, della passione, dell'odio e della vendetta. Anche altre forme di liberazione rituale fanno parte dello stesso scenario: si tratta del rito di liberazione o guarigione dove spesso il detentore dei segreti arcani dei diversi attori è il prete/sacerdote e in forma analogica la figura sacerdotale della donna, colei che può mediare con il mistero, ma anche con le potenze demoniache che si impossessano dei vivi e dei morti. Il loro potere risiede nella forza del *rito,* nella *formula magica* recitata, che può di volta in volta mutare le sorti. Il protagonista femminile è una delle costanti tematiche di maggior rilievo della ritualità popolare, la donna, latrice fatalistica di vita, di amore-odio, di vendetta e talvolta di morte. Essa è allo stesso tempo veicolo di sentimenti, passioni e visioni ancestrali, *Domina* e *Demone* contemporaneamente, legame indissolubile originato dalla consistenza sincretistica pagano-cristiana, che costituisce l'originale del fenomeno religioso sardo. Si tratta di un elemento molto presente nell'opera letteraria di Grazia Deledda e in particolare nel suo romanzo *Cenere*[25].

---

dello sguardo, si parla di alcune femmine ammaliatrici, le quali *pupillas binas in singulis habeant oculis*; e poi aggiunge: *huius generis et feminas in Scythia quae Bithiae vocabantur, prodit Apollonides.* Questa medesima notizia, la leggiamo presso Solino con una aggiunta: "*Apollonides perhibet in Scythia feminas nasci quae bithiae vocantur: has in oculis pupillas geminas habere et perimere visu si forte quem iratae aspexerint. Haec sunt et in Sardinia*". A qual proposito è da tenere presente che in Sardegna troviamo pure una Bithia polis e un Bithia limen, attestati da Tolomeo. Chi è stato in Sardegna non può dimenticare lo sguardo delle donne sarde: sguardo intenso, cupo e ardente, fascino ammaliatore pieno di forza arcana, che parve e fu temibile, come è temibile il mistero, all'anima e alla mente dei primitivi». Cf. R. PETTAZZONI, *La religione primitiva in Sardegna (Sardegna archeologica)*, Carlo Delfino Editore, Sassari 1980, pp. 57-58.

[25] «Una sera, agli ultimi di novembre, Olì, dopo essere stata a Nuoro per

L'identificazione nella donna della funzione di *Domina*, cioè di colei che governa, amministra, genera la vita e allo stesso tempo è trasmettitrice di male, pone l'attenzione sulla concezione del femminile in rapporto a tutta la vita dell'uomo. In essa risiede infatti anche la possibilità di salvezza, antidoto al male, rimedio contro le malattie. L'utilizzo delle erbe officinali, o di altri elementi naturali, acqua, sale, olio, saliva, liquidi organici per ottenere guarigione, connette la figura femminile con l'esercizio di quelle mansioni arcaiche riservate quasi esclusivamente alle donne, come appare nell'antico mito di *Iside* che con un unguento riportò in vita *Osiride* suo sposo[26]. L'intreccio sincretistico non sempre consente una netta distinzione tra rito cristiano e substrati di antichi culti, poiché si tratta di un sincretismo pagano-cristiano, definito forza del destino, realtà sacra. È una coesistenza del sacro rappresentato dal sacerdote ufficiale del culto e dall'uomo/donna sacerdote carismatico del popolare, tutti e due impegnati a rispondere alle diverse richieste del fedele, all'interno di una cultura antropologica che non separa il fenomenologico dal soprannaturale, non distingue scienza-potere magico, fa un tutt'uno tra mito e oralità, fra razionalità e inconscio.

---

la festa delle Grazie, litigò con la vedova: già da qualche tempo ella bisticciava con tutte le persone che incontrava, e percuoteva i bambini. Anania la sentì piangere tutta la notte, e sebbene il giorno prima ella lo avesse bastonato, provò una grande pietà per lei. Avrebbe voluto dirle: Tacete, mamma mia. Zuanne dice che se fosse come me, quando sarebbe grande andrebbe a Nuoro per cercare il padre e imporgli di venire a trovare; io ci voglio andare ora, invece; lasciatemi andare mamma mia. [...] Ma non osava fiatare. Era notte ancora quando Olì si alzò, scese in cucina, risalì, ritornò a scendere, rientrò con un fagotto. "Alzati" disse al ragazzetto. Poi lo aiutò a vestirsi e gli mise attorno al collo una catenella dalla quale pendeva un sacchettino di broccato verde, fortemente cucito. "Cosa c'è dentro?", chiese il bimbo, palpando il sacchettino. "Una *ricetta* che ti porterà fortuna; me la diede un vecchio frate che incontrai in viaggio. [...] Tieni sempre il sacchettino sul seno nudo; non perderlo mai"». Cf. G. DELEDDA, *Cenere*, Mondadori, Milano 1986, pp. 26-27.

[26] N. GEOFFREY - L. HAMMOND (a cura di), *Iside*, in *Dizionario di antichità classiche di Oxford*, Paoline, Roma 1981, pp. 1141-1142.

In questo contesto di invocazione che cerca la protezione per l'uomo o per ciò che lui possiede, c'è sempre – per così dire – un elemento naturale magico, dal quale dipende la vita della natura e dell'uomo, affidata alla forza del *rituale*. A cristianesimo e magia in questo caso si riconoscono la stessa efficacia, spesso senza alcuna conflittualità. La trasmissione dei poteri magici avviene quasi esclusivamente per via matriarcale, in quanto la sua ritualità è strettamente connessa con i grandi riti della terra e della luna, simbologie femminili della grande madre terra dove il codice magico e quello rituale «ufficiale» producono la medesima tensione tra mito e rito. Si tratta di espressioni proprie di questa condizione antropologica atavica, che non si trovano in posizione di isolamento superstizioso, come luoghi di rifugio dal religioso propriamente riconosciuto, ma confluiscono su tutta la vita dell'individuo comunicandogli un senso esistenziale autentico. L'efficacia del rituale spesso trova la sua espressione nella forza magico-simbolica di parole e numeri; soprattutto importanti sono il tre, in relazione al sette, legato alle pratiche tendenti a scacciare malefici o a impetrare benedizioni. Il sette è un numero lunare che rivela l'energia magica propria delle differenti tradizioni esoteriche del Mediterraneo, appartenenti ai pitagorici e agli orfici. Infine importante è il numero dodici legato maggiormente al significato biblico.

Questo orientamento del pensiero conduce a una concezione del rapporto tra bene e male, puro e impuro, maledizione e benedizione, che trova la sua origine non direttamente su cause umane ma sulla sorte divina. Un mondo dove ogni cosa, gesto, porta in sé un significato non sempre comprensibile, ma nel quale tutto viene rivestito di sacralità: la storia dell'uomo è sotto il dominio di forze positive che lo proteggono, Dio, Cristo, i santi, i parenti defunti; contro ci sono le forze negative, che lo contrastano. Si tratta del demonio e delle anime dannate che possono assumere forma umana o di animale. Lo scontro non avviene solo tra forze spirituali e uomo, ma anche tra uomo e uomo, soprattutto quando si tratta di uno proveniente dall'esterno, visto come estraneo, come un possibile nemico o concorrente.

Il mondo esterno infatti ha sempre fatto paura all'uomo sardo, perché il conquistatore proviene dal mare: Fenici, Greci, Romani, Barbari, Bizantini, Spagnoli, Francesi, Piemontesi. Queste realtà sono oggetto di riflessione e di preghiera, anche se è difficile oggi riconoscere le tracce della colonizzazione di tanti popoli nei testi della preghiera popolare.

Carta topografica della Sardegna e della Gallura.

Capitolo Secondo

MODELLI INTERPRETATIVI DELLA RELIGIOSITÀ POPOLARE

Dopo aver presentato la tematica sul contesto della storia culturale e geografica in cui è ambientata la religiosità popolare della Sardegna, ci introduciamo ora al nostro argomento rileggendo quelle teorie o modelli interpretativi che ci sembrano più marcati riguardo alla ricerca su tale fenomeno popolare.

La scuola gramsciana

La prima scuola che potremmo prendere in considerazione in relazione alla discussione della nostra visione riguardante la religiosità popolare potrebbe configurarsi come la tesi classica presente nella cosiddetta «scuola gramsciana». Gramsci si rifà chiaramente alla posizione marxista che considera la religiosità popolare come dipendente da una «perdita di identità», da una «crisi della storia», da una difficoltà di integrazione nel sociale. Dunque si tratta di una visione che era chiaramente antitetica a quella cristiana: il marxismo e il cristianesimo sono visti in un totale contrasto nella posizione iniziale del nostro studioso sardo. Col tempo però Gramsci operò una scelta più moderata. Alla rigidità ideologica, contrappone più tardi un atteggiamento tutto rivolto al coinvolgimento del mondo contadino, legato alla terra, di tradizione cristiana, influenzato ideologicamente e politicamente dalla Chiesa. Posizione questa, tesa a creare uno spazio di incontro, invece di divenire artefice di divisione, in un campo delicato come quello religioso. Se nel giovane Gramsci le due soluzioni del problema religioso, quello ideologico e quello politico, potevano sembrare distanti, nella maturità trovano una loro coerenza in quella che si prefiggeva essere la riforma intellettuale e morale. Il fenomeno religioso attrae la sua attenzione e stimola la riflessione messa per iscritto nei *Quaderni dal carcere*, soprattutto riguardo al rapporto di «convivenza» razionale interno alla chiesa tra intellettuali e persone semplici. La religione per Gramsci è «un'ideologia»[1] non però nell'accezione negativa, come invece lo fu per Marx, ma come frutto di una realtà storica oggettiva, anche se prodotta dalla classe egemone per governare un suo privilegio. Condivide con Marx la lettura dell'ideologia in quanto strumento di dominio, ma egli resta colpito dal fatto che le ideologie esercitano un influsso sull'azione politica, riuscendo a muovere e organizzare le masse. È una visione del mondo che diventa fede, e che muove all'azione.

Gramsci distingue nella religione tre elementi costitutivi[2]:

1. la convinzione dell'esistenza di divinità;
2. la dipendenza che nasce in rapporto a queste;
3. infine, il culto.

Questa semplice caratterizzazione serve per mettere in guardia dall'eccessivo abuso che si fa, spesso in modo improprio, del termine «religione», applicando il significato a ogni tipo di ideologia che conduca a un qualche comporta-

---

[1] A. Gramsci, *Quaderni dal carcere*, Einaudi, Torino 1975, p. 1455.

[2] «1. La convinzione che esistano una o più divinità personali trascendenti le condizioni terrestri e temporali; 2. Il sentimento degli uomini di dipendere da questi esseri superiori che governano la vita del cosmo totalmente; 3. L'esistenza di un sistema di rapporti (culto) tra gli uomini e gli dei» *ivi*, p. 715.

mento. Trattando del cattolicesimo, Gramsci parla di molteplicità di religioni distinte e spesso contraddittorie: «C'è un cattolicesimo dei contadini, un cattolicesimo dei piccoli borghesi e operai di città, un cattolicesimo delle donne e un cattolicesimo degli intellettuali anch'esso variegato e connesso»[3]. Egli distingue una «religione degli intellettuali» che elabora un pensiero teologico, e una «religione dei semplici», che si esprime con la loro lingua materna: questa è la religiosità popolare, ideologia delle classi subalterne. La religione nelle sue manifestazioni popolari non è mai riducibile a quella degli intellettuali, nonostante il tentativo di imporre il modello ufficiale. Strettamente intrecciata al folklore e al suo senso comune, radica la sua diversità nel contrasto sempre latente delle classi subalterne con quelle dominanti, per cui la cultura espressa dalle prime contiene sempre elementi potenzialmente innovatori e contestativi, su cui si deve far leva per la creazione d'una cultura proletaria finalmente dirigente, base d'una nuova egemonia. Gramsci sembra voglia far emergere soprattutto il valore del folklore, che egli però invita ad analizzare e a sottoporre a indagine seria, perché è espressione di una concezione del mondo appartenente alle classi oppresse, subalterne; si tratta del linguaggio della rivolta dei semplici contro la classe religiosa egemone, anche se allo stesso tempo, non manca di denunciarne il carattere disorganico, grossolano[4]. Pur affermando che il folklore non è una bizzarria

---

[3] *Ivi*, p. 1397.

[4] «Si può dire che il folklore sia stato finora studiato come elemento pittoresco [...]. Occorrerebbe invece studiarlo come concezione del mondo e della vita [...] in contrapposizione [...] con le concezioni del mondo ufficiali (o nel senso più largo delle parti colte della società storicamente determinate) che si sono succedute nello sviluppo storico [...]. Concezione del mondo non solo non elaborata e sistematica, perché il popolo (cioè l'insieme delle classi subalterne e strumentali di ogni forma di società finora esistita) per definizione non può avere concezioni elaborate, sistematicamente e politicamente organizzate nel loro sia pur contraddittorio sviluppo. Ma anzi molteplice nel senso di diverso, e giu-

ma una cosa da prendere sul serio, l'interesse nei suoi riguardi è indirizzato alla necessità di conoscere le varie «superstizioni», per sradicarle e «sostituirle con concezioni ritenute superiori»[5]. La religione viene da lui assimilata al folklore, egli infatti è convinto che «tutte le religioni, anche le più raffinate, siano "folklore" in rapporto al pensiero moderno»[6], a maggior ragione lo è la religiosità popolare che essendo prodotta dal popolo manca di una ordinata sistematicità, propria della teologia e non ha nulla a che vedere con la religione degli intellettuali. Egli riconosce nello stesso tempo la grande forza della Chiesa cattolica che sta nella capacità di conservare una compattezza dottrinale tra le diverse religioni: quella dei semplici e quella degli intellettuali[7]. Anche nei periodi più lontani, ad esempio nel Medioevo, la Chiesa ha sempre cercato di cogliere le spinte che venivano dal basso e talvolta anche di tipo ereticale, purificandole e dando loro un riconoscimento ufficiale. L'esempio più significativo per Gramsci è quello del francescanesimo. L'Italia popolare attuale, secondo Gramsci, risulta essere invece il frutto della Controriforma, la quale ha «oppiato e gesuitizzato» il cattolicesimo da una parte, e dall'altra ha ridotto la religiosità popolare a focolare di superstizioni. La religiosità popolare, in sostanza, non è altro che il residuo anacronistico di vecchie forme di superstizione, che condiziona persino l'aspetto morale dell'esistenza, facendolo cadere in un fatalismo «lazzaronesco», manifestazione dell'evidente situazione di dipendenza delle classi subalterne nei confronti di quella

---

stapposto ma anche nel senso di stratificato dal più grossolano al meno grossolano», *ivi*, pp. 2311-2312.

[5] *Ivi*, p. 2314.

[6] *Ivi*, p. 2312.

[7] «La forza delle religioni e specialmente della chiesa cattolica è consistita e consiste in ciò che sentono energicamente la necessità dell'unione dottrinale di tutta la massa religiosa e lottano perché gli strati intellettualmente superiori non si stacchino da quelli inferiori» *ivi*, pp. 1380-1381.

egemone. Il giudizio espresso da Gramsci sulla religiosità popolare sostanzialmente non è positivo; egli infatti osserva il fenomeno dall'esterno, e lo interpreta solo con le categorie pregiudiziali ideologiche, escludendo un'analisi sul significato propriamente religioso. Del resto, la sua chiusura illuministica al significato del linguaggio religioso limita la sua interpretazione, nel senso che, mancando egli di una prospettiva escatologica, fa sfociare «l'ideologia religiosa nella prassi», riconoscendole soltanto un divenire storico. Un altro aspetto latente è il riferimento personale al divino. Privata del riferimento al trascendente, la religione viene ridotta a un fenomeno socio-culturale o a una visione mitica della realtà, e il suo valore verrà misurato solo in base alla sua efficacia nel trasformare la storia. L'aspetto positivo che Gramsci attribuisce alla religiosità popolare è quello di essere stata «segno» della protesta del popolo contro le condizioni di sopraffazione e di sfruttamento operate dai padroni. Ma anche in questa situazione la religione si confermava come ideologia non liberatoria dalle diverse forme di alienazione prodotte dal sistema, in quanto essa si faceva portavoce e promotrice di soluzioni «metafisiche» e perciò «utopiche», non di questo mondo, ma di un altro, rispetto alla concreta condizione storica.

Su queste prospettive aperte da Gramsci si muoveranno gli studiosi della religiosità popolare, formando quella scuola filo-gramsciana che tanta parte ha avuto nel vasto campo di ricerca del folklore religioso. Una delle prime applicazioni, secondo le categorie gramsciane, è stata quella di De Martino, autore di autorevoli saggi[8], il quale si avvi-

---

[8] E. De Martino, *Etnologia e cultura nazionale negli ultimi dieci anni*, «Società» 3 (1953), pp. 318-319; Idem, *Magia e civiltà. Antologia*, Garzanti, Milano 1962; Idem, *Il mondo magico. Prolegomeni a una storia del magismo*, Boringhieri, Torino 1973; Idem, *Morte e pianto rituale. Dal lamento funebre antico al pianto di Maria*, Boringhieri, Torino 1975; Idem, *Sud e magia*, Feltrinelli, Milano 1977; Idem, *La terra del rimorso. Contributo a una storia religiosa del Sud*, Il Saggiatore, Milano 1976.

cina alla stessa realtà, secondo quanto egli stesso afferma. Egli scrive di essere:

> come un cercatore d'uomini e di umane dimenticate storie, che al tempo stesso spia e controlla la sua propria umanità e che vuol rendersi partecipe, insieme agli uomini incontrati, della fondazione di un mondo migliore, in cui migliori saremmo diventati tutti, io che cercavo e loro che ritrovavo[9].

L'autore afferma di trasformare il presente in una realtà più degna per l'uomo. La sua impostazione metodologica di ricerca è orientata verso un processo di liberazione sociale della cultura popolare. Si passa con lui da una corrente classificatoria di studi a un'impostazione del lavoro scientifico proteso verso vicende di cambiamento nel Mezzogiorno. Si tratta di un cambiamento ricercato scientificamente con il coinvolgimento interdisciplinare delle altre scienze umane (psichiatria, psicologia, etnomusicologia, antropologia) chiamate a una collaborazione fattiva in quello che è il suo lavoro sul fenomeno del «tarantismo» pugliese. Tale fenomeno ha dato origine alla notissima pubblicazione bibliografica del 1962 *La terra del rimorso*. Il riferimento al lavoro interdisciplinare, promosso dall'autore, attento alla complessità del fenomeno analizzato, apre una pista di importanza fondamentale nel campo degli studi sulla religiosità popolare, per una corretta lettura del dato folklorico che conduca infine a innescare il processo di liberazione sociale. Per De Martino, in conclusione, si tratta non di una semplice raccolta di dati nata per una curiosità folkloristica, o in seguito alla scoperta del gusto arcaico per conoscere l'impulso dell'irrazionale rispetto alla vita, o per analizzare il folklore semplicemente come realtà autonoma, oppure anche per un interesse di propaganda politica, ma si tratta di far uscire la ricerca dal vicolo

---

[9] E. De Martino, *Etnologia e cultura nazionale negli ultimi dieci anni*, pp. 318-319.

cieco della curiosità per immetterla nella strada che porta al riscatto del popolo[10].

Colui che a nostro avviso ha compiuto dei passi in avanti nella ricerca di ispirazione della scuola gramsciana è Alfonso Di Nola[11], anch'egli autore di diverse ricerche sul campo, che sono poi diventati saggi bibliografici di notevole interesse.

Lo studioso napoletano, attraverso l'analisi dell'elemento religioso desidera arrivare alla comprensione della cultura delle classi subalterne, in modo particolare, di quella contadina abruzzese, che lui vede muoversi verso una fase di crescente disgregazione. Il permanere ancora oggi di una ritualità popolare, come per esempio il culto di san Domenico di Cucullo, che si crede detentore del potere sui serpenti e sui morsi di cane, appare al Di Nola, come «il tentativo subalterno di sottrarsi alla morte culturale»[12], non in senso fisico ma in un senso tipicamente culturale. Il popolo di cui parla di Nola manifesta attraverso una ritualità comunitaria, il legame sociale che appartiene alla religiosità, dinanzi alla disgregazione culturale in atto.

---

[10] Egli scrive in un articolo che le sue ricerche non sono di carattere ideologico. Non si tratta infatti de: «Il semplice raccogliere per il raccogliere; l'idoleggiamento del folklorico nel senso di pittoresco e le stolide infatuazioni per il popolo creatore. Il culto dell'arcaico che nasconde un torbido impulso irrazionalistico e l'incapacità di accettare la dura razionalità della vita; lo sproposito accademico del folklore come scienza autonoma; la tendenza a corrompere e a distorcere l'interesse storico per la materia folklorica mercè preoccupazioni di politica immediata e di propaganda...»: E. De Martino, *Storia e folklore*, «Società» 10 (1954), p. 944.

[11] A.M. Di Nola, *Antropologia religiosa. Introduzione al problema e campioni di ricerca*, vol. 11, Saggi, Vallecchi, Firenze 1974; Idem, *Gli aspetti magico religiosi di una cultura subalterna italiana*, Boringhieri, Torino 1976; Idem, *Note per una lettura storico materialista della religiosità contadina meridionale*, «IDOC Internazionale» 5 (1976), pp. 19-29; Idem, *Varietà degli oggetti della cultura subalterna religiosa del meridione*, in AA.VV., *Questione meridionale, religione e classi subalterne*, Guida, Napoli 1978, pp. 35-39.

[12] A.M. Di Nola, *Gli aspetti magico religiosi di una cultura subalterna*, p. 18.

Tale esigenza manifesta la volontà di ricupero dell'identità collettiva in una situazione esistenziale messa in crisi da una realtà socio-economica dominata dai meccanismi del mercato consumistico. Sono sempre dominanti nel pensiero dell'autore quelle categorie proprie della lettura gramsciana del religioso popolare, in cui si distingue chiaramente la categoria di struttura-sovrastruttura e di cultura egemone-cultura subalterna, come chiave di analisi e di interpretazione materialistica del fenomeno religioso popolare. La religiosità popolare, espressione della cultura subalterna, rispetto al modello religioso «ufficiale», ha una sua identità distinta ma non separabile; tra queste due polarità esiste una forma di scambio, una convivenza di fatto, che consente di conservare – seppur nell'ambiguità – una certa forma di unione[13].

È interessante il fatto che da parte della religiosità popolare c'è, come dire, una reazione di resistenza per conservare con tutte le forze la propria identità nei confronti della cultura egemone rappresentata dalla religiosità del potere ecclesiastico. Questo a sua volta, pur non condividendo quelle scelte, riesce a giustificare e a sostenere certe devozioni, solo per conservare una gestione manageriale sul prodotto popolare[14].

---

[13] «In genere, allo stato attuale delle culture residue il contadino aderisce, fondendoli nella sua propria visione del mondo, a due diversi quadri religiosi. Per un lato egli segue la proposta mitica della religione cristiana unificante, frequentando per esempio, la liturgia domenicale, partecipando ai rituali cattolici [...]; ma per un altro lato, resta ancorato al suo universo mitico e rituale, proprio perché questo lo connette non già a una dimensione di dipendenza generica e amorfa (come è il culto egemone), ma a una concretezza di esperienze dirette e pressanti (il campo, il raccolto, la vendemmia, questa o quella malattia di uomini o animali») *ivi*, p. 18.

[14] «È certo che un prete curiale non crede in s. Domenico e nel suo potere sui serpenti e sui morsi di cane, ride su s. Panfilo e sulla capacità a lui attribuita di curare i reumatismi [...], è fuori dagli schemi della corretta iconografia liturgica, rifiuta di considerare come fatti seri l'uscita dal tempio camminando all'indietro. E tuttavia, questo stesso curiale, [...] riesce

In conclusione la Chiesa, secondo Di Nola, deve continuamente venire a patti con il popolare, proprio per perpetuare la sua esistenza e la sua egemonia.

Un altro autorevole rappresentante sempre della scuola gramsciana è Vittorio Lanternari, apprezzato innanzitutto come storico delle religioni, etnologo, ma anche come antropologo[15]. Pur essendo uno storico, il suo lavoro di ricerca è caratterizzato da una visione antropologica. Egli vede all'interno delle culture prese in esame, quel dinamismo ascendente e discendente proprio dell'analisi gramsciana, e individua nelle classi subalterne prese in considerazione un atteggiamento di resistenza attiva nei confronti della classe egemone. Questa forza attiva e non passiva l'autore la ritrova anche nella religiosità popolare in modo particolare quando studia i movimenti presenti nell'America Latina, a cui dedicherà anche una pubblicazione. Rispetto a Gramsci, Lanternari a motivo della sua analisi storica, vede nella cultura popolare non una frammentarietà, o una mancanza di sistematicità, ma una capacità consapevole di opposizione popolare e anche religiosa nei confronti della classe egemone.

Infine, per concludere questo quadro di indagine che ci ha consentito di avvicinarci al filone gramsciano per una conoscenza e per un approfondimento in vista del confronto con quella che è la nostra interpretazione del

---

a giustificare e a sostenere codeste devozioni e cerca di fonderle con le esigenze del nuovo discorso cristiano, sconvolgente al tempo di Giovanni XXIII, oggi accomodante e addormentante, solo perché [...] il circuito di interessi economici intorno a questi luoghi sacrali è veramente imponente e annualmente raggiunge miliardi, divenendo il sostegno integrativo di curie e di ordini reliosi»: IDEM, *Varietà degli oggetti della cultura subalterna religiosa del meridione*, pp. 35-59.

[15] V. LANTERNARI, *Movimenti religiosi di libertà e di salvezza dei popoli oppressi*, Feltrinelli, Milano 1974; IDEM, *Occidente e terzo mondo, incontri di civiltà differenti*, Dedalo, Bari 1974; IDEM, *Religioni primitive e religione popolare. Corso di etnologia*, Bulzoni, Roma 1975; IDEM, *Crisi e ricerca di identità. Folklore e dinamica culturale*, Liguori, Napoli 1977.

dato religioso in chiave fenomenologica, terminiamo la ricerca con qualche riferimento a Clara Gallini, studiosa del settore, già alunna di De Martino, ricercatrice in ambiente religioso popolare della Sardegna[16]. Questa studiosa, sulla scia di De Martino, affronta la lettura del mondo religioso popolare nell'ottica del rapporto tra classe egemone e classe subalterna, secondo lo schema interpretativo gramsciano e in modo particolare sottolinea marcatamente quelli che sono stati e che ancor oggi possono essere considerati strumenti di potere, che hanno prodotto cultura di dipendenza, rapporto di sottomissione nei confronti delle classi subalterne. Uno di questi è, come lo definisce l'autrice, il «segreto della scrittura», privilegio riservato alle classi egemoni. La studiosa afferma infatti che la stessa scrittura è stata una forma di potere lasciata in mano alla classe egemone. Ella scrive:

> In Millenni di storia occidentale è innegabile che il segreto della scrittura sia stato prevalentemente appannaggio dei ceti egemoni, mentre quelli subalterni sono stati lasciati all'uso del medium orale. Mezzo scritto, dunque, come strumento di comunicazione egemonico rispetto al mezzo orale, caratterizzato da una posizione di subalternità. Sappiamo che la chiesa ha elaborato un corpo di «libri santi», scritti in un linguaggio, il latino, comprensibile solo a una élite colta, sacerdotale, o laica. Ne ha però divulgato i contenuti prevalentemente attraverso la tradizione orale, utilizzando nel complesso due strumenti complementari: la predica del sacerdote e la elaborazione di preghiere liturgiche e paraliturgiche. In particolare, a partire dal concilio di Trento si è potenziata una tendenza divulgatrice, che favorì l'uso dei dialetti locali ai fini della diffusione del messaggio religioso. Un'analisi della cultura religiosa «popolare» non può pre-

---

[16] C. GALLINI, *Il consumo del sacro. Feste lunghe di Sardegna*, Biblioteca di cultura moderna, Laterza, Bari 1971, p. 714; IDEM, *Forme di trasmissione orale e scritta sulla religione popolare*, «Ricerche di storia sociale e religiosa» 6/11 (1977), pp. 96-108.

scindere dall'individuazione storica delle diverse forme di politica culturale perseguita dalla chiesa nel suo rapporto con le masse popolari[17].

Per concludere, mentre con Di Nola e Lanternari si nota il tentativo di superare lo stereotipo proprio dell'ideologia marxista-gramsciana, quello cioè di una netta distinzione tra i fruitori del sacro, la classe egemone e quella subalterna, specchio della cultura sociale, ma nello stesso tempo si richiamano gli studiosi a non omologare e a decifrare all'interno dell'esperienza religiosa una risposta che potrebbe essere simile anche per i rappresentanti di ceti diversi, con Clara Gallini c'è come un ritorno al punto di partenza, un ricadere su posizioni dicotomiche, ben distinte e definite. Si tratta di posizioni che oggi appaiono forzate e quasi di tipo ideologico, dove a una classe egemone, che è la Chiesa, viene contrapposta quella subalterna, il popolo delle persone semplici. In tal senso la religiosità popolare risulta così essere la manifestazione di rivalsa di una classe oppressa socialmente nei confronti di coloro i quali rappresentano la classe del potere dominante e che molto spesso è identificata nella stessa Chiesa ufficiale.

La religiosità popolare come «archetipo» dell'esperienza religiosa in Mircea Eliade

La sopravivenza del fenomeno «religiosità popolare» nella sua forma arcaica o nelle nuove forme strutturali richiamano a una radice, a un modello o, come ama definirlo Eliade, a un *archetipo*. Si tratta di forme che realizzano o manifestano un dialogo col sacro attraverso una relazione di tipo affettivo ed esperienziale totalizzante, espressione di

---

[17] C. GALLINI, *Tradizioni sarde e miti d'oggi. Dinamiche culturali e scontri di classe*, Editrice Democratica Sarda, Cagliari 1977, pp. 121-122.

quel pre-categoriale riconoscibile nella sua accezione di tipo «irrazionale» nell'esperienza religiosa. Sembra che si tratti di una visione originaria dell'uomo e del suo essere al mondo. Ma che cosa significa questo rapporto all'originario? Per visione originaria o archetipo si intende solitamente una categoria morfologica che si può ricavare dalla descrizione dei diversi fatti religiosi. Alla fine è il concetto di archetipo che viene applicato non solo all'uomo arcaico, ma anche all'uomo moderno, il quale porta in sé il *sigillum* del sacro arcaico. Secondo Eliade infatti l'uomo potrebbe sfuggire da ogni cosa meno che dalle sue intuizioni archetipiche, si tratta di un archetipo come categoria astorica preformale, un modello a priori a cui ogni altra realtà si configura.

La religiosità popolare prima di essere compresa nella sua accezione *teologica*, cioè come riferimento alla sua manifestazione in ambito rituale liturgico, chiede di essere sottoposta a un'analisi di ricerca come momento primo nell'esperienza del sacro.

Secondo Eliade, ogni prodotto folclorico, leggenda, incantesimo, proverbio, porta in sé l'universo mentale che lo ha generato, nello stesso modo in cui un coccio di specchio riflette lo stesso mondo. Eliade scrive:

> noi studiamo il mondo che (il documento) [...] ci rivela, e l'unico nostro obiettivo è di spiegare e commentare questo mondo in se stesso, senza porci, per il momento, il problema della sua validità e delle sue cause storiche, psicologiche, religiose che lo hanno generato. L'importante per noi è di costatare che la mentalità folclorica crea sempre in conformità con certe leggi, e che queste leggi sono *archetipiche*[18].

Per Eliade tutta la vita è una continua ripresa di gesti primordiali riconducibili a pochi archetipi e ognuno di essi è come una teofania. La religiosità popolare, il folclore,

---

[18] M. ELIADE, *Commenti alla leggenda di Mastro Manole*, Jaca Book, Milano 1990, p. 23.

affermano in modo esuberante che la realtà, in fondo, non sta nel mondo attuale ma nel mondo degli «archetipi». Non esiste niente di reale all'infuori di ciò che ha realizzato la divinità. Se l'uomo desidera vivere, non può fare altro che *imitare* quelli che sono i gesti della divinità. Il rituale è lo strumento che consente all'uomo di ripetere l'atto iniziale, perciò tutto ciò che fa non è altro che copia di un prototipo divino o di un gesto cosmologico. Egli desidera partecipare al reale, situarsi nel cuore della realtà. Perciò le cose non hanno senso per lui che nella misura in cui cessano di essere cose, oggetti isolati, irreali, effimeri e diventano emblemi o veicoli dei principi metafisici[19]. Per una maggiore comprensione del significato di archetipo dell'esperienza religiosa riferito alla religiosità popolare, è doveroso definire e distinguere le diverse accezioni del termine in Eliade, per applicarle correttamente al materiale popolare, folklorico in esame, utilizzando i tre significati individuati da Johan Culianu nell'opera dell'autore. Culianu riconosce tre elementi di spicco in questa descrizione fenomenologica. Anzitutto:

1. l'archetipo come concetto descrittivo;

2. in secondo luogo egli distingue il valore esistenziale;

3. e infine l'archetipo, come elemento strutturale dei fatti religiosi, che sono tuttavia per natura differenti dall'accezione junghiana di archetipo, in quanto parola introdotta da lui stesso nel lessico intellettuale.

Pare che Eliade del resto avesse già fatto uso del concetto di archetipo molto tempo prima trattando dell'alchimia babilonese senza alcun riferimento a Jung. Eliade utilizza *archetipo* con valore oggettivo desumibile dalle tradizioni religiose e anche con un senso soggettivo in quanto prodotto dall'inconscio sovrapersonale.

Archetipo, nella concezione eliadiana, appare un concetto descrittivo, utilizzato per ricostruire e interpretare

---

[19] Cf. *ivi*, pp. 26-27.

una situazione storica, soprattutto quella in rapporto alle società arcaiche. Si tratta dell'idea di archetipo come sinonimo di prototipo, categoria originaria, atto primordiale, come componente dell'universo mentale arcaico. Riassumendo potremmo cogliere così alcune caratteristiche dell'archetipo:

1. L'archetipo non è solo modello esemplare che si ritualizza con il rito e si esprime con il mito. Esso ha pure un carattere universale ed è legato all'esistenza umana.

> L'uomo potrebbe sfuggire da ogni cosa meno che dalle sue intuizioni archetipiche, create nel momento in cui ha preso coscienza della sua posizione nel cosmo[20].

> I simboli, i miti e i riti, [...] rivelano sempre una situazione-limite, quella che l'uomo scopre prendendo coscienza del suo posto nell'universo[21].

In questo caso la nozione di archetipo acquista un nuovo significato passando da una valenza descrittiva a un significato di tipo esistenziale.

2. L'archetipo è una componente essenziale dell'esistenza umana.

Questa seconda nozione di archetipo nella sua accezione esistenziale, diventa condivisibile dalla scuola storicistica di Pettazzoni nel significato del «prender coscienza» da parte dell'uomo, della propria situazione nel cosmo, come momento storico del divenire uomini.

3. Infine, l'archetipo è per Eliade anche elemento strutturale e strutturante dei fatti religiosi, nel senso che il significato del termine si manifesta anche come concetto ausiliario che consente di evidenziare similitudini fra le diverse forme

---

[20] Cf. *ivi*, p. 111.
[21] Cf. *ivi*, p. 35.

religiose; d'altro lato, potrebbe apparire come una concreta struttura del reale. Quest'ultima nozione di archetipo secondo E. De Martino e la critica storicistica porta a un annullamento della distinzione a scienza e oggetto della scienza fra la storiografia religiosa e visione religiosa del mondo[22].

L'archetipo, secondo De Martino, non inteso più come termine descrittivo del fatto religioso arcaico diventa struttura dell'oggetto religioso e strumento concettuale per mezzo del quale identifichiamo l'idealità platonica della realtà. L'archetipo viene così interpretato dagli storicisti come segnale di una realtà metafisica del tutto estranea al mondo dei fatti storici; si dà per scontato come presupposto il fondamento metafisico del fenomeno religioso in sé, ma questa è un'idealità fuori dalla storia. Eliade rispondendo alla critica storicistica afferma che:

> La struttura è la realtà significativa organizzata. Ma il significato appartiene in parte alla realtà stessa, in parte al qualcuno che cerca di capirla[23].

Per l'uomo arcaico, come per quello platonico, la realtà non sta nel mondo attuale, ma nel mondo degli archetipi. I fatti religiosi documentati dalla religiosità popolare sono ierofanie, segni di ordine simbolico originario che esistono comunque anche al di là dei dogmi delle religioni e delle contrapposizioni al sacro, visti talvolta anche come organizzazione simbolica di risposta a bisogni storici. Si tratta dunque di far posto a due concezioni complementari di realtà sacra e di realtà all'interno della storia, che agiscono in modo complementare. Si tratta di segni sacri, manifestazioni del sacro in realtà profana, rintracciabili, emergenti nei luoghi e nei momenti delle azioni, miti, riti, intesi come

---

[22] E. De Martino, *Recensione a Mircea Eliade*, in *Le mythe de l'éternel retour, archétypes et répétition*, Payot, Paris 1949, p. 52.

[23] M. Eliade, *La nostalgia delle origini. Storia e significato delle religioni*, Morcelliana, Brescia 1972, p. 49.

rivelazione. Le ierofanie, accessori necessari al *phainomenon*, servono per manifestare all'uomo lo *hieros*, il sacro, l'immutabile e il permanente. Si tratta di fare riferimento al trascendente ma in quanto inserito nel tempo, luogo per eccellenza del rischio. Il tempo, la storia, secondo Eliade è il contenitore della manifestazione del sacro, dell'apparire di simboli, modelli enunciativi già dati una volta.

Quando la storia si fa trasparente al sacro allora, come dice Eliade:

> Ogni documento può essere considerato ierofania nella misura in cui esprime a suo modo una modalità del sacro ed un momento della sua storia, vale a dire un'esperienza del sacro tra le innumerevoli varietà esistenti [...] una modalità del sacro in quanto ierofania [...] e in quanto momento storico una posizione dell'uomo rispetto al sacro[24].

In ogni ierofania, cioè nella manifestazione del sacro attraverso un oggetto o un essere, intervengono tre fattori:

– una realtà invisibile, che ha riferimento in rapporto all'essere supremo;

– un elemento mediatore, oggetto naturale, oppure anche una persona: uomo o donna;

– una nuova dimensione «epifanica» che informa l'elemento mediatore.

Questa dimensione sacrale, proveniente dalla realtà trascendente, rende l'elemento mediatore partecipe del sacro; fa, ad esempio, dell'albero un albero sacro, dell'uomo un sacerdote. In seguito all'irruzione del sacro colto dall'*homo religiosus*, l'elemento mediatore si informa del sacro separandosi dalla realtà profana, conservando però inalterata la sua natura. Diversi sono i tipi di ierofanie in quanto il sacro si può manifestare ovunque e in diversi modi, tuttavia esistono ierofanie privilegiate: lo spazio sacro.

---

[24] Cf. L. Arcella - P. Pisi - R. Scagno (a cura di), *Confronto con Mircea Eliade. Archetipi mitici e identità storica*, Jaca Book, Milano 1998, p. 388.

Questi fonda la sua condizione di sacralità dal mito cosmogonico. Presenta tracce, ierofanie che rimandano alle origini. Esso partecipa al centro del mondo, in quanto ogni spazio sacro concentra in sé, nel suo relativo spazio, uno spazio assoluto, ne è l'immagine, l'archetipo. Il tempio, la città, le costruzioni, i circoli megalitici, i menhir, sono costruzioni che ricevono vita da un rito, spesso sacrificale o oblativo, che ripete il sacrificio cosmogonico.

Le principali forme ierofaniche proposte da Eliade

Tempo sacro

Si manifesta nella sua circolarità, una specie di eterno presente mitico reintegrato periodicamente attraverso i riti. In questo senso la ciclicità annuale è come il ritorno al principio nel tempo in cui ebbe inizio il tutto. Il ritorno diventa rigenerazione del tempo stesso, vivendo in una condizione di contemporaneità e di sacralità con ciò che è stato l'origine. Come il tempo delle origini è stato straordinario, così oggi attraverso il rito la sua riattualizzazione consente una forma di «ri-creazione» e di «ri-generazione». Si tratta di una considerazione di un tempo che non è caduto nel suo stesso oblio ma che fa risuonare e dilatare la sua sacrale energia nel rito e nel mito.

Gli elementi naturali

Gli elementi naturali[25] sono il luogo abituale della manifestazione del sacro e differenti sono le modalità più comuni delle ierofanie in questo ambito o contenitore del sacro: la sfera celeste. Il cielo è il luogo più alto, nel senso

---

[25] Cf. R. SATTA, *Preghiere popolari del nord della Sardegna: intreccio tra vita ed esperienza del sacro. Risonanze liturgiche*, Tesi per la licenza in teologia con specializzazione liturgico-pastorale, Abbazia di Santa Giustina, Padova 1989, p. 78.

di elevazione rispetto alla terra (l'umanità) e il luogo più lontano dove la divinità vive come *emarginato* dall'uomo, il quale ricorre a lui, al suo ausilio solo nel caso in cui le altre mediazioni si rivelino incapaci di rispondere. In corrispondenza del cielo ci sono infinite forme di intermediari celesti o di realtà atmosferiche, quelle forze della natura che partecipano della sua sacralità: la pioggia, il fulmine, il tuono, il vento, gli astri, il sole e la luna:

> Il sole rimane sempre uguale a sé stesso, senza alcun divenire. La luna, invece, è un astro che cresce, cala e sparisce; la sua vita è soggetta alla legge universale del divenire, della nascita e della morte[26].

Esiste una relazione tra la storia patetica della luna e quella dell'uomo che terminano tutte e due con la morte, anche se è seguita da una risurrezione, come un eterno ritorno. Il tempo della luna coincide con condizioni naturali, talvolta influenzate da essa, come le maree, la crescita delle piante, e secondo la tradizione e l'esperienza dei contadini, il taglio o il potare la pianta, operazioni legate alla fertilità dei campi o alla sessualità degli animali.

La luna è l'elemento ambiguo di vita o di morte di salute o sofferenza presso il mondo arcaico, fenomeni che sopravvivono ancor oggi nel mondo agro pastorale.

L'acqua

Sorgente di vita, fonte di fecondità, luogo primordiale delle diverse cosmogonie e antropogonie. In quanto simbolo cosmogonico, essa

> guarisce, rinvigorisce, dona fecondità, abbondanza nel generare alla vita e nel nutrire tutti gli esseri, è lavacro di purificazione assicura la vita eterna[27].

---

[26] Cf. M. ELIADE, *La luna e il tempo*, in ID., *Trattato di storia delle religioni*, Boringhieri, Torino 1976, p. 158.
[27] Cf. *ivi*, p. 199.

L'immersione in essa è un «regressus in uterum» purificante e rigenerante.

L'acqua è anche simbolo ambiguo di vita, come pure di morte. Nella religiosità popolare si possono trovare riferimenti, riti, espressioni che confermano la differente valenza di questo elemento naturale considerato ierofania del sacro: l'acqua viene *invocata,* ma anche *scongiurata,* secondo differenti circostanze. Un esempio positivo ci viene offerto dalla preghiera[28] per implorare il dono matrice di tutte le virtualità.

È una richiesta rivolta al divino di un ordine cosmico, per un'armonia naturale; oppure talvolta questo elemento naturale può assumere un aspetto di minaccia, quasi fisica per l'uomo, ed ecco che allora scatta quell'atteggiamento umano di sottomissione al sacro perché rinunci ad assumere il ruolo di giudice vendicatore. C'è come una richiesta di ierofania espressa dall'invocazione perché non si affermi questa sua valenza o caratteristica negativa[29], come nel caso della preghiera per far cessare il temporale: l'elemento ierofanico è espresso in questo caso con una richiesta d'aiuto rivolta inizialmente a intermediari: san Bartolomeo, la vergine Maria o il nome di Gesù.

La terra

È la casa dell'uomo, lo spazio che consente di muoversi, di strutturarlo.

Unitamente al cielo, forma la ierogamia cosmica, madre di esseri mitici e umani.

È sempre stata riconosciuta la sua *maternità,* come ierofania originaria.

Questo legame indissolubile con la terra madre risale alla scoperta da parte dell'uomo del ciclo agricolo.

---

[28] Cf. R. SATTA, *Preghiere popolari del nord della Sardegna*, p. 85.

[29] Cf. *ivi*, p. 83.

La valutazione religiosa della terra da un punto di vista strettamente tellurico non ha potuto avere luogo che più tardi: nel ciclo pastorale e soprattutto nel ciclo agricolo[30].

Il mistero della rigenerazione vegetale e la ciclicità del tempo sono da mettere in relazione con l'agricoltura. Ne deriva una visione positiva dell'esistenza anche se non se ne esclude talvolta la drammaticità, espressa con le immagini fortemente simboliche della morte del seme nel ventre della terra e della sua rinascita. La sua potenza rigenerativa è vista in omologia con la vita dell'uomo e della sua sorte. La terra e la donna sono come assimilate in questa funzione di accoglienza generativa: la donna, la fertilità. La sessualità, la nudità sono tanti centri di energia sacra. Ogni espressione rituale di rigenerazione è essa stessa:

> ripetizione di un atto primordiale di tipo cosmogonico che ha avuto luogo ab initio: il sacrificio di rigenerazione è una ripetizione rituale della creazione[31].

Quel che l'uomo ha appreso dall'agricoltura è soprattutto l'unità fondamentale della vita organica; l'analogia donna-campo, atto generativo-semina, insieme alle più importanti sintesi riflessive, sono stati prodotti da questa rivelazione naturale: la vita ritmica, e la morte come regressione, sintesi rese possibili soprattutto dopo la scoperta dell'agricoltura nel contesto di una «mistica agraria». Il campo, il raccolto, come espressioni ierofaniche sono beni da proteggere dall'influenza del male che potrebbe sottrarre all'uomo la possibilità di partecipare al processo rigenerativo. In questo senso non mancano preghiere popolari di intercessione per il raccolto, elemento di manifestazione, simbolo di rinascita, alimento e sostegno dell'esistenza[32].

Tra le prime teofanie telluriche troviamo *la maternità*

---

[30] Cf. M. ELIADE, *op. cit.*, p. 85.

[31] Cf. *ivi*, p. 132.

[32] Cf. R. SATTA, *Preghiere popolari del nord della Sardegna*, p. 87.

della terra, capace di portare frutto come *tellus mater,* alla quale viene riconosciuta una maternità cosmica. A essa si affida anche il corpo del defunto attraverso un rito di inumazione in cui il morto viene deposto in posizione fetale, che ricorda l'atto stesso della nascita in riferimento al seno materno. Si tratta di un rito antichissimo che richiama la morte in funzione di una nuova incarnazione o rinascita[33].

La forte solidarietà tra la *tellus mater* e l'uomo, legata allo sviluppo dell'agricoltura, è tuttora sostenuta dal rito arcaico della *imbrussinadura* (rotolarsi per terra formando una croce), sopravissuto in Sardegna, presente anche alla modernità. È una pratica terapeutica concepita come rimedio per guarire da forti *spaventi* o *fobie inconscie* causate spesso da visioni di spiriti defunti. Si manifesta con febbri altissime, agitazioni, incubi, perdita di parola o addirittura di senno[34]. Il rito di guarigione è legato alla terra: il corpo viene affidato alla madre terra per una rigenerazione fino a ottenere un capovolgimento della situazione di male. Nella *Einführung* (*Introduzione*) di J. Kerenyi troviamo un parallelismo con l'antico rito della Sardegna, il mitologema del bambino abbandonato alla terra o alle acque. Una volta che egli viene estratto dal suo contesto cosmico, avrà un destino forte in quanto è stato adottato dalla madre terra o dalla madre acqua[35].

Ierofanie celesti

L'idea dell'infinito presente nell'uomo, trova la sua esplicitazione simbolica nel mondo uranico (*Ouranòs*), che con la terra forma la coppia primordiale.

La ierogamia cosmica è all'origine di ogni forma di generazione. L'esistenza di un essere supremo uranico (ce-

---

[33] Cf. *ivi*, p. 93.
[34] Cf. *ivi*, p. 177.
[35] Cf. M. ELIADE, *op. cit.*, pp. 87-88.

leste) è attestata presso le civiltà più arcaiche; è patrimonio storico tra i più antichi. Il cielo non è solo sede ideale del divino, luogo più alto, ma talvolta è lo spazio di emarginazione che i popoli primitivi gli riservano. Si ricorre a lui solo nel caso

> estremo in cui ogni altra entità si è rivelata impotente a soccorrerli[36].

Nelle religioni non arcaiche, quelle più evolute, la divinità celeste tende a mutarsi in divinità atmosferica, per esempio in *Deus pluviosus*, marito della grande madre terra, dotato quindi di possibilità di fecondazione, o in un dio solare, mentre in altri casi la sua funzione si rafforza con l'assunzione dell'attributo della sovranità. Il cielo in quanto sito *in alto*, *elevato*, continua a ogni modo a rivelare il *trascendente* in qualsiasi insieme religioso. In fondo tutte le manifestazioni uraniche sono localizzate nel cielo, le diverse ierofanie vengono dal cielo come se ci si trovasse dinanzi alla presenza del sacro[37]. Siamo dinanzi a una religiosità popolare arcaica, che si muove sulle orme del percorso naturale ierofanico, alla ricerca del sacro come assoluto.

Tutte le ierofanie così come ogni forma rituale ricalcano azioni di senso che ripetono un archetipo, un originale. La *ripetizione* implica l'abolizione del tempo profano e la proiezione dell'uomo in un tempo magico-religioso che non ha niente a che vedere con la durata vera e propria, ma costituisce l'*eterno presente* del tempo mitico. Il mito infatti reintegra l'uomo in un epoca atemporale che è in effetti un *illud tempus,* cioè un tempo «aurorale», «paradisiaco» al di là della storia. Il mito perciò non è da intendersi come la proiezione fantastica di un evento naturale:

---

[36] Cf. I.P. CULIANU, *Mircea Eliade*, Cittadella Editrice, Assisi 1977, p. 118.

[37] Cf. R. SATTA, *Preghiere popolari del nord della Sardegna*, pp. 84-85.

Quel che per la mentalità empirico-razionalistica sembra essere una situazione o un processo naturale si rivela essere, per l'esperienza magico-religiosa una cratofania o ierofania. Ed è soltanto attraverso queste cratofanie o ierofanie che la natura diventa oggetto magico religioso[38].

Il mito, per mezzo del linguaggio simbolico che mira alla realizzazione, riunificazione e alla solidarizzazione dell'uomo con il cosmo, ha in sé una funzione unificatrice, permettendo di rimandare a un'altra realtà attraverso un segno che racchiude in sé diversi significati. Questa transizione da una zona del reale a un'altra si realizza nel simbolo evitando ogni confusione:

Il desiderio di unificare la creazione e di abolire la molteplicità [...] è anche esso [...] una imitazione dell'attività della ragione, perché la ragione tende ugualmente alla unificazione del reale e dunque in ultima istanza alla abolizione della creazione[39].

Il rituale arcaico celebrato anche oggi tramite il simbolo non intende rappresentare il prolungamento della ierofania, ma esso stesso costituisce una ierofania autonoma. L'operazione espressiva realizza o effettua il significato e non si limita a tradurlo: ciò che sottolinea anche M. Merleau-Ponty del corpo come espressione e della parola

L'attrice diviene invisibile ed è Fedra ad apparire. Il significato divora i segni e Fedra si è talmente impossessata della Berma che la sua estasi in Fedra ci sembra l'apice della naturalezza e della facilità [...] nessuno oserà negare che qui l'operazione espressiva realizza o effettua il significato e non si limita a tradurlo[40].

---

[38] Cf. I.P. CULIANU, *Mircea Eliade*, p. 162.

[39] Cf. *ivi*, p. 172.

[40] M. MERLEAU-PONTY, *Fenomenologia della percezione*, Bompiani, Milano 2003, p. 254.

È il simbolo che rivela la realtà divina, esso possiede due significati ricorrenti secondo Eliade:

1. svela la struttura della realtà (sacralità);
2. dà senso all'esistenza dell'uomo[41].

Infatti se l'uomo sente, tramite i simboli, di far parte del cosmo, di non essere più isolato, se colloca la sua soggettività in una prospettiva universale, egli così facendo ottiene la possibilità di poter organizzare il suo mondo terreno. Egli non nega la funzione storica del simbolo, ma la considera secondaria, rispetto a questa sua funzione mistica. Il simbolo indica non tanto il percorso storico del contesto mitico-rituale, ma la possibilità di incontrare l'*homo religiosus* come struttura dell'individuo, cioè l'essenza ontologica dell'essere umano. Le ragioni dei miti dunque stanno nelle strutture metafisiche che esplodono nei simboli. Il pensiero di Eliade ci consente di superare l'interpretazione propria di Lévi-Strauss secondo cui le ragioni dei miti si trovano nelle strutture mentali con le quali gli uomini percepiscono culturalmente il mondo. La prospettiva ermeneutica propria di Eliade ci permette di integrare i dati religiosi secondo una prospettiva generale, dove la irriducibilità dei fenomeni religiosi a dati puramente storici è data dalla presenza del sacro: qui sta la ragione per cui il fatto religioso non si esaurisce nel racconto storico, ma apre verso la ricerca di nuovi significati. Il campo di ricerca non viene infatti limitato dallo spazio e neanche dal tempo consentendoci di parlare all'uomo contemporaneo e all'uomo arcaico, in quanto nel pensiero moderno si è annidata l'infelicità umana. Il mondo religioso arcaico con la sua concezione ciclica del tempo rispetto alla storia lineare, dà all'uomo la beatitudine di renderlo simile a Dio[42]. L'uomo

---

[41] Cf. S. Giusti, *Simbolismo religioso e divenire storico*, in L. Arcella - P. Pisi - R. Scagno (a cura di), *Confronto con Mircea Eliade*, Jaca Book, Milano 1985, p. 422.

[42] Cf. R. Scagno, *Mircea Eliade: un Ulisse romeno tra oriente e occidente*,

arcaico, come *homo religiosus*, anela a dare un senso alla sua esistenza, a sentire la sua casa al centro del mondo, come bisogno di vivere in un mondo organizzato e significativo che però è tale in quanto creato dal soprannaturale. Il significato non può essere dato se non da una garanzia, anzi dalla ripetizione di un modello divino.

Per l'uomo arcaico la materia è satura di sacralità, mentre per l'uomo moderno essa è un fenomeno naturale di un cosmo desacralizzato. Eliade rivaluta il pensiero primitivo come logico, inteso come struttura permanente della mente umana, in modo tale che *l'homo religiosus* non si identificherebbe con l'uomo arcaico *tout court*.

La religiosità popolare New Age in chiave post-moderna

I riti nelle varie religioni antiche, come pure nelle religioni etnologiche e nel nostro mondo religioso secolarizzato non hanno perduto un loro rapporto mediato o immediato con la natura, l'ambiente biologico, il regno vegetale o animale[43]. Questa affermazione trova la sua conferma in quella che è la realtà religiosa del postmoderno, dove si assiste a un evidente ritorno all'esperienza religiosa legata alla natura al cosmo, una religiosità denominata ecologica, diffusa soprattutto dalla New Age, cioè da coloro che appartengono al mondo della «Nuova Era». Con questa corrente si è sviluppato un interesse per tutte le specie viventi e per il loro ambiente ecologico. Il termine è da intendersi in modo ampio, dove si evidenzia la struttura

---

in L. ARCELLA - P. PISI - R. SCAGNO (a cura di), *Confronto con Mircea Eliade. Archetipi mitici e identità storica*, Jaca Book, Milano 1982, pp. 9-23.

[43] Cf. A.N. TERRIN, *Dimensione ecologica ed etologica del rito in rapporto all'esperienza del sacro*, in ID. (a cura), *Liturgia soglia dell'esperienza di Dio?*, Caro Salutis Cardo, 1, Edizioni Messaggero, Padova 1982, p. 142.

fondamentale di tale concezione portata da aspetti ecologici. Secondo questa visione del mondo si possono cogliere alcuni aspetti caratteristici.

La terra è considerata l'autentica dimora dell'umanità. La teologia ecologica non si pone né il problema dell'esistenza del trascendente, né prospetta un mondo ateo. La divinità infatti è vista solo come un essere collocato all'interno del cosmo stesso, che abbraccia l'intero cosmo e non soltanto la vita materiale. In tal senso nella New Age si afferma che:

> non abbiamo bisogno di un nuovo cielo e di una nuova terra. Abbiamo questa terra, questa aria quest'acqua da rinnovare[44].

In secondo luogo, si sottolinea fondamentalmente l'interrelazione e l'interdipendenza di tutti i sistemi viventi. L'io non è una statica entità isolata ma un processo, dove tutto è collegato con il tutto.

Un ulteriore elemento consiste nell'importanza della diversità come emanazione di una unità. Si tratta di concepire tutta la realtà in chiave «olistica», dove non si può più parlare nemmeno di religiosità in quanto i paradigmi vengono tutti messi a tacere. Secondo quanto afferma Terrin:

> È questa religiosità diffusa che non obbedisce a nessun mondo religioso [...], ma che si muove dal basso con uno sguardo nuovo sul mondo: la scienza non la tocca e la religione ufficiale non la riguarda per il momento: è il sentimento di una corrispondenza tra il vivere e il morire [...]. È un affidarsi all'istinto nella comprensione dell'intera realtà del mondo[45].

In questo quadro, il monopolio invadente e arrogante della scienza e della tecnica non è stato capace, come

---

[44] Cf. P. Gree, *Confusione nell'Acquario*, «Il Regno» 5 (1996), p. 189.

[45] Cf. A.N. Terrin, *Introduzione allo studio comparato delle religioni*, Morcelliana, Brescia 1991, p. 220.

invece promesso, di occupare tutti gli spazi vuoti che la religiosità sembrava lasciare al nuovo illuminismo senza spirito. Il ritorno della religiosità nelle sue nuove forme di carattere naturale ed ecologico, pur con un legame importante alla visione arcaica del pensiero religioso, ci pone dinanzi alle dimensioni religiose che appaiono quelle «archetipe» dell'*homo religiosus*. In questo senso la religiosità popolare non scompare, ma cambia segno a contatto con la cultura post-moderna. Gli studiosi hanno captato i segnali inviati dal nuovo tempo come trasmissioni non indifferenti al modo religioso, ma al contrario c'è stata – per così dire – una interrelazione tra la cultura di una certa epoca e il fenomeno religioso, anzi si dirà di più, e cioè che la cultura del tempo influisce sul senso religioso di quell'epoca. Un interrogativo scaturisce però proprio dalla comune comprensione del concetto attuale di cultura e di religiosità popolare connesso con il mondo della New Age, cosa che richiede giustamente un immediato chiarimento. Comprendere l'espressione religiosa dell'umanità così come oggi è vissuta, significa indagare sulla sua ritualità, espressa dal suo linguaggio fortemente simbolico, dai miti propri del popolo, da quell'insieme di elementi patrimonio di una data cultura[46].

Sia nel campo della cultura sia in quello della religione non si può però parlare di un assoluto, nel senso che tutto è sottoposto a un continuo mutamento dovuto dal condizionamento di diversi fattori: sociali, economici, biologici, psicologici, istituzionali. Il linguaggio stesso con le sue manifestazioni, metafore, cede il passo a nuove forme di comunicazione. Solamente conoscendo la differenza, la stranezza secondo Geertz si può interpretare una cultura:

---

[46] A.N. TERRIN, *Antropologia e orizzonti del sacro. Culture e religioni*, Cittadella, Assisi 2001, p. 20.

> se vogliamo scoprire in che cosa consiste l'uomo, possiamo trovarlo solo in ciò che sono gli uomini: e questi sono soprattutto differenti[47].

Il mondo religioso, pur sottoposto anch'esso al cambiamento, perché inserito nel tessuto culturale di un popolo, e per effetto di tutti gli altri cambiamenti, tuttavia conserva una sua unità, una stratificazione radicale, dovuta al legame con la tradizione. Rispetto ai mutamenti dei diversi ambiti della vita sociale trasformati dalla cultura che condiziona e modifica fino a strutturare le attività dell'uomo, il suo pensiero, in quanto realtà totalizzante, la religiosità subisce una sua trasformazione ma allo stesso tempo, non va alla deriva perdendo definitivamente il suo orientamento.

Il religioso popolare e religioso in genere, non può fare a meno della cultura, intesa secondo l'espressione più comune di Geertz:

> Una struttura di significati trasmessa storicamente, incarnati in simboli, un sistema di concezioni ereditate espresse in forme simboliche per mezzo di cui gli uomini comunicano, perpetuano e sviluppano la loro conoscenza e i loro atteggiamenti verso la vita[48].

Questa concezione di cultura può essere considerata come elemento di fondazione per un ulteriore tentativo di costruzione di ogni forma di manifestazione o esperienza umana, compresa quella religiosa. Anche la teologia riconosce che l'elemento culturale è centrale per tutto ciò che facciamo perché è l'elemento in cui viviamo.

Riconoscere questo primato della cultura post-moderna che unisce aspetti arcaici della religiosità con le istanze più contemporanee, significa individuare in essa il luogo dove vive la fede e che essa non è trasmissibile se non rife-

---

[47] C. GEERTZ, *Interpretazione di culture*, il Mulino, Bologna 1987, p. 14.
[48] *Ivi*.

rendosi alle categorie culturali di un popolo. È il transito necessario per consentire all'annuncio di fede l'incontro con il mondo.

Rapporto tra cultura e religiosità

Per riconoscere il legame tra post-moderno e religiosità popolare, devono essere chiarificate le differenti concezioni che si riscontrano al riguardo.

Alcuni considerano che la religione sia una variabile culturale, demolendo così il fenomeno religioso e riconoscendolo solo come dinamica culturale, come se la religione non possedesse una sua specificità. La tesi dei *Social Scientists* (scienziati sociali), in Italia rappresentata dalla vecchia scuola di R. Pettazzoni e U. Bianchi, fa parte di una forma di valutazione chiaramente riduzionista. Il religioso è relegato a puro fenomeno socio-culturale. Attualmente studiosi americani sostenitori del pensiero di Durkheim propongono la tesi riduzionista, non apportando però niente di nuovo rispetto al passato. D'altra parte, nel rapporto cultura/religione, si assiste in ambito teologico al fenomeno contrario: non si considera a sufficienza che il religioso non è un dato a sé stante, ma si trova sempre in posizione di relazione a una qualche cultura, cioè si colloca sempre *in funzione* di bisogni, modi di vedere la realtà. La religione possiede una sua vita, anche se condizionata dalla realtà esterna, dalla cultura. La teologia non può trascurare questa dimensione storica e condizionata del cristianesimo e tuttavia deve far posto all'autonomia della religione.

In questo contesto si pone perciò un interrogativo. Qual è il rapporto esistente tra la cultura di un'epoca e la religione cristiana, in particolare tra la religiosità popolare e la cultura locale? Ogni cultura è portata segretamente da una sua meta-cultura, da un mondo ideale dato dall'esperienza religiosa. Il mondo religioso popolare non è un sub-sistema rispetto alla cultura, come invece afferma

Beyer[49], non è una meta-cultura. Un cristianesimo vissuto, tradizionale, che è in grado di rispondere alla cultura post-moderna, in quanto espressione e manifestazione di un cosiddetto orientamento di vita, è in grado di costituire una risposta familiare, capace di modificare una certa cultura post-moderna. Si può in definitiva parlare della religione o del popolare, come di un mondo carsico che rivela una sua capacità importante di azione e di riferimento nella vita del popolo. La cultura del post-moderno, come condizione attuale del nostro tempo e che incide sul sentire comune quasi in modo totalizzante, sollecita il cristianesimo a un confronto e provoca degli interrogativi: come comprenderlo e soprattutto che tipo di rapporto e legame ci potrà essere con la religiosità popolare?

Innanzitutto, è complesso definire il post-moderno, in quanto non designa una nuova filosofia ma piuttosto un'analisi della condizione attuale o post-moderna. Secondo Lyotard il post-moderno:

> designa lo stato della cultura dopo le trasformazioni subite dalle regole dei giochi della scienza, della letteratura e delle arti a partire dalla fine del XIX secolo[50].

Secondo l'autore le differenti trasformazioni saranno interpretate in relazione alla cosiddetta crisi delle «meta-narrazioni». La scienza e la cultura si trovano in una posizione di conflitto con le meta-narrazioni, infatti se queste ultime vengono misurate all'interno del post-moderno, si rivelano favole. È dunque considerata postmoderna quella incredulità nei confronti delle meta-narrazioni proprie dell'ambito religioso. La funzione narrativa viene così a perdere la sua autorità, i suoi fruitori, i miti originari, gli

---

[49] P. BEYER, *The Religious System of Global Society. A Sociological Analysis of The Emergent Reality*, «Numen» 45 (1998), pp. 1-29.

[50] J.F. LYOTARD, *La condizione postmoderna*, 12, Feltrinelli, Milano 1999, p. 5.

eroi, i suoi fini; e la cosiddetta condizione post-moderna perciò si rivela totalmente priva di orientamenti e in balìa di piccole suggestioni soggettive. Se l'enunciato scientifico infatti consente la verifica della veridicità, cioè soddisfa un certo insieme di condizioni per poter essere recepito come scientifico, il post-moderno nega questa possibilità e resta ancorato soltanto alla soggettività.

Secondo alcuni autori parlare oggi di post-moderno sembra quasi una tautologia in quanto ogni epoca non può che sembrare moderna rispetto a quella passata. Al di là della terminologia c'è la consapevolezza di un *break with modernity* come crisi di legittimazione dei principi del passato. L'uomo contemporaneo è consapevole di dover rielaborare quei segni che non manifestano più una adeguata trasparenza nel significato, anche se non potrà far a meno di una certa presenza di segni e di significati, retaggio della modernità.

La religiosità popolare in chiave post-moderna

Nella deriva della verità e nella crisi dei metaracconti, le diverse confessioni come anche il cristianesimo e di conseguenza anche la pietà popolare faticano a orientarsi. L'uomo postmoderno è come chiamato a svolgere la sua attenzione verso il passato per coglierne la differenza e dall'altra parte non potrà trascurare il presente per una nuova proiezione verso il futuro. La cultura post-moderna non è rivolta al passato, infatti è come stabilita oltre e contemporaneamente *al di fuori* rispetto al moderno. Questi due atteggiamenti critici sono segnali di una crisi di riconoscimento o legittimità che determina una forma di sospetto nei confronti delle diverse nozioni di verità, ragione, identità e oggettività[51] nel senso che la realtà ap-

---

[51] Cf. T. EAGLETOON, *The Illusion Of Postmodernism*, Blackwell Publisher, 3, VII, Oxford 1997.

pare sempre più instabile, anche se non si muove verso un relativismo assoluto.

Il postmoderno è quasi dominato dall'idea che solo attraverso il dissenso si può arrivare fino a produrre un nuovo sapere. Non esiste alcuna verità, ma soltanto una molteplicità di linguaggi che attraversano la società e fanno capo a combinazioni puramente pragmatiche. Il sapere pragmatico affina la nostra sensibilità alle differenze e irrobustisce la capacità di convivenza con ciò che ci appare incommensurabile con un unico metro di valore. Si tratta di una cultura, quella del post-moderno, che vive di diverse sensibilità prodotte da diversi fenomeni interrelati. Porta con sé «la frammentarietà, la crisi dei metaracconti»[52], o di legittimazione, che si sono sviluppati a partire dall'idea che la realtà è differente da quella pensata. Tale cultura conduce verso le situazioni di smarrimento proprie del nostro tempo.

Questa condizione insicura, che ha il suo corrispettivo in ogni settore della vita contemporanea, è frutto di un processo dove il postmoderno ha posto in conflitto i poli estremi: la cultura del passato di tipo monolitico e quella contemporanea, originando uno scontro, una separazione. Concetti del passato, ritenuti fondamentali e di cui faceva parte la religiosità popolare, sembrano aver preso il largo, come verità alla deriva, destinate a scomparire dall'orizzonte.

Se è vero che la cultura post-moderna manifesta una fragilità dell'esistenza contemporanea, essa però fa scaturire una maggior attenzione nei confronti delle diverse forme di differenza. Anche il mondo culturale popolare è come contaminato dalla sensibilità postmoderna, pur senza aver operato una scelta diretta delle sue idee. In tal senso il relativismo della cultura condiziona inequivocabilmente il cristianesimo e ogni altra espressione religiosa, compresa

[52] Cf. J.F. LYOTARD, *La condizione postmoderna*, p. 69.

quella popolare, che di conseguenza si sta frantumando e sta andando lentamente alla deriva.

Appare evidente che il postmoderno abbia preso le distanze da tutte le certezze del credere, da ogni forma di dogmatismo. Le scienze umane hanno messo in rilievo una consonanza tra il postmoderno e la cosiddetta postcristianità, facendo rilevare le difficoltà oggi presenti sul piano religioso e teologico. Il credere, vissuto a livello emotivo[53], con una conseguente separazione dalla razionalità, in ambito di fede ha portato a effetti problematici come, ad esempio, la «soggettivazione» delle verità teologiche e a una precaria influenza della stessa religione in campo morale[54].

La fede viene vista sempre più come atteggiamento di fiducia, ricerca di salvezza personale, mentre la dottrina cristiana diventa estranea, troppo rigida, parte di un patrimonio proprio dei teologi, degli accademici, degli addetti ai lavori, estraneo alla mentalità popolare. L'affermazione del pensiero postmoderno in ambito culturale ha creato – per così dire – un baratro tra la dottrina, i dogmi, l'indagine razionale del credere e del pensare comune. Questo condizionamento invasivo ha coinvolto anche le diverse forme della religiosità popolare, arroccate in una visione tradizionale, originaria e propria della esistenza. Al *Credo*, che in ambito liturgico è un «performativo», un atto linguistico, un illocutorio commissivo forte, attraverso il quale il credente impegna la sua vita[55], sembra che sia venuta a mancare la forza illocutoria, capace di operare una vera trasformazione. All'interno delle comunità, il credere non equivale più a verità. L'«io credo» si è trasformato in

---

[53] D.H. HEBB, *Emotion in man and animal: An Analysis Of Intuitive Process Of Recognition*, «Psychology Rewiew» 53 (1946), pp. 88-106.

[54] F. GARELLI - G. GUIZZARDI - E. PACE, *Un singolare pluralismo. Indagine sul pluralismo morale e religioso degli italiani*, il Mulino, Bologna 2003.

[55] A.N. TERRIN, *Il credo e l'atto di fede nelle religioni*, in *Antropologia e orizzonti del sacro*, Cittadella, Assisi 2001.

una forma di credenza debole, producendo in ambito di fede quell'intreccio tra verità e credenza, dove la verità percepisce la sua stessa frantumazione. La fede smarrisce così il suo valore assoluto per acquisire quello di semplice credenza, cioè un puro orientamento individuale, personale, valido «per me», non più corrispettivo di un senso oggettivo. Il credere non ha più forza, manca della forza *veritativa illocutoria*, il credere ha assunto il significato di «supposizione», il senso dell'opinabile, il debole valore di un «credere di credere»[56].

Caratteristiche del postmoderno in chiave religiosa: risvolti conclusivi

Si è sviluppato – come abbiamo visto – un nuovo modo di vivere la religione e il cristianesimo ha subìto una forma di condizionamento con l'avvento della New Age, nuova forma di religiosità del postmoderno, che vive all'interno anche del mondo cristiano, smorzandone la forza della verità. Con il postmoderno la fede si è tradotta sempre più in un'emozione, in un'esperienza non più legata alla razionalità, a un atto decisionale. La fede ha lasciato la sua natura di fede dottrinale, concettuale, trasformandosi in forme di esperienza portate da sentimenti ed emozioni. Si può dire che non è più la razionalità a dettare il passo quanto la funzione «estetizzante».

Queste modalità espressive del religioso non sono sconosciute per il cristianesimo ma fanno parte della sua storia e della tradizione. Si potrebbe dire che in qualche modo sono presenti sia nella *Devotio moderna*[57], sia, più tardi, nel pensiero della Riforma fino ad arrivare alla visione «espe-

---

[56] Cf. M. ALETTI, *La religione postmoderna*, Glossa, Milano 2003.

[57] Cf. S. MARSILI, *La liturgia momento storico della salvezza*, in AA.VV., *La liturgia. Momento nella storia della salvezza*, Anàmnesis 1, Marietti, Casale Monferrato 1979, p. 67.

rienziale» della religione in R. Otto[58]. Tali *forme emotive* di espressione religiosa hanno una loro presenza anche nel nostro mondo attuale, nelle fattispecie sono presenti in quelle forme legate alle nuove correnti «psico-mistiche» e a sfondo terapeutico, nelle quali l'elemento esperienziale emotivo è direttamente connesso con forme di esaltazione religiosa, dove guarigione e conversione si uniscono in un solo principio[59].

Il lato emotivo[60] proprio del postmoderno è stato accolto e inserito anche all'interno del cristianesimo per riavvicinare il popolo all'esperienza di fede: un esempio tangibile è l'estendersi del fenomeno carismatico sia in ambito cattolico sia in quello più esteso delle differenti confessioni cristiane. In definitiva, il senso religioso non può fare a meno dell'emozione, perché – come conferma la scienza – è solo a livello di emozioni significative che l'uomo vive le proprie scelte, determinandone l'esistenza[61]. Inoltre la cultura postmoderna in ambito cristiano, ha minato le varie strutture come quella istituzionale: in particolare ha considerato la struttura cristiana un danno per l'esperienza di fede, in quanto tale struttura si faceva depositaria di una fede formale, senz'anima, provocando l'annullamento della spontaneità e la negazione delle proprie emozioni. Di conseguenza tutto appare legato alla coscienza soggettiva, compresa la morale e i principi fondamentali del comportamento cristiano. In tal senso i cristiani del postmoderno si sentono svincolati dai precetti dettati della Chiesa, considerati semplici opzioni. Il postmoderno, sostenendo l'idea del limite e della frammentarietà delle acquisizioni, comunica anche la relatività

---

[58] R. OTTO, *Il Sacro. L'irrazionale nell'idea del divino e la sua relazione al razionale*, Feltrinelli, Milano 1984.

[59] D. CAPRA, *Guarirsi dentro*, Sperling & Kupfer, Milano 1992.

[60] A. DAMASCO, *Emozioni e coscienza*, Adelphi, Milano 2000.

[61] J. LE DOUX, *Il cervello emotivo*, Baldini & Castoldi, Milano 1998.

di ogni verità assoluta che proviene dall'*esterno*, per cui niente è assoluto. L'esperienza religiosa è rivestita di una sua importanza in quanto contribuisce ad alimentare la sete di spiritualità dell'uomo: si tratta di una religiosità in ricerca, che fa uso del simbolico, che restituisce valore all'elemento ludico per mezzo di una nuova visione estetizzante della religione[62]. L'accentuazione dell'esperienza personale, il senso mistico individuale sono dati che emergono quasi come contrapposizione a una accentuazione del religioso come elemento prodotto dalla comunità spersonalizzante. Una società sempre più marcatamente individualistica, che valorizza la sua dimensione privata, può far esaltare maggiormente a livello religioso, una tensione mistica.

Tutto ciò che abbiamo descritto a seguito della condizione post-moderna in cui viviamo, è positivo o incide negativamente su quella religiosità popolare che è il nostro tema di studio? Ci sono aspetti controversi che tuttavia è importante mettere conclusivamente in luce. Il primo aspetto sottolinea l'idea che se il post-moderno è un periodo di perdita del riferimento al passato, nella misura in cui la religiosità popolare si radica profondamente nel passato, la nostra attuale condizione post-moderna «scardina» il senso stesso della religiosità popolare e dunque il post-moderno è la negazione del nostro oggetto di studio. Se tuttavia consideriamo un secondo aspetto – pure molto rilevante – troviamo che il post-moderno fa un servizio alla religiosità popolare. Questa connessione tra post-moderno e religiosità popolare già si intravede nella New Age, ma si corrobora anche del fatto che la religiosità post-moderna è tutta legata all'emozione e al sentimento. Ora, tale caratteristica incontra in tutto e

---

[62] A.N. TERRIN, *Il rito. Antropologia e fenomenologia della ritualità*, Morcelliana, Brescia 1999.

per tutto le stesse condizioni in cui vive ogni esperienza religiosa popolare.

Dunque ci sono aspetti positivi che ci permettono di capire meglio il senso globale della riflessione che proponiamo in questa ricerca.

Conclusione

L'espressione rituale della religiosità come abbiamo già visto nel primo capitolo della presente ricerca, costituisce un elemento cardine dell'intera struttura culturale del popolare e lo studio prodotto in questa seconda parte ha consentito con l'ausilio di alcuni modelli interpretativi di contribuire a una giusta posizione dell'esperienza rituale popolare nel contesto culturale contemporaneo. Il primo contributo, quello di Gramsci, filosofo e studioso sardo, e a seguire la sua scuola, riconosce alla religiosità popolare il suo valore strumentale autonomo nello scontro dialettico tra la classe subalterna e quella dominante. Considera dunque la sua presenza prettamente come elemento sociologico. Sarà merito di Eliade, aver individuato la religiosità come archetipo della vita dell'uomo. Tesi che consente alla nostra ricerca nel campo del popolare di proseguire per comprendere meglio il mondo religioso arcaico, consentendo di interpretare *il religioso* nascosto dell'uomo, nelle sue azioni e nel suo immaginario. Attualmente il fenomeno della religiosità popolare, pur non essendo strettamente legato alla vita tradizionale sembra persistere dentro il contesto del postmoderno, come un evidente ritorno all'esperienza religiosa, legata alla natura, confermando dunque ancora una volta la presenza del popolare nel mondo contemporaneo seppur costretto a un cambio di segno. In tal modo, il postmoderno unisce aspetti arcaici della religione con le istanze contemporanee.

Capitolo Terzo

RELIGIOSITÀ POPOLARE E SUE APPLICAZIONI AL RITO IN A.R. RAPPAPORT

Introduzione

Abbiamo considerato precedentemente varie prospettive sul rito e varie interpretazioni conseguenti, ora vorremmo fare una scelta importante per lo studio della religiosità nel suo complesso. Ci sembra che – nell'insieme delle proposte sulla ritualità – le tesi di Rappaport siano quelle più adatte per il nostro lavoro. L'autore infatti porta il rito verso una forma universale ed ecologica che riveste un grande significato all'interno del nostro stesso lavoro. Infatti la religiosità popolare ha sempre accenti di carattere ecologico e naturale e si svolge in un contesto rituale che si adatta in maniera emblematica alle considerazioni di Rappaport. Dunque il nostro lavoro in questo capitolo consisterà nell'articolare pienamente e nei dettagli ciò che Rappaport ci offre alla riflessione. La sua proposta sarà accolta in tutte le sue dimensioni e sarà il contenitore strutturale entro cui noi intendiamo considerare la religiosità popolare di cui ci stiamo occupando.

A.R. Rappaport e la ritrovata armonia tra scienze umane, scienze naturali e teologia

Con l'aiuto delle diverse scienze che si sono interessate al rito, si è come ampliato l'orizzonte di conoscenza, per una sua classificazione secondo i differenti stadi, e ora si potrà collocare la ritualizzazione umana in una posizione non sospetta, rispetto alla teologia e in particolare alla liturgia, determinando l'*eidos presupposto* della ritualità popolare, come estensione della liturgia stessa, ma ugualmente proprio di ogni ritualità. In questo senso Rappaport è l'autore che ha contribuito maggiormente con la sua versatile ricerca, a operare un cambio di rotta antropologica nei confronti del rito, riconoscendo che l'antropologia non poteva pretendere di essere lo studio complessivo sull'uomo, ma avrebbe dovuto integrarsi con le altre scienze per creare una unità nei vari ambiti scientifici, aiutando l'uomo a pensare nell'interesse del mondo, verso il quale l'uomo ha grandi responsabilità, creando una stretta relazione con il mondo naturale, ecologico. Questo sarà criterio per mezzo del quale si potrà costruire il rapporto con ciò che è altro rispetto alla teologia classica e alle scienze umane in genere.

L'originalità del rito e visione ecologico-adattativa a sfondo olistico in Rappaport

Dal biologico naturale l'autore farebbe derivare sia la cultura che la religione. Scegliendo un'epistemologia naturalizzata, esclude di conseguenza anche l'autonomia della cultura, in quanto tutto dovrebbe indirizzarsi alla biologia e alla struttura genetica dell'uomo, e solo in un tempo successivo la sua funzione linguistica[1] avrebbe assunto un

[1] «Ho affermato che il linguaggio ha permesso al pensiero e alla comunicazione di trascendere il "qui e ora" per scoprire altri domini: il possibile, il plausibile, il desiderabile, ciò che ha valore. Ma questo non è del tutto corretto. Il linguaggio non solo permette ma richiede e rende inevitabile questo passaggio. L'umanità è una specie che vive (e può solo vivere) in base ai significati che deve inventare. Significati e interpretazioni che non sono fatti solo di rocce e alberi e oceani, ma sono edificati da valori, regole, istituzioni e cosmologie simbolicamente concepite e performativamente fondate». Cf. A.R. RAPPAPORT, *Rito e religione nella costruzione dell'umanità*, Caro Salutis Cardo, Studi/testi 16, Edizioni Messaggero, Padova 2002, p. 47.

significato determinante, evolvendosi verso quelle forme simboliche destinate all'edificazione del contesto natura e cultura. Difatti solo successivamente la funzione bio-adattativa, funzionale si coniugherebbe anche con la religione. Si parla dunque di una epistemologia biologica della religione dove l'elemento biologico starebbe a indicare il metodo e quello religioso l'oggetto di studio. La storia dell'antropologia aveva già conosciuto nel passato dei tentativi di studio, in particolare con W. Burkert che aveva sottolineato un legame tra biologia, religione e cultura nella concezione del sacrificio nella antica Grecia[2], evidenziando strutture biologiche di azioni nella pratica rituale. L'apporto di Rappaport supera però il confine del naturale/culturale per andare verso uno specifico del religioso che è il teologico[3] senza però giustamente volersi sostituire a esso. Tuttavia riconosce ciò che di autentico vi è nelle religioni, cioè la speciale qualità della verità religiosa. Dal riconoscimento di questo stretto rapporto della visione naturale assunta nel religioso, partendo dunque dalla realtà più immediata, quella naturale, si arriva alla religione. Ne consegue l'idea che è possibile interpretare in un'ottica biologica tutto il mondo umano senza ostacoli, comprendendo la dimensione culturale/religiosa in un movimento dal basso verso l'alto. La visione ecologica/bio-adattativa che il rito del sacrificio *Kaiko* della Nuova Guinea rivela a Rappaport nella sua analisi antropologica, lo fa protendere verso una tesi olistica del rito[4] messo in atto per

---

[2] W. BURKERT, *Mito e rituale in Grecia. Struttura e storia*, Mondadori, Milano 1992.

[3] «Questo libro non è un trattato teologico ma un testo di antropologia. Come tale, le sue ambizioni sono più generali di quelle di qualsiasi teologia. I suoi assunti teorici però, pur essendo inevitabilmente naturalistici, rispettano i concetti oggetto di indagine e tentano di comprendere ciò che vi è di autentico in tutte le religioni, cioè quella speciale qualità della verità che tutte le religioni rivendicano». Cf. A.R. RAPPAPORT, *Rito e religione*, p. 38.

[4] «Poiché il rito è considerato come la radice da cui germogliano le concezioni religiose [...], questi capitoli propongono un'accurata "scomposi-

mezzo delle sue espressioni simboliche. Queste sono capaci di creare dinamiche sociali, morali, di conservazione, forme simboliche di comunicazione a livelli sempre più elevati fino ad arrivare al concetto di sacro, che diventa sorgente omeostatica nel complesso tessuto biologico/sociale. I significati del rito vengono spinti verso un'azione simbolica che fa scaturire un rafforzamento culturale/religioso creando una visione olistica della realtà.

Rito e costruzione fisiologica del significato

La proposta di Rappaport prende spunto dal funzionalismo biologico di Malinowski fondato sul primato della funzione biologica su quella culturale e nella quale la cultura è intesa come natura concepita sotto altra forma; questa sua proposta è in grado di portare unità fra le scienze biologiche della natura e quelle dello spirito, perché tutto per lui parte dalla natura e tutto vi ritorna. La potenzialità adattativa del rito, espressa nel contesto simbolico, è capace di creare quelle verità sacre in cui sia il linguaggio sia l'azione generano i grandi temi religiosi, e sono questi poi che formano tutti i valori appartenenti alla società. Rappaport riesce a far convergere nel rito le scienze che vanno dall'antropologia al cognitivismo, dalla cibernetica fino alla liturgia, comprendendo quella parte della teologia che si occupa del rito, fino a cogliere la centralità tra biologia e cultura[5]. Questo pensiero «nuovo», cioè il concetto delle

---

zione" della definizione di rito, in cui via via si affrontano le nozioni di realtà santificate, numinoso, potenze misteriose, divino e sacro; questo percorso rivelerà come il contratto sociale, la moralità il paradigma della creazione, la concezione del tempo e dell'eternità, le promesse di immortalità, e gli ordinamenti del mondo che chiameremo "logoi" siano tutte implicazioni derivate dalla forma del rito». Cf. A.R. RAPPAPORT, *Rito e religione*, p. 39.

[5] Attraverso il mondo dei simboli, delle metafore, dei significati ultimi presenti nel rito, l'autore coinvolge alla fine anche dei presupposti espressamente teologici. Cf. A.N. TERRIN in R. RAPPAPORT, *Rito e religione*, p. 17.

diverse funzioni adattative della realtà, che coinvolge gli organismi viventi mediante le espressioni simboliche rituali, apre a nuove possibilità di comprensione unitaria del mondo. Si tratta di una visione in cui il linguaggio è il portatore di un simbolico non esclusivo, ma inclusivo di natura e spirito, dove è proprio nel rito che il linguaggio esprime il suo significato più profondo, realizzando l'unità con sé e con l'altro. Si tratta in definitiva dell'idea che il rito è in grado di portare il significato a una costruzione fisiologica del significato stesso, non escludendo che questo passaggio racchiuda al suo interno anche l'elemento spirituale.

Analisi del rituale popolare in rapporto alle proprietà del rito

All'inizio del lavoro critico è necessaria una premessa sulle implicazioni della «forma rituale» in Rappaport. Egli invita a tener presente innanzitutto che il termine rito, indica una *forma* o una *struttura*, (per forma intende la lingua, la mimica fisica, l'utilizzo delle sostanze), nel senso che la particolarità del rito non è prodotta dai suoi diversi elementi che la compongono quanto dalle relazioni tra gli elementi. Il rito proprio per questo dev'essere considerato come struttura unica nonostante i suoi costituenti che l'autore indica nella «performance», nell'«invarianza», nella «formalità» e così via. Nella performance rituale forma e sostanza sono inseparabili nell'atto pratico, e sono scindibili solo concettualmente come avviene in modo analogo nelle forme proposizionali di tipo dichiarativo, imperativo, interrogativo, rispetto alle specifiche affermazioni, domande o comandi a cui danno forma.

Questa insistenza di Rappaport sulla «forma del rito» sembra configurare lo stesso scenario presente nelle forme della religiosità popolare. Infatti ciò che risulta evidente nella religiosità popolare è un insieme di piccoli gesti e atti stereotipati che fanno da sfondo alla preghiera stessa. Si tratta di una struttura formale che fa parte strettamente della griglia di lettura dell'esperienza della preghiera popolare. Dietro ogni preghiera c'è una forma rituale, dietro ogni invocazione c'è un gesto e un contesto che rispecchia ciò che Rappaport chiama la «forma del rito».

Proprietà del rito

Il primato mitico del rito popolare,
in quanto «non codificato dagli attori»

Il materiale, scelto per l'analisi della ritualità popolare viene tratto dal mio precedente lavoro di specializzazione, *Preghiere popolari del Nord della Sardegna: intreccio tra vita ed esperienza del sacro. Risonanze liturgiche.* Ora cercherò di applicare questo stesso materiale secondo gli schemi che mi vengono suggeriti da Rappaport. Si tratta nel suo insieme di un lavoro di ricerca che è frutto di una raccolta in ambito fenomenologico-antropologico di preghiere, detti, espressioni, colte nel campo della ritualità della *tradizione orale*. È il fenomeno culturale della religiosità popolare della Sardegna e patrimonio comune delle popolazioni più arcaiche. La prima proprietà del rito indicata da Rappaport sta nel fatto che «il rito non è codificato dagli attori». Il punto di partenza del lavoro di questo capitolo stabilisce dunque che i partecipanti al rito non possono codificare liberamente un'azione rituale, ma sono chiamati a eseguire con precisione le diverse sequenze e regole, già definite in partenza, in quanto il suo codice è anteriore all'attore. Nella religiosità popolare sarda si tratta sempre di un rito tramandato che è stato consegnato, e compito dell'uomo è di custodirlo. Si riconosce dunque al rito un primato «mitico», nel senso che è come una parola già pronunciata in *illo tempore* e che ripetendosi sprigiona quella potenza decisiva, quella che nel passato, in quella prima volta, fu compiuta. Come applicazione antropologica indichiamo il rito fondamentale della religiosità popolare del nord della Sardegna con il nome di *li parauli folti* o *li dodici parauli* [6], le parole potenti/le dodici parole.

[6] Ora San Martino di parole buone / ciò che è dentro non è fuori / se sei Martino dimmene una. / Uno può più Dio che non il sole e la luna. / Ora San Martino di parole buone / ciò che è dentro non è fuori / se sei Martino dimmene due. / Due sono le tavole di Mosè / che ha mandato Gesù Cristo / attraversando il mare, la terra e Gerusalemme./ Padre, Figlio e Spirito Santo. Amen. / Ora San Martino di parole buone / ciò che è dentro non è fuori / se sei Martino dimmene tre. / Tre sono le tre Marie / due sono le tavole di Mosè / che ha mandato Gesù Cristo / attraversando il mare, la terra e Gerusalemme. / Padre, Figlio e Spirito Santo. Amen. / Ora San Martino di buone parole / ciò che è dentro non è fuori / se sei Martino dimmene quattro. / Quattro sono i quattro evangelisti / tre sono le tre Marie / due sono le due tavole di Mosè / che ha mandato Gesù Cristo / attraversando il mare, la terra e Gerusalemme. / Padre, Figlio e Spirito Santo. Amen. / Ora San Martino di buone parole / ciò che è dentro non è fuori / se sei Martino dimmene cinque. / Cinque le cinque piaghe / quattro i quattro evangelisti / tre le tre Marie / due le due tavole di Mosè / che ha mandato Gesù Cristo / attraversando il mare, la terra e Gerusalemme. / Padre, Figlio e Spirito Santo. Amen. / Ora San Martino di buone parole / ciò che è dentro non è fuori / se sei Martino dimmene sei. / Sei sono le sei candele che accesero a Maria / cinque le cinque piaghe / quattro i quattro evangelisti / tre le tre Marie / due le due tavole di Mosè / che ha mandato Gesù Cristo / attraversando il mare, la terra e Gerusalemme. / Padre, Figlio e Spirito Santo. Amen. / Ora San Martino di buone parole / ciò che è dentro non è fuori / se sei Martino dimmene sette. / Sette i sette dolori (le spade che trafissero Maria) / sei le sei candele che accesero a Maria / cinque le cinque piaghe / quattro i quattro evangelisti / tre le tre Marie / due le due tavole di Mosè / che ha mandato Gesù Cristo / attraversando il mare, la terra e Gerusalemme. / Padre, Figlio e Spirito Santo. Amen. / Ora San Martino di buone parole / ciò che è dentro non è fuori / se sei Martino dimmene otto. / Otto gli otto doni / sette i sette dolori / sei le sei candele che accesero a Maria / cinque le cinque piaghe / quattro i quattro evangelisti / tre le tre Marie / due le due tavole di Mosè / che ha mandato Gesù Cristo / attraversando il mare, la terra e Gerusalemme. / Padre, Figlio e Spirito Santo. Amen. / Ora San Martino di buone parole / ciò che è dentro non è fuori / se sei Martino dimmene nove. / Nove i nove cori degli angeli / otto gli otto doni / sette i sette dolori / sei le sei candele che accesero a Maria / cinque le cinque piaghe / quattro i quattro evangelisti / tre le tre Marie / due le due tavole di Mosè / che ha mandato Gesù Cristo / attraversando il mare, la terra e Gerusalemme. / Padre, Figlio e Spirito Santo. Amen. / Ora San Martino di buone parole / ciò che è dentro non è fuori / se sei Martino dimmene dieci. / Dieci i dieci comandamenti / nove i nove cori degli angeli / otto gli otto doni / sette i sette dolori / sei le sei candele che accesero a Maria / cinque le cinque piaghe / quattro i quattro evangelisti /

Preghiera popolare

Ora Santu Maltinu in paraulas bonas
su chi est intro non est fora
si ses Maltinu naraminde una.

Unu podet pius Deus chi non sole e luna.

Ora Santu Maltinu in paraulas bonas
su chi est intro non est fora
si ses Maltinu naraminde duas.

Dui so li dui tauli di Mosè
chi ha mandatu Jesù Christu
pal mari e pal tarra e pal Jerusalèm.
Patre, Figliu et Spiritu Santi. Amen (segno di croce).

Ora Santu Maltinu in paraulas bonas
su chi est intro non est fora
si ses Maltinu naraminde tres.

Tre so li tre marigli
dui so li dui tauli di Mosè
chi ha mandatu Jesù Christu
pal mari e pal tarra e pal Jerusalèm.
Patre, Figliu et Spiritu Santi. Amen (segno di croce).

---

tre le tre Marie / due le due tavole di Mosè / che ha mandato Gesù Cristo / attraversando il mare, la terra e Gerusalemme. / Padre, Figlio e Spirito Santo. Amen. / Ora San Martino di buone parole / ciò che è dentro non è fuori / se sei Martino dimmene undici. / Undici gli undici ordinamenti / dieci i dieci comandamenti / nove i nove cori degli angeli / otto gli otto doni / sette i sette dolori / sei le sei candele che accesero a Maria / cinque le cinque piaghe / quattro i quattro evangelisti / tre le tre Marie / due le due tavole di Mosè / che ha mandato Gesù Cristo / attraversando il mare, la terra e Gerusalemme. / Padre, Figlio e Spirito Santo. Amen. / Ora San Martino di buone parole / ciò che è dentro non è fuori / se sei Martino dimmene dodici. / Dodici i dodici Apostoli / undici gli undici ordinamenti / dieci i dieci comandamenti / nove i nove cori degli angeli / otto gli otto doni / sette i sette dolori / sei le sei candele che accesero a Maria / cinque le cinque piaghe / quattro i quattro evangelisti / tre le tre meraviglie (Marie) / due le due tavole di Mosè / che ha mandato (portato-annunciato) Gesù Cristo / attraversando il mare, la terra e Gerusalemme. / Padre, Figlio e Spirito Santo. Amen. / Ora San Martino di buone parole/ ciò che è dentro non è fuori / se sei Martino dimmene tredici. / Né tinghe né tanga (intraducibile).

Ora Santu Maltinu in paraulas bonas
su chi est intro non est fora
si ses Maltinu naraminde bàttoro.

Cattru so li cattru evagnelisti
tre so li tre marigli
dui so li tauli di Mosè
chi ha mandatu Jesù Christu
pal mari e pal tarra et pal Jerusalèm.
Patre, Figliu et Spiritu Santi. Amen (segno di croce).

Ora Santu Maltinu in paraulas bonas
su chi est intro non est fora
si ses Maltinu naraminde chimbe.

Cincu li cincu pìai
cattru li cattru evangelisti
tre li tre marigli
dui li dui tauli di Mosè
chi ha mandatu Jesù Christu
pal mari et pal tarra et pal Jerusalèm.
Patre, Figliu et Spiritu Santi. Amen (segno di croce).

Ora Santu Maltinu in paraulas bonas
su chi est intro non est fora
si ses Maltinu nararninde sese.

Sei so li sei candeli chi allumesini a Maria
cincu li cincu pìai
cattru li cattru evagnelisti
tre li tre marigli
dui li dui tauli di Mosè
chi ha mandatu Jesù Christu
pal mari et pal tarra et pal Jerusalèm.
Patre, Figliu et Spiritu Santi. Amen (segno di croce).

Ora Santu Maltinu in paraulas bonas
su chi est intro non est fora
si ses Maltinu naraminde sette.

Setti li setti dulori
sei li sei candeli chi allumesini a Maria
cincu li cincu pìai

cattru li cattru evagnelisti
tre li tre marigli
dui li dui tauli di Mosè
chi ha mandatu Jesù Christu
pal mari et par tarra et pal Jerusalèm.
Patre, Figliu et Spiritu Santi. Amen (segno di croce).

Ora Santu Maltinu in paraulas bonas
su chi est intro non est fora
si ses Maltinu naraminde otto.

Ottu l'ottu doni
setti li setti dulori
sei li sei candeli chi allumesini a Maria
cincu li cincu pìai
cattru li cattru evagnelisti
tre li tre marigli
dui li dui tauli di Mosè
chi ha mandatu Jesù Christu
pal mari et pal tarra et pal Jerusalèm.
Patre, Figliu et Spiritu Santi. Amen (segno di croce).

Ora Santu Maltinu in paraulas bonas
su chi est intro non est fora
si ses Maltinu naraminde noe.

Noi li noi cori d'agnuli
ottu l'ottu doni
setti li setti dulori
sei li sei candeli chi allumesini a Maria
cincu li cincu pìai
cattru li cattru evagnelisti
tre li tre marigli
dui li dui tauli di Mosè
chi ha mandatu Jesù Christu
pal mari et pal tarra et pal Jerusalèm.
Patre, Figliu et Spiritu Santi. Amen (segno di croce).

Ora Santu Maltinu in paraulas bonas
su chi est intro non est fora
si ses Maltinu naraminde deghe.

Deci li deci comandamenti
noi li noi cori d'agnuli

ottu l'ottu doni
setti li setti dulori
sei li sei candeli chi allumesini a Maria
cincu li cincu pìai
cattru li cattru evagnelisti
tre li tre marigli
dui li dui tauli di Mosè
chi ha mandatu Jesù Christu
pal mari et pal tarra et pal Jerusalèm.
Patre, Figliu et Spiritu Santi. Amen (segno di croce).

Ora Santu Maltinu in paraulas bonas
su chi est intro non est fora
si ses Maltinu naraminde undighi.

Undici li undici uldinamenti
deci li deci comandamenti
noi li noi cori d'agnuli
ottu l'ottu doni
setti li setti dulori
sei li sei candeli chi allumesini a Maria
cincu li cincu pìai
cattru li cattru evagnelisti
tre li tre marigli
dui li dui tauli di Mosè
chi ha mandatu Jesù Christu
pal mari pal tarra et pal Jerusalèm.
Patre, Figliu et Spiritu Santi. Amen (segno di croce).

Ora Santu Maltinu in paraulas bonas
su chi est intro non est fora
si ses Maltinu naraminde doighi.

Dodici li dodici Apostoli
undici li undici uldinamenti
deci li deci comandamenti
noi li noi cori d'agnuli
ottu l'ottu doni
setti li setti dulori
sei li sei candeli chi allumesini a Maria
cincu li cincu pìai
cattru li cattru evangelisti
tre li tre marigli

dui li dui tauli di Mosè
chi ha mandatu Jesù Christu
pal mari et pal tarra et pal Jerusalèm.
Patre, Figliu et Spiritu Santi. Amen (segno di croce).

Ora Santu Maltinu in paraulas bonas
su chi est intro non est fora
si ses Maltinu naraminde treighi.

Treighi non est in me
de treighi polcheddos chi appo missu a
landa
non 'appo idu ne tinghe ne tanga[7].

Questo testo è senza dubbio una conferma su questa prima proprietà del rito: è una preghiera filastrocca composta da dodici strofe più una, quella di chiusura; viene tramandata solo oralmente secondo una linea parentale discendente, da madre a figlia, una sola volta durante l'anno ed esattamente durante il periodo di otto giorni che va da Natale fino al giorno di Capodanno. L'antica preghiera delle *parauli folti*, considerata la più potente, *folti*, per efficacia, segue una ritualità semplice ma dotata di una gestualità e di un'armonia prodotta dal movimento recitativo delle dodici strofe. Questa prima caratteristica della non codificazione da parte degli attori, potrebbe entrare in contraddizione con l'obiezione circa una eventuale possibilità di creazione di una nuova ritualità. Ci si domanda dunque se è possibile inventare un nuovo rito. Ci si chiede, ancora, come mai oggi siano presenti e affermate espressioni rituali alternative. È importante capire in che cosa consiste dunque il valore di questa prima proprietà del rito. Rappaport, risponderebbe alle obiezioni indicando che tale difficoltà potrà essere su-

[7] Ora San Martino di buone parole / ciò che è dentro non è fuori / se sei Martino dimmene tredici. / Tredici non è in me / dei tredici porcellini che ho messo nel bosco di ghiande / non ne ho visto / né tinghe né tanga (intraducibile).

perata considerando valida innanzitutto la legge generale riguardante tutti gli attori del rito, eccetto il caso degli innovatori. È consentita una possibilità di cambiamento, ma ne vedremo in seguito il significato. Quando vengono introdotti riti nuovi, una prima reazione scomposta è dettata dalla resistenza degli attori del nuovo rito che fanno difficoltà ad assumere una gestualità nuova. Si fa fatica a partecipare pienamente perché si manca di consapevolezza, o perché la gestualità appare fittizia. Il rito formato solo da elementi nuovi ha scarsa probabilità di una istituzionalizzazione, proprio perché l'aspetto istituzionale si ottiene con la ripetizione continua del gesto nel tempo[8]. Si riconosce al rito il suo valore mitico, di origine, non prodotto dall'uomo attuale, per cui Rappaport accenna a una distinzione interessante, che riproponiamo anche per la sua attualità, e cioè la necessità di un chiarimento tra i termini innovatori e riformatori. Se al rito viene riconosciuta dagli attori un'origine *divina*, l'invenzione e l'introduzione umana di nuove forme contiene una contraddizione implicita, in quanto all'uomo rituale è solo dato di riformare ma non di creare. Il rito non può essere creato dal nulla, ma di solito i riti inventati proprio per la loro origine come direbbe Eliade, *archetipica*, si rifanno sempre a ritualità precedenti legati al momento *primum* antropologico. Sono riti che riprendono elementi tradizionali e li intersecano con elementi nuovi, a modo di sincretismo rituale. Il rito preso in esame non possiede un'origine precisa ma si rifà solamente alla tradizione orale, cui viene riconosciuta una valenza rituale propria. Il puro riferimento testuale a elementi della tradizione cristiana di per sé non dice nulla, se non un incontro tra una cultura arcaica con il fenomeno relativamente recente della diffusione del cristianesimo in occidente. Questi elementi

[8] «Un rito che non sia mai stato praticato prima può apparire agli occhi degli astanti non un rito ma una farsa». Cf. A.R. RAPPAPORT, *Rito e religione*, p. 74.

sono però da connettere con gli altri aspetti antropologici in modo particolare con l'elemento della formalità e della performance per poter far emergere l'elemento più arcaico, proprio dell'antropologico.

La «formalità» e il «decoro» nella ritualità popolare

Un aspetto riscontrabile immediatamente durante una performance rituale è il suo legame con la forma, l'aspetto formale e il decoro; però non tutto ciò che è formale e decoro è automaticamente rito. Per parlare di rito è indispensabile una performance, e infatti senza il momento esecutivo non siamo ancora dentro un rito ma a un racconto o altro. La forma e il decoro costituiscono il momento centrale dell'evento rituale, è una sequenza rituale che *trasforma*, che opera, tramite il rito, il passaggio di stato da una condizione a un'altra. La «forma» è dettata dal comportamento ripetuto, dalla presenza di elementi convenzionali, dai movimenti e atteggiamenti interni all'azione, dal rapporto spazio-temporale rituale.

Cogliere in un'azione particolare queste variegate caratteristiche formali, che creano una sorta di sinfonia *paradigmatica*, consente di riconoscerla nel suo orientamento antropologico tramite un'epistemologia rituale. Un primo aspetto proprio del popolare è dato dal dispositivo della sua memoria espresso attraverso un codice rituale non scritto, ma affidato alla tradizione orale. È un agire con la mente *embodied* (incorporata) che attraverso il corpo vive e trasforma le informazioni[9]. Questa antropologia della memoria consente una comunicazione legata alle percezioni del corpo

[9] A.N. Terrin, *L'attualità – estetica ed estetizzante – del rito*, in A.N. Terrin (a cura di), *Liturgia ed estetica*, Caro Salutis Cardo, Contributi 21, Edizioni Messaggero, Padova, 2006, p. 15.

più che alle concettualizzazioni del pensiero, e la modalità immaginale[10] è quella indicata dagli antropologi cognitivisti[11] in rapporto con quella dottrinaria, che interpreta il rito in funzione non di una sterile dottrina ma della sua efficacia. Ciò significa che il rito per sua natura deve scoprire la sua forza magica, andando oltre la preoccupazione dottrinale, per poter vivere. Un altro aspetto della formalità è data dal suono delle parole, come una *lallazione* infantile dove si resta sorpresi più dal suono del linguaggio, dalla *phoné* che dal significato delle parole, la ripetizione continua di dodici strofe eseguita per tre volte, dalla prima strofa fino alla dodicesima, poi a ritroso, da quest'ultima fino alla prima, e infine si riprende dalla prima strofa fino alla dodicesima[12]. Ecco il cuore della preghiera:

Dodici li dodici Apostoli
undici li undici uldinamenti
deci li deci comandamenti
noi li noi cori d'agnuli
ottu l'ottu doni
setti li setti dolori
sei li sei candeli chi allumesini a Maria
cincu li cincu pìa
cattru li cattru evagnelisti
tre li tre marigli
dui li dui tauli di Mosè chi ha mandatu Jesù Christu
pal mari et pal tarra et pal Jerusalèm.
Patre, Figliu et Spiritu Santi. Amen.

Ora Santu Maltinu in paraulas bonas
Su chi est intro non est fora
Si ses Maltinu naraminde treighi.

---

[10] H. WHITEHOUSE, *Modes Of Religiosity: Towards A Cognitive Explanation Of The Sociopolitical Dynamics Of Religion*, «Method And Theory In The Study Of Religion» 14 (2002), pp. 293-315.

[11] R. TAGLIAFERRI, *La Magia del rito. Saggi sulla questione rituale e liturgica*, Edizioni Messaggero, Padova 2006, p. 51.

[12] Cf. nota 96, *Li parauli folti.*

Treighi non est in me
De treighi polcheddos chi appo missu a landa
Non'appo idu ne tinghe ne tanga.

Si nota qui – per così dire – un salire e scendere su una scala linguistica-musicale senza accompagnamento strumentale; il ritmo è ottenuto solo dalle parole usate come suono. In questo senso la concentrazione della donna *carismatica*, sacerdotessa del rito, non è orientato ai significati, ai concetti delle singole parole non sempre così chiare concettualmente, quanto piuttosto alla forza del significante, dove tutto sembra essere collegato alla funzione fonetica della parola. Si potrebbe dire che in questo senso ci si avvicina al modo di capire la ritualità dei monaci tibetani per i quali il rito consiste essenzialmente nella pronuncia di suoni. Secondo quanto scrive Terrin per i monaci:

> tutto è suono; nada. L'unica attenzione è posta sulla profondità e sul timbro della voce[13].

Si ritiene che questa propensione per la *phonè* possa essere all'origine del significato metaforico nato dall'alterazione della parola. Attraverso la ripetizione e l'allitterazione, il suono di alcune vocali rispetto ad altre sarebbe diventato significativo; si è verificata come un'attrazione verso il suono del linguaggio più che nei confronti del significato, facendo scaturire nuove percezioni e mutamenti o arricchimenti di significato.

Un terzo aspetto che emerge nell'analisi della ritualità popolare delle *parauli folti* è la caratteristica della ripetizione della preghiera, per tre volte di seguito, tutta la preghiera, composta di dodici strofe, viene recitata con un movimento iniziale discendente, poi ascendente e infine ancora una volta discendente, alternato da una gestualità esuberante. È una ripetizione, formalizzata, meticolosa quasi come una «cantilena», che si ottiene rispettando la

---

[13] A.N. TERRIN, *L'attualità– estetica ed estetizzante – del rito*, p. 101.

struttura ritmica, consentendo così di creare una tensione espressiva[14], significativa, che sta alla base del mondo dei sentimenti. La ripetizione del rito supera la condizione di frantumazione del vissuto, stabilendo unità a partire proprio dal pensiero. Il rito infatti apre all'uomo una condizione di libertà espressiva del corpo, coinvolgendo l'emozionale affettivo in contrasto con il linguaggio solamente descrittivo e indicativo, proprio del concetto. Viene evidenziato così un messaggio, la cui funzione principale pare quella di una risposta a una necessità differente, più di tipo biologico[15] ripetitivo, del quale il rito si fa interprete. La forma espressiva della ripetizione, nel rito popolare, è in stretto rapporto anche con le diverse sequenze rituali, dotate pure di elementi convenzionali e invariabili come i movimenti del corpo, la mimica gestuale e la posizione eretta di colei che svolge la funzione *carismatica* rispetto al semplice fedele, che assume invece una posizione più statica, seduta. I riti, sempre in modo ripetitivo, si svolgono regolarmente in tempi stabiliti, e l'efficacia della performance rituale è condizionata anche dalla variante dell'ora, cioè del tempo. È interessante notare che il tempo indicato dal rituale popolare per la celebrazione del rito delle *parauli folti* è il mezzogiorno e la mezzanotte: in queste ore topiche, secondo Van Der Leeuw, quando il sole raggiunge lo zenit a mezzogiorno, o a mezzanotte quando è totalmente assente, si sperimenta la scomparsa delle ombre consentendo a coloro che non posseggono ombra, perché oramai appartenenti al mondo dello spirito, di agire liberamente[16]. È questo il tempo dello spirito, ma anche il tempo della vita comunicata nel rito, che crea un ordine

[14] M. BLOCH, *Simbols, Song, Dance And Features Of Articulation*, in *The Past And The Present: The Collected Papers Of Murice Bloch*, Billings Ltd, Worcester, North Yorkshire 1989, pp. 19-45.

[15] Cf. A.R. RAPPAPORT, *Rito e religione*, p. 75.

[16] G. VAN DER LEEUW, *Fenomenologia della religione*, Boringhieri, Torino 1975, p. 230.

cosmologico tra mondo della natura e mondo dello spirito. Come ultima osservazione formale presentiamo, sempre dall'analisi del rituale popolare, l'indicazione di un tempo opportuno per la trasmissione orale della preghiera rituale. Il tempo consentito è quel tempo liturgico che celebra la nascita del divino, il *Natale*, e che per l'antico culto pagano di Roma celebrava la festa della natura: il cosiddetto *Dies Solis invicti*. La ritualità popolare in esame è strumento di un *fare* che avviene tramite la formalizzazione del rito e questo la fa distinguere dal comunicare normale. Infatti il rito è formale come sostiene Leach[17], e in quanto tale comunica in una maniera differente, in modo estetico.

Il linguaggio formale si presenta come un linguaggio più povero, meno allargato rispetto a quello ordinario dove si realizzano diverse composizioni secondo una forma, uno stile di maggior fantasia e libertà espressiva. Nel linguaggio formalizzato infine c'è una fissità dettata anche da regole non violabili. La formalizzazione del linguaggio tipico della ritualità rivela una sua fragilità creativa, il suo indebolimento, produce però una funzione di orientamento verso un unico significato. Il rito infatti costringe al significato e non cade nella frantumazione e nella molteplicità del significare: se fosse accettata la dispersione dei significati, ciò potrebbe indurre alla schizofrenia caratteristica della cultura del post-moderno, ossia alla dicotomia corporeità-razionalità. Inizialmente la formalizzazione sembra in antitesi con il linguaggio post-moderno, che tende alla frammentarietà e si apre a una dispersione dei linguaggi. Ma allo stesso tempo oggi si sente la necessità di giungere a esperienze codificate, a riscoprire una formalità del linguaggio connessa con la semiotica del linguaggio e non alla semantica del dire[18]. In

---

[17] E. LEACH, *Ritual*, in *International Encyclopoedia Of The Social Science*, Macmillan, New York 1968, pp. 521-526.

[18] «In relazione al rapporto semantica/semiotica nel rito, la tesi di fondo che sostengono alcuni studiosi sta nell'osservare come la formalizzazione

tal senso, il rito consiste propriamente in un'azione formale, che in realtà appare senza un valore semantico: in esso il valore non è dato dalla semantica dei significati, quanto piuttosto dalla sintassi, dalla struttura e dalla relazione dei gesti. Nelle preghiere, per esempio nella preghiera presa in esame, dove la sua cantillazione, la pronuncia della formula orante, il suono della parola deve essere preciso, attento senza alcun cambiamento: sarebbe un errore non solo logico ma addirittura metafisico non riconoscere che la parte predominante è il «recitare», il «ritmo» e secondo le regole della semplice fonetica. Se la donna *carismatica* durante la recita triplicata delle dodici strofe dovesse sbagliare dal punto di vista sintattico, la preghiera risulterebbe inefficace, il rito sarebbe costretto a una interruzione, per poi iniziare da capo. Ciò corrisponde in qualche modo alle esigenze che vengono poste oggi dai cognitivisti come Fodor e altri: il linguaggio è dato da un insieme di regole sintattiche portatrici di significati nascosti reconditi e niente altro.

La relativa invarianza del rito

La terza proprietà indicata da Rappaport sul rito e riscontrata nella ritualità popolare del nord della Sardegna presa in esame, quella di *Li parauli folti,* dice in fondo la sua invariabilità, anche se in modo relativo: eccezione quest'ultima che non ne inficerebbe il valore. L'ordine rituale infatti per diversi motivi sarebbe soggetto a mutamenti anche se infinitesimali e non sempre dovuti a scelte consapevoli di cambiamento, soprattutto riguardo ai dettagli del rito i quali non sono mai stati fissati in una posizione tale che li escluderebbe sempre da variazioni. Ci sarebbero in ogni caso delle possibilità di alterazione. La prima

nel rito porta a vedere come la sintassi è identica alla semantica». Cf. A.N. TERRIN, *Liturgia ed estetica*, p. 106.

viene chiamata variazione *casuale,* dovuta, per esempio, al cambio continuo degli attori di un rito, per cui lo stesso rito può essere celebrato da persone diverse, in momenti differenti e in luoghi non comuni. Pertanto quel rito non sarebbe mai uguale agli altri ma rivelerebbe delle diversità seppur non sostanziali; nel caso della preghiera popolare, ad esempio, ritroviamo la stessa preghiera non solo in idiomi linguistici differenti, pur appartenendo alla stessa zona geografica, ma anche con una diversità contenutistica come questa ultima strofa di un'altra versione. Essa ci mostra che le variazioni sono minime come nel caso qui presente:

Jesù Cristu lazzarè
cantu beddu mi parè
cantu beddu mi paristi
candu allu mundu enisti
dodici libritti ligghjendi
dodici candeli allumendi
dodici agnuli in paradisu[19].

La seconda variazione è quella cosidetta *intenzionale* e si verifica quando le scelte operate dagli attori riguardano ordini liturgici di rilievo: per esempio, nella liturgia cattolica, partecipando alla messa, – rito che include al suo interno anche il momento della comunione – l'attore potrebbe decidere se ricevere la comunione oppure no. Perciò ha la possibilità di scegliere di prendere parte o meno al rito che si sta compiendo. Ora, questo punto, seppur evidente per noi, afferma Rappaport, è una questione davvero importante, in quanto l'importanza dell'invarianza è strettamente collegata con i concetti di verità e ordine[20] e costituisce anche il contesto per nozioni come quella di eternità e di immortalità. Infatti una costante del rito è che le verità del sacro siano

---

[19] Gesù Cristo nazareno / quanto bello mi sei sembrato / quanto bello mi sembrasti / quando venisti al mondo / leggendo dodici libretti / e accendendo dodici candele / dodici angeli in paradiso.

[20] A.R. RAPPAPORT, *Rito e religione*, p. 232.

considerate eterne. Si presume infatti che la sua verità non è la verità contingente delle realtà comuni, ma è l'affermazione dell'assoluta verità delle cose. Ci si trova come di fronte a una inversione del consueto rapporto tra espressione e significato, che attribuisce alle verità riconosciute come tali e definite santificate il carattere di straordinario. Del resto espressioni ritenute vere nel rituale diventano poi criterio di valutazione anche delle verità contingenti, e le concezioni in contrasto con quelle che sono considerate espressioni vere nel rito sono ritenute errate o addirittura false. L'espressione vera in ordine al rito stabilisce che l'ordine rappresentato possiede la verità delle cose, e dunque si tratta di una verità «santificata». In tal modo quell'ordine diventa imperativo per l'attore che vi partecipa. Si riconosce che il rito deve esibire questa forma di invarianza, nonostante questa eccezione, esprimendo un ordine specifico a cui tutti gli attori si conformano durante il momento rituale.

La performance rituale

La netta distinzione fatta dagli antropologi tra i termini «rito», «rituale», «ritualismo» e «ritualizzazione» che non sono da intendersi come sinonimi, a questo punto della riflessione consente di soffermarci sul contributo proposto da Rappaport sull'idea di rito come azione compiuta o performance: «il rito non esiste senza performance»[21].

Egli chiarisce che vi è differenza fra le annotazioni che si ritrovano nei libri liturgici, quegli ordini liturgici codificati che sono semplici istruzioni utili per l'esecuzione, e quegli ordini che vengono trasformati in *res* per mezzo della performance. Il rito dunque viene concepito non solo come uno dei diversi modi in cui si trova l'ordine già codificato, quanto piuttosto come la performance che si esprime nella

[21] *Ivi*, p. 80.

sua pienezza. Il rito diviene nello stesso tempo, mezzo e messaggio, o meglio meta-messaggio: il rito risulta come dire un «mondo nel mondo» che crea un *frame* che comunica la differenza dell'azione rituale e il suo valore, creando uno stacco tra dentro e fuori, dove al suo interno tutto è ordinato, organizzato e nulla durante la sua esecuzione può cambiare. Rappaport a questo punto apre un confronto interessante tra l'esperienza del rito e quelle altre di performance che fanno parte della sua stessa famiglia e con le quali il rito conserva delle relazioni. Tra le forme maggiormente correlate egli pone la «cerimonia» e il «rito»[22], una differenziazione accettata anche da Gluckman[23], che riconosce al significato di rito rispetto al termine cerimonia un «potere» e una «forza». Ma la distinzione più interessante appare essere quella tra teatro e rito: la differenza è data dal tipo di relazione che intercorre tra il partecipante a un rito e gli spettatori di una rappresentazione teatrale. Il rito tende a formare con gli individui presenti una comunità. C'è in loro una relazione comune all'evento, mentre nel teatro si deve distinguere tra attore e pubblico, che sono più radicalmente distinti a motivo di diversi elementi, costituiti dal ruolo, dallo spazio occupato con le sue suddivisioni: palcoscenico, proscenio, sipario e altri aspetti ancora. Una parentesi sul rito popolare consente un'ulteriore differenziazione. In esso infatti non appare dominante né il pubblico, né la comunità, quanto piuttosto il singolo in rapporto a colei che guida il rito: una distinzione questa che approfondiremo a conclusione del capitolo. Ma ritorniamo ora al confronto tra rito e teatro. Mentre gli attori recitano, il pubblico può solo guardare e ascoltare, la sua è solo una fruizione, non sussiste una partecipazione coinvolta. Affermare che nel rito tutti

[22] *Ivi*, p. 81.

[23] M. GLUCKMAN, *Rituals of Rebellion in South East Africa*, University Press, Manchester 1954; IDEM (a cura di), *Il rituale nei rapporti sociali*, Officina, Roma 1972.

sono partecipi non significa che ci sia una omologazione dei ruoli, al contrario i ruoli sono diversificati. Per esempio nella chiesa cattolica c'è il ministro che: «presiede la messa mentre la comunità la celebra»[24].

La comunità è coinvolta in modo diretto dal canto, dalla danza, dalle diverse posizioni assunte dal corpo in momenti particolari. Questa performance fluida, dinamica, fa percepire al fedele partecipante che l'azione rituale si realizza anche grazie al suo esserci, quasi che la sua persona consenta all'azione rituale di porsi come tale. Questo modo di agire è invece assente nel rapporto che intercorre tra il pubblico e la performance degli attori in teatro. Un altro tipo di confronto che Rappaport propone e che ha una sua valenza in riferimento alla ritualità popolare è il rapporto che intercorre tra il rito e la tragedia greca. L'origine della tragedia e della commedia scaturisce dal rito, tesi già appartenuta ad Aristotele nella sua opera *Poetica* (cap. 4), in cui la tragedia viene fatta discendere dalla festa di primavera in onore di Dioniso. Il termine *drama* deriva il suo significato da *dromenon* (azione fatta), antico vocabolo della lingua greca che sta per rito. Sia la tragedia sia il rito sono costituiti da codici invarianti, ma l'assumere il carattere di invariante può generare conseguenze differenti. Addirittura da parte del rito c'è una forma di esibizione dell'invarianza, perché per suo mezzo si rappresenta un ordine specifico a cui gli attori cono costretti a conformarsi: essi non hanno altra scelta che adeguarsi. Al contrario agire diversamente significa rompere l'ordine rituale e cadere nel caos. L'esibizione dell'invarianza, ritenuta giusta nel rito, dice Rappaport, nella tragedia invece conduce, secondo l'esempio dell'*Antigone*, a una scelta: bisogna decidersi tra l'obbedienza rivolta agli dei o quella al potere del re, con le conseguenze del dramma, che diventa tragedia. Nel rito si specifica un ordine nell'azione rituale, la tragedia invece riflette su quell'ordine. È qui la differenza tra le due invariabilità: in quella del rito essa è

[24] A.R. Rappaport, *Rito e religione*, p. 83.

visibile e quasi ostentata, la monotona ripetitività delle azioni ne è esempio; nella tragedia, invece, l'invariabilità è parte di una scena che crea una illusione, l'illusione di una nuova via di uscita. Ancora: mentre nella tragedia si simula, anche se l'azione comunque dà a pensare e pone questioni sul significato dell'esistenza, nel rito invece l'azione accade davvero ed è reale. Affermare però che gli attori recitano, prosegue Rappaport[25], non significa che non siano veritieri, ma se ne conclude che la loro performance non influisce sul mondo. Il legame tra rito e dramma apre una parentesi sulla comprensione del rituale anche in chiave popolare come comprende S. Langer[26]. Per questo autore il rito è un dramma in cui va sottolineata l'importanza della partecipazione, del coinvolgimento nell'azione da parte dell'attore, per il fatto che partecipare al rito è in fondo un assentire al suo significato, alla sua serietà e solennità, lasciandosi guidare nel comportamento. Il rito perciò non può eseguirsi con disinvoltura, in quanto mosso da regole determinanti. Si tratta di lasciarsi prender da questo dramma, poiché solo allora il rito rivela il suo significato autentico. Il rito come analogia è simile all'opera d'arte: solo se ci si lascia «rapire» dalla sua icona si può ottenere un riavvicinamento, superando lo stacco, la divisione tra soggetto e oggetto. Turner a questo proposito parla di atteggiamento di «flusso» o «immedesimazione»:

> Il flusso si differenzia dalla quotidianità in quanto contiene regole esplicite che rendono non problematiche l'azione e la valutazione dell'azione[27].

Ostacoli al rito, prosegue Turner, nella nostra società sono stati l'individualismo e il razionalismo che il flusso ha trasferito dal rito ai diversi generi di svago.

---

[25] *Ivi*, p. 87.

[26] S. LANGER, *Filosofia in una nuova chiave. Linguaggio, mito, rito e arte*, Armando, Roma 1972.

[27] V. TURNER, *Dal rito al teatro*, il Mulino, Bologna 1986, p. 109.

Infine, un ultimo confronto offerto da Rappaport è la verifica della somiglianza tra le gare sportive, il rito e il teatro. Mentre per il rito e in fondo anche per il teatro le azioni sono pre-determinate, nelle gare sportive, invece il risultato finale resta indeterminato, vittoria e sconfitta sono riconducibili al confronto fra gioco e rito con conseguenze differenti, come ha colto con precisione Lévi-Strauss:

> I giochi [...] sembrano avere un effetto disgiuntivo: finiscono per sancire una differenza tra gruppi di giocatori individuali là dove in origine non esistevano indicatori di disuguaglianza. E alla fine del gioco ci sono vincitori e perdenti. Il rito invece è l'esatto opposto, congiunge poiché determina un'unione (in questo contesto si potrebbe dire comunione) o in ogni caso una relazione organica fra due gruppi inizialmente separati [...]. Nel caso dei giochi la simmetria è predeterminata ed è di tipo strutturale [...]. L'asimmetria è prodotta e deriva inevitabilmente dalla natura contingente degli eventi, a sua volta dovuta all'intenzione, alle possibilità o al talento. Per il rito vale il contrario. C'è una asimmetria che è presupposta fin dall'inizio fra sacro e profano, officiante e fedele, vivo o morto, iniziato e non iniziato ecc., e il gioco consiste nel far passare tutti i partecipanti dalla parte del vincente[28].

La formalità in opposizione al funzionale

L'ultima proprietà caratteristica del rito è la sua «inutilità»: il rito non è una tecnica strumentale, e il suo *fare* non è assimilabile all'operare con la materia, in accordo con le leggi della fisica, della chimica o della biologia in senso meccanicistico. C'è in questo pensiero una opposizione tra il senso formale e quello funzionale o per meglio dire si deve escludere la concezione che interpreta il rito come operazione esterna, comune, fatta in funzione di

---

[28] C. Lévi-Strauss, *Il pensiero selvaggio*, Il Saggiatore, Milano 1964, p. 32.

uno scopo ben definito. Diversi autori sostengono questa tesi. Leach per esempio nello studio del sacrificio religioso dei Kachin, fa una distinzione nell'attività, separando il versante materiale-strumentale di un'azione da quello estetico[29], e afferma che gli elementi estetici sono tecnicamente superflui, anche se essi danno forma all'azione. Mentre la tecnica produce economia, il rito parla dell'individuo partecipe dell'azione, però non si crea una contrapposizione tra il tecnico e l'estetico. Piuttosto si riconosce che al suo interno il rito possa concepire anche elementi tecnici. Inoltre nell'azione rituale si verifica non solo una rivelazione su se stessi, ma si interviene anche sull'ambiente. C'è un agire, un operare: infatti il termine greco per indicare il rito è *dromenon,* che significa «opera finita», così come *leitourgia* designa un'«opera pubblica». Siamo dunque dinanzi a un'opera che produce un risultato non legato alla manipolazione della materia, in cui la relazione mezzi e fini non appare affatto essenziale. L'effetto del rito non risulta dalla combinazione di leggi fisiche di causa-effetto, ma da agenti differenti. L'esperienza della religiosità popolare in quanto residuo di un mondo arcaico è portatrice di un modo di agire legato a questa visione della realtà, suddivisa tra natura e non-natura o sovrannaturale in riferimento agli agenti non fisici, dove vi è una conoscenza del naturale basata sull'esperienza sensibile. Al contrario il non fisico, il nascosto, non si fonda su questo tipo di conoscenza[30], ma richiede un'altra modalità di approccio, un'azione di tipo rituale. Ci si interroga, in campo analitico[31], se il significato

---

[29] E. LEACH, *Political Systems of Highland Burma: A Study of Kachin Social Structure*, Beacon Press, Boston 1954.

[30] V. TURNER, *Rituals as Communication and Potency: a Ndembu Case Study*, in C.E. HILL (a cura di), *Symbols and Society*, New York 1975, p. 58.

[31] IDEM, *La foresta dei simboli*, Morcelliana, Brescia 1976.

E. DURKHEIM, *Alcune forme primitive di classificazione*, in *Sociologia e Antropologia*, Newton Compton, Roma 1976, pp. 72-140.

che ha per l'uomo il riferimento al mondo non naturale, alle potenze, possa avere un'origine e questa in base ai dati empirici la si identifica nella forza affettiva, emotiva e persuasiva del rito e nella potenza del linguaggio[32].

Alcune considerazioni tratte dalla studiosa americana del rito, S. Langer, potrebbero essere altrettanto efficaci in questo contesto. Il rituale non si pone nell'ordine del linguaggio simbolico discorsivo, ma «presentazionale», cioè si manifesta nei simboli presentazionali come l'immediatezza, l'essere costituito da elementi visivi, auditivi, iconici per mezzo di elaborazioni preconcettuali. Il rito non è altro che il tentativo di creare forme simboliche. Questo non significa ridurre il rituale all'ambito non-razionale, ma riconoscere al rituale il suo vero *status* di aggregazione dei simboli, come lo definisce Turner. Il rituale inoltre, come abbiamo già intuito, crea sentimenti umani non a partire dal nulla, ma in modo ripetitivo riattualizzando le esperienze esistenziali dell'uomo come il vivere, l'esperienza della sofferenza, il godere, cioè quegli elementi che coinvolgono l'esistenza ai livelli più profondi. Il rito accoglie queste istanze esistenziali più intime dell'uomo e le sottopone a una forma di ermeneutica, per un superamento. In quest'ottica va detto chiaramente che il rituale non svolge una funzione strumentale, ma espressiva, anche se le tesi di alcuni esponenti del campo antropologico come Malinowski[33], Radcliffe-Brown, Gluckman, sull'onda di Durkheim interpretano il simbolico del rituale in chiave funzionale-sociale. La tesi simbolico-espressiva invece ha come rappresentati S. Langer e antropologi meno coinvolti nella ricerca empirica come V. Turner, C. Geertz, J. Beattie. Il rituale svolge una funzione autotelica, ha in se stesso il senso

---

[32] J.L. AUSTIN, *Come fare cose con le parole. Le William James Lectures tenute alla Harvard University nel 1955*, Marietti, Genova 1987, p. 128.

[33] B. MALINOWSKI, *Teoria scientifica della cultura e altri saggi*, Feltrinelli, Milano, 1974; IDEM, *Magia, scienza e religione*, Newton Compton, Roma 1976.

che si prefigge e, come il gioco, è «impratico». In questa sua capacità ermeneutica, il rituale può riflettere come uno specchio l'esistenza umana. Il ricorrere anche oggi al rituale popolare, fatto di un linguaggio materno ricco di elementi naturali (si confronti lo schema del rituale della preghiera *Li parauli folti*) da parte dell'uomo che vive l'esperienza dello smarrimento dentro la realtà sociale, è il segno di una «nostalgia di pienezza», quasi infantile ricca di emozioni come in un gioco. La via simbolico-rituale, finalmente gli consente di sperimentare quella familiarità dell'esistenza che concerne l'apertura al senso del mistero, dove si può sperimentare il recupero di ciò che ci appartiene. Questi benefici «prodotti» dal rito potrebbero condurci a riflettere sulla condivisione della tesi prima negata, quella cioè dell'interpretazione funzionale e strumentale del rito. Tale finalità che viene attribuita al rito, è solo una conseguenza della natura del rituale. C'è un'auto-interpretazione che rafforza i suoi significati più profondi. Del resto se Durkheim intendeva il rituale come elemento corroborante i valori della società, per la Langer questo avviene soltanto indirettamente in quanto in essa il rituale emerge nella sua purezza fenomenologica ed esprime forme esistenziali originali prime, fondamentali, del vivere[34].

Verso una conclusione

> Il rito non è semplicemente un modo alternativo di esprimere certe cose, è che piuttosto un certo tipo di cose possono venire espresse soltanto in modo rituale[35].

Questa affermazione di Rappaport è come una sentenza che lo scultore è chiamato a incidere nel marmo, ma indica anche la ricerca del luogo per poterne riconoscere la verità.

[34] S. LANGER, *Sentimento e forma*, Feltrinelli, Milano 1975, p. 204.

[35] R. RAPPAPORT, *Obvious Aspects of Ritual*, «Cambridge Antropology» 2 (1974), p. 39.

La religiosità popolare ha trovato in R. Rappaport la nuova strada che la conduce non a un isolamento, nell'arcaico, nel tradizionale folkloristico o nell'elemento di rivalsa sociale, ma porta la ritualità verso una forma universale ed ecologico-naturale con gli accenti propri del popolare. La sua analisi, applicata al rito, ha fatto da contenitore entro cui abbiamo potuto considerare la religiosità popolare. All'interno della ricerca antropologica il nostro autore ha fatto operare un cambio di rotta antropologica nei confronti del rito, riconoscendo che l'antropologia non poteva pretendere di essere lo studio complessivo sull'uomo, ma avrebbe dovuto integrarsi con le altre scienze per creare unità, aiutando l'uomo a pensare nell'interesse del mondo e creando relazione col mondo naturale ecologico: questo sarà il criterio per costruire il rapporto con ciò che è altro rispetto al teologico e alle scienze.

CAPITOLO QUARTO

CONFRONTO SINOTTICO TRA LA RITUALITÀ POPOLARE E IL *BENEDIZIONALE* ROMANO

Il *Benedizionale*

Premessa liturgica e antropologica sul significato del benedire

La nostra ricerca si sposta ora sul contesto vivo del popolare e del rituale della chiesa, attinto dalla tradizione orale del mondo religioso sardo e dal codice scritto del *Benedizionale*[36] romano:

> La sacra liturgia non esaurisce tutta l'azione della chiesa. Infatti, prima che gli uomini possano accostarsi alla liturgia, è necessario che siano chiamati a conversione[37].

---

[36] S. CAVALLETTI, *Trattato delle benedizioni del Talmud babilonese*, Tea, Torino 1992; P. DE PUNITE, *Le pouvoir sacerdotale de bènir*, «Ephemerides liturgicae» 42 (1928), pp. 425-439; C. GIRAUDO, *La struttura letteraria della benedizione eucaristica. Saggio sulla genesi letteraria di una forma*, Anacleta, Roma 1981; C. DISANTE, *L'eucaristia terra di benedizione*, Antropologia Biblica, Dehoniane, Bologna 1987; I. DE SANDRE, *Benedizione e articolazioni di cultura*, «Rivista di pastorale liturgica» 124/3 (1986), pp. 31-45; C. WESTERMANN, *La benedizione nella bibbia e nell'azione della chiesa*, Queriniana, Brescia 1997; AA.VV., *Le benedizioni e i sacramentali nella liturgia. XXXIX Settimana di studi liturgici (Parigi 1987)*, CLV Edizioni liturgiche, Roma 1988; R. AMBELAIN, *Le talismanie pratique*, Editions Niclaus, Paris 1949; L.K. LITTLE, *Benedictine maledictions: liturgical cursing in Romanesque*, Cornell University Press, New York 1993; G. MARTIMORT, *La Chiesa in preghiera*, Tipografia Italo-Orientale S. Nilo, Grottaferrata-Roma 1963.

[37] SACROSANCTUM CONCILIUM 9.

La prassi è sempre più ricca di quanto possa far parte di una codificazione rituale di tipo liturgico. L'ultima edizione del *Benedizionale*[38] come testo di accompagnamento di una ritualità popolare è recente, l'*editio typica* è del 1984 mentre la traduzione italiana risale al 15 dicembre 1992 e subentra al *Benedizionale* tridentino del 1614, che rispetto ai più antichi *Benedizionali* operò una selezione restringendo l'ambito delle benedizioni dal numero di cinquanta, (cf. il *Liber sacerdotalis* cosiddetto «del Castellani») al numero di diciotto, per una reazione all'utilitarismo e a una paura devozionistica. Il vecchio rituale, in vigore fino al 1984, nel tempo ha subito delle modifiche con l'aggiunta di un supplemento di intervento orazionale interno al rituale romano dapprima con un formulario di centocinquanta nuove benedizioni, nell'edizione del 1925, come appendice, e poi nel 1952 con un nuovo corpus di centosettantanove formulari. Il fenomeno del protestantesimo al principio e dell'illuminismo poi o, nel nostro tempo, quello della postmodernità non hanno esaurito le tensioni antropologiche del benedire, elemento appartenente a ogni espressione religiosa, inteso come quel riferimento religioso dell'individuo verso il mistero del sacro, realizzato ritualmente attraverso gesti e formule al fine di ottenere il bene, capace quindi di determinare condizioni di armonia nell'animo delle persone. Tale gesto antropologico del benedire come intervento umano è un tipo di comportamento che può fluttuare tra il magico e il propriamente religioso, in quanto potrebbe presupporre un'efficacia intrinseca dell'azione, producendo magicamente un risultato esterno sensibile, oppure un'efficacia religiosa se è aperta al riconoscimento di una signoria divina che ha

---

[38] *Rituale Romano*, riformato a norma dei decreti del concilio ecumenico Vaticano II promulgato da papa Giovanni Paolo II, *Benedizionale*, Conferenza Episcopale Italiana, Roma 1992.

il potere di accogliere o respingere la richiesta di aiuto. L'atteggiamento cardine dell'azione rituale presume che la realtà possa andare incontro a una modifica in senso magico o di tipo religioso, ritenendo dunque realizzabile un cambiamento di rotta della condizione del reale, adeguandola ai propri *desiderata*.

Nella interpretazione antropologica l'espressione magico-religiosa dell'azione del benedire viene anche interpretata come manifestazione di un *potere spirituale* sulla realtà, sottoposta a forze esterne, e dunque manipolabile. Perciò questa condizione comporterebbe una riduzione e una dipendenza della volontà dell'individuo nei confronti della storia e ne scaturirebbe infine la sottrazione del bene alla sfera della responsabilità individuale. In tal senso il potere spirituale sarebbe dunque attribuito all'azione favorevole o sfavorevole della divinità o del mago, nei confronti dell'uomo. Tra le forme di benedizione quella più immediata è l'espressione orale di *auguri*, termine che, etimologicamente composto dalla radice *aug-* che contiene il significato di crescere, aumentare, come indica la parola greca *auzo*, è la più semplice delle benedizioni orali e mira al raggiungimento del potenziamento dello stato attuale della persona, al contrario della imprecazione orale che, nella sua forma elementare di maledizione, debilita e impedisce il potenziamento del benessere. La benedizione[39] e la maledizione sono considerate uno sviluppo molteplice in formule strutturate della semplice parola, la cui forza intrinseca è ottenuta in quanto facente parte di un contesto rituale che agisce efficacemente oltre il semplice desiderio personale, perciò la sua efficacia risiede nel rito stesso. È un processo di ritualizzazione che dalla parola, espressione di un desiderio augurale, si trasforma in una formula rituale sacerdotale, potenziata

[39] AA.VV., *Beatitudine, benedizione, maledizione*, Borla, Roma 1994.

dagli atti che accompagnano la formula stessa. Nella tradizione cristiana che ora sarà analizzata tramite la mediazione del testo liturgico ufficiale della chiesa cattolica, il *Benedizionale*, la benedizione viene intesa come grazia spirituale che orienta alla esperienza di salvezza, e la sua ricchezza non ha necessariamente una qualità materiale, ma potrebbe abbracciare anche questa, senza però identificarsi obbligatoriamente con essa. Al contrario, la maledizione è l'assenza dei doni provenienti dalla provvidenza divina. La nuova edizione, composta in tre parti, con cinquantatre capitoli, più tre appendici, comporta che tutto il materiale sia di fatto accresciuto di circa un terzo rispetto all'*editio* tipica latina, un'aggiunta di ventinove titoli, portando l'edizione da 1271 numeri a 2078, come il resto degli *ordines* della riforma conciliare. Questi si distinguono innanzitutto per la ricchezza teologica dei *praenotanda generalia* con esattamente trentanove numeri mentre i *praenotanda* particolari precedono ciascun rito. Con questo intervento ufficiale della chiesa secondo lo spirito del concilio Vaticano II, c'è stato il riconoscimento di una autenticità rituale seppur di natura spontanea e non direttamente dotta o dottrinale.

È necessario far notare immediatamente che ci troviamo all'interno del cosiddetto contesto sacramentale del quale fa parte il benedizionale invocativo, rivolto alle persone e alle realtà cosmiche, contenute nel benedizionale compreso il rituale delle esequie o funerali e in particolare degli esorcismi, che analizzeremo nel confronto sinottico con le preghiere del rituale popolare. Differenti sono invece le cosiddette benedizioni costitutive sulle persone o sulle cose come la consacrazione delle vergini, la benedizione dell'abate o badessa, la professione monastica o religiosa riguardo alle persone oppure le diverse dedicazioni o benedizioni della chiesa, dell'altare, degli olii sacri, benedizioni queste che non si ripetono, rispetto a quelle invocative in quanto costitutive.

L'origine della benedizione liturgica: **Berakah** *ebraica e sue modalità*

L'origine della benedizione viene identificata secondo il pensiero ebraico, trasmessoci da J. Heschel[40], nella comunicazione del tratto specifico di un divino che non viene inteso nel significato di oggetto di ricerca dell'umano, secondo la linea interpretativa platonico-cristiana occidentale, ma come il soggetto totalmente libero che infrange nell'umano, l'orizzonte del desiderio come orizzonte ultimativo e istituisce un orizzonte altro dal desiderio, che si identifica con quello della benedizione nella doppia accezione recettiva, il benedetto e il benedicente.

Il testo ebraico della Bibbia nel capitolo primo della Genesi, indica con il termine *be-reshit,* all'inizio, in principio, il dire di Dio, un dire non informativo, descrittivo sulle cose ma poietico, creativo, diremmo un performativo[41], qualcosa come un fare con le parole. All'origine delle cose c'è questa *parola*, che differisce dal concetto di logos greco per potenzialità realizzatrice. La parola con la quale Dio crea al contrario del concetto di logos greco istituisce una dimensione altra dall'essere che Levinas[42] definisce nella sua accezione sconvolgente ed etica come il *novum* introdotto dall'ebraismo. Il verbo ebraico proprio della benedizione è *brk* e il sostantivo originato è *berakah*[43]*,* la traduzione dei Settanta traduce con *euloghia* che nel contesto ricorre ben seicentoquaranta volte, raramente con *eucaristia.*

---

[40] J. Heschel, *Dio alla ricerca dell'uomo*, Borla, Torino 1969.

[41] J.L. Austin, *Come fare cose con le parole*, Marietti, Genova 1987.

[42] E. Levinas, *Altrimenti che essere o al di là dell'essenza*, Jaca Book, Milano 1983.

[43] H. Hoffman, *Berakhbah rabbinica e spiritualità ebraica,* «Concilium» 26 (1990), pp. 349-364; W. Beyer, *Euloghéo*, in *Grande Lessico del Nuovo Testamento*, Edizione italiana F. Montagnini - G. Scarpato Soffritti (a cura di), III, Paideia, Brescia 1967, pp. 1149-1180.

Secondo il *Talmud*[44], ogni ebreo è invitato a pronunciare una *berakah* prima di godere dei beni del mondo, e omettere questa benedizione è come commettere un atto di idolatria. L'orante instaura per mezzo della preghiera un'epistemologia differente del creato: si apre a una visione della realtà articolata in tre modalità, quella dell'azione della *sottrazione* di un bene come simbolo a colui che ne è il possessore, per definirne l'autentica proprietà e quindi escludere di poterne rivendicare il diritto esclusivo. La seconda modalità è il *riconoscimento* che solo a Dio appartiene ciò che è stato creato. L'origine del dono è Dio stesso, che temporaneamente sottrae il dono alla volontà di possesso al fedele, non per privarlo ma per annunciare che solo Dio è proprietario in quanto è lui stesso che lo fa scaturire dall'opera della creazione. Si svela ciò che è oltre il segno esterno del dono, il nascosto. L'ultima modalità è *l'indirizzo* del dono, l'uomo, si sottrae dunque alla realtà del dono non per destinarlo definitivamente a Dio, ma perché l'uomo riconosca che in quanto totalmente appartenente a Dio, il dono può essere consumato dall'uomo. È ancora Levinas a offrire un commento significativo sul concetto di dono applicato al segno del pane per il suo godimento[45]. La benedizione in quest'ottica di riflessione che interpreta la *berakah ebraica* è la risposta consapevole della coscienza umana nei riguardi di un segno e di ciò che esso nasconde.

---

[44] «Chi gode dei beni di questo mondo, senza dire una benedizione, commette un atto di infedeltà»: cf. *Talmud Babilonese*, Berakot 34b.

[45] «In verità l'itinerario che porta il pane dalla terra su cui nasce fino alla bocca che lo consuma è dei più perigliosi. È attraversare il Mar Rosso [...] il problema della fame nel mondo non si può risolvere se non a patto che il cibo non sia considerato dai possidenti e dagli agiati una loro proprietà inalienabile, ma sia riconosciuto come un dono che si riceve, di cui si deve ringraziare e a cui gli altri hanno diritto» cf. E. LEVINAS, *Dal sacro al santo*, Città Nuova, Roma 1985, pp. 76-77.

Dalla Berakah e Birkat ha-mazon *ebraica,* *a* eulogheo, eucharisteo

La benedizione è celebrata come memoriale per i benefici ottenuti da Dio rivelando la sua attenzione verso l'umano. In questo senso questa assume di volta in volta il senso di intercessione perché Dio non faccia mancare il suo dono. Nell'antico rito di benedizione ebraica per il nutrimento ottenuto, la *Birkat ha-mazon*, si rivolge una preghiera, per la creazione, per la terra e per il dono dell'alleanza, e infine si amplia l'orizzonte orante per la santa dimora di Gerusalemme luogo del tempio e del Messia. A ciò si aggiunga la preghiera delle diciotto benedizioni, *Shemoneh esre*, che nella sinagoga o in altro luogo si recita tre volte al giorno, benedizioni ad ampio raggio, per la conoscenza, il pentimento, il perdono, la redenzione, la guarigione, le buone annate, il raduno dei dispersi, i giudici, i calunniatori, i giusti, i pii e i proseliti, la santa dimora, la discendenza di Davide, l'esaudimento di tutte le preghiere.

Con il contributo di Paolo l'apostolo, il rituale ebraico subisce una trasposizione linguistica, passando all'uso della lingua greca tramite l'applicazione dei termini *eulogheo* ed *eucharisteo* di 1Cor 10,16: la benedizione sul pane e sul vino, segni della benedizione di Dio. Questo segno di benedizione, l'eucaristia, diventerà il tipo di ogni benedizione e di ogni preghiera. I cristiani sono partecipi di Cristo morto e risorto fonte di ogni benedizione, ciò che costituisce la struttura liturgica delle grandi preghiere rituali[46].

Alcune indicazioni sulla teologia e struttura del Benedizionale

Il testo si apre con i *praenotanda,* le premesse generali, che presentano quelle che sono le linee interpretative

[46] L. BOUYER, *Eucaristia. Teologia e spiritualità della preghiera eucaristica*, Elle Di Ci, Torino 1969.

antropologiche-liturgiche-pastorali del *Benedizionale*. Si riconosce l'origine del benedire come una particolarità propria degli uomini i quali hanno bisogno delle benedizioni, come segni che appartengono ai gesti fondamentali dell'umano fin dalla sua prima origine[47] e che sono tutti orientati alla persona di Gesù Cristo, quale realizzatore autentico di ogni benedizione[48]. L'uomo riconosce Dio come sorgente di ogni benedizione nel segno dell'alleanza che sarà poi rinnovata dal Cristo, e riconosce la chiesa che è la portatrice di questa benedizione di Cristo ed è chiamata ad agire in nome di Gesù, con quelle azioni simboliche che sono le *benedizioni,* le quali contribuiscono a comunicare agli uomini i doni dello Spirito:

> Per opera dello Spirito Santo, la benedizione di Abramo, raggiunge in Cristo il suo pieno compimento, e da lui viene trasmessa ai figli, chiamati a vita nuova in pienezza di benedizione; resi così membra del corpo di Cristo, essi hanno il compito di diffondere i frutti dello Spirito, per risanare il mondo con la divina benedizione[49].

Le benedizioni alimentano e sostengono la fede del credente nei tempi diversi e nelle circostanze della vita e gli consentono di riconoscere, nelle opere del creato e nell'azione di trasformazione di questo da parte dell'attività creativa dell'uomo, il dono di Dio. Rivolgersi a lui per benedirlo, ringraziarlo o per invocarlo in relazione alla propria condizione esistenziale è il senso espresso dalle preghiere del benedizionale con un orientamento che presuppone la fede e una partecipazione attiva per sfuggire da quegli elementi che, indulgendo a concezioni superstiziose o a vane credenze, possano intaccare la purezza della fede[50]. Una particolarità liturgica del *Benedizionale* è che

---

[47] Gn 1,1.
[48] Cf. Gal 4,4; Ef 1,3.
[49] *Rituale Romano*, p. 20, n. 4.
[50] *Rituale Romano*, p. 28, n. 19.

la benedizione sia sempre preceduta dalla proclamazione del testo biblico e accompagnata dalla preghiera della chiesa: queste due modalità sono considerate parti essenziali, elementi *che mai si devono omettere*[51]. La struttura tipica della celebrazione è dunque ben determinata e va perciò rispettata, in quelli che sono i suoi aspetti costitutivi della prima parte, cioè la proclamazione della Parola di Dio e l'eucologia di benedizione. La seconda parte invece, che comprende l'orazione accompagnata dal segno, consente secondo l'opportunità di ricorrere a quelle facoltà concesse nei vari riti secondo uno spirito di adattamento alle differenti situazioni pastorali e culturali. La struttura del testo liturgico nella edizione tipica è composta dai *praenotanda generalia*, e da cinque parti, tra le quali la prima è dedicata alle persone, la seconda ha per oggetto gli edifici e le diverse attività dei fedeli, mentre la terza parte riguarda gli oggetti liturgici e devozionali della chiesa. Nella quarta parte invece sono presi in considerazioni gli oggetti per i fedeli; infine la quinta parte raccoglie le benedizioni connesse *ad diversa* e cioè a situazioni varie.

Ambiti e tematiche delle preghiere popolari nei riti di passaggio

Ora, dopo aver messo a tema il valore storico e liturgico del *Benedizionale* romano, mi propongo di mettere a confronto quelle che sono le preghiere della religiosità popolare sarda con preghiere analoghe che via via possono essere prese in considerazione dal suddetto *Benedizionale*. Il confronto riguarderà in modo particolare preghiere che sono legate ai riti che riguardano la vita di tutti i giorni nelle sue fasi più salienti e in particolare nei riti di nascita

[51] *Rituale Romano*, p. 30, n. 22.

e di morte, quelli che riguardano il rapporto con le forze di natura. In terzo luogo metterò a fuoco alcune preghiere nel contesto del rapporto malattia/salute, con tutti i risvolti connessi alle forze maligne o con i condizionamenti di ordine psico-spirituale.

Per una ordinata presentazione del materiale di ricerca sulla ritualità popolare sarda in rapporto al *Rituale Romano* è stato privilegiato lo schema tripartito dei riti dell'antropologia culturale proposta da Van Gennep e da Turner: riti di passaggio, riti ciclici (fenomeni naturali) e riti di crisi (salute-malattia-malocchio-diavolo).

Un dato che risalterà immediatamente sarà il copioso materiale orazionale specifico per le diverse situazioni, contenute nella ritualità popolare, rispetto al corrispettivo del *Benedizionale*. Ciò manifesta la grande attenzione che la religiosità popolare mostra in rapporto alle preghiere legate ai bisogni nelle diverse situazioni della vita.

La donna nel contesto dei riti di nascita

Le preghiere rituali sono il riflesso della spiritualità e anche della cultura di un popolo in rapporto al suo vissuto. L'indagine sui riti di passaggio del popolare condurrà all'osservazione e descrizione fenomenologica della figura dominante nella espressione della ritualità, la figura materna, come appare nella civiltà sarda e dunque la concezione della donna[52], artefice naturalmente del

[52] F. Von Reitzenstein, *La donna presso i popoli selvaggi*, Universum, Milano 1933; S. Allevi, *Donne e religioni: il valore delle differenze*, Mondialità, EMI, Bologna 2002; B. Lincoln, *Diventare dea: i riti di iniziazione femminile*, Saggi di cultura contemporanea, Vol. 145, Edizioni di comunità, Milano 1983; C. Pinkola Estes - E. Nortey, *La danza delle grandi madri*, Frassinelli, Milano 2006; M.G. Ciani - E. Avezzu - S. Chemotti, *Donne mitiche, mitiche donne*, Il poligrafo, Padova 2007; M.E. Harding, *I misteri della donna: Un'interpretazione psicologica del principio femminile come raffigurato nel mito, nella storia e nei sogni*, traduzione a cura di A. Giuliani,

primo atto rituale dell'individuo, la nascita. Ogni civiltà arcaica si è sempre sentita attratta e colpita dalla presenza così dolce, ma anche così misteriosa e sacra come quella della dea madre. I principali avvenimenti biologici come il concepimento, il parto, la nascita sono vissuti e interpretati all'interno di comunità arcaiche come fasi critiche della stessa esistenza dell'umanità, coinvolta in ambiti di tipo religioso/magico, secondo espressioni proprie della cultura e nella proiezione rituale. È da rilevare che come elemento portante delle differenti espressioni rituali, peculiari della nascita, l'esperienza popolare considera tali momenti diversamente rispetto alle forme di interpretazione e conoscenza caratteristiche della società tecnologica e scientifica. Nella cultura arcaica, è contemplata una netta dicotomia fra una forma di conoscenza prettamente razionale, e invece quella che viene definita la rappresentazione dell'esperienza umana del reale in modo mitico, dove i vari fenomeni dell'esistenza sono fatti ricadere all'interno del campo interpretativo secondo una misura di valore totalmente diversa da quella di tipo scientifica. Nel mondo mitico, la figura materna, viene spesso assimilata alla terra: madre e terra, ambedue, danno la vita, accolgono la vita e hanno la capacità di generare. L'archeologia ha fatto emergere in Sardegna materiale davvero interessante

---

Psiche e coscienza, Astrolabio, Roma 1973; AA.VV., *La donna e i filosofi: archeologia di un'immagine culturale*, a cura di S. Campese - S. Gastaldi, Zanichelli, Bologna 1977; M. SCOPELLO, *Femme, gnose et manichèisme: de l'espace mytique au territoire du rèel*, Nag Hammadi and Manichaean studies, vol. 53, Brill, Leiden 2005; C. RAMBAUX, *Properce ou les difficultès de l'èmancipation feminine*, Collection Latomus, Bruxelles 2001; E. NEUMANN, *La grande madre: fenomenologia delle configurazioni femminili dell'inconscio*, traduzione a cura di A. Vitolo, Psiche e coscienza, Astrolabio, Roma 1981; E. EVANS - E. PRITCHARD, *La donna nelle società primitive e altri saggi di antropologia sociale*, traduzione a cura di A. Wade-Brown, Biblioteca di cultura moderna, vol. 753, Laterza, Bari 1973; U. PESTALOZZA, *Eterno femminino mediterraneo. Problemi di critica antichi e moderni*, vol. 2, Neri Pozza, Venezia 1954.

a riguardo: statuette femminili nude, risalenti, secondo la scienza, al paleolitico superiore, cioè al periodo del primo sviluppo dell'umanità (2 milioni - 10 mila anni fa), tempo della più antica industria umana, espressioni cioè di una società di cacciatori e raccoglitori, in cui la figura muliebre a tutto tondo, steatopigica o grassa, denunzia apertamente una funzione magica connessa con l'idea di fecondità[53]. Anche presso altri popoli troviamo questa concezione che pone in relazione la terra e la donna, come è testimoniato, per esempio in Grecia, dove le più antiche immagini divine sono quelle della madre terra che possiede una vita autoctona, le fonti, i sassi, le piante, non si ritengono create o fabbricate, ma nate. Per la religiosità dell'antica Grecia, la terra era considerata un personaggio vero e proprio, non in senso plastico, e nemmeno come la intendeva Omero, come una similitudine: la terra è una donna[54]. C'è dunque una relazione molto stretta fra donna e terra: il culto di Demetra è ufficio femminile, dappertutto è la donna che si occupa dell'economia rurale e dei suoi riti; antiche relazioni sociali vi concorrono. Molti popoli del Mediterraneo rappresentano la fase di transizione fra la civiltà della caccia e la fase sedentaria dell'agricoltura: l'uomo continua a fare il cacciatore, mentre la donna coltiva la terra; in realtà, donna e campo dipendono l'uno dall'altra in senso religioso. La donna è una terra coltivabile, il campo è una donna feconda[55]. Nel mondo mediterraneo il legame inscindibile tra donna e terra viene ritualizzato proprio nel momento della nascita, con la collocazione della creatura sul suolo: il rito della nascita

---

[53] V. LANTERNARI, *Preistoria e folklore. Tradizioni etnografiche e religiose della Sardegna*, L'Asfodelo Editore, Sassari 1984, p. 123.

[54] G. VAN DER LEEUW, *Fenomenologia della religione*, Boringhieri, Torino 1975, p. 68.

[55] *Ivi*, p. 70.

consisterebbe infatti in un ritornare alla terra, considerata nella sua funzione materna.

Riti di passaggio: gravidanza-parto-nascita

L'immagine della donna che concepisce e che si prepara al parto è di solito considerata critica e allo stesso tempo portatrice di energie che potrebbero rivelarsi negative o positive per la madre, per la sua famiglia o per la comunità. Ne conseguono molteplici tabù o atteggiamenti di protezione atti a eliminare le forme di impurità derivate dallo stato di gravidanza e a rimediare ritualmente alla condizione di precarietà e di rischio per il singolo familiare o per la comunità. Molte sono le precauzioni richieste soprattutto alla donna in attesa, come l'astensione da cibi o il semplice contato fisico con alimenti, come per esempio con la carne cruda, o l'esclusione da semplici operazioni di preparazione di cibi particolari, o ancora l'esclusione da azioni legate alle attività domestiche o a gesti comportamentali che potrebbero nuocere al feto o al parto, come per esempio il divieto di fare nodi, usare utensili taglienti o appuntiti, osservare deformità di ogni genere.

Con l'evento della nascita si introduce il nascituro alla semplice vita, cioè il passaggio dal non essere all'essere, mentre con la relativa acquisizione, tramite una ritualità specifica lo si introduce a una nuova condizione riconosciuta socialmente. I riti di passaggio del tipo «naturale» presso la mentalità popolare, hanno per protagonista quasi sempre la figura della madre più che quella del bambino, e rivestono una grande importanza. I riti dell'uscita dalla crisi generata dalla nascita consistono nel compiere gesti di riscatto e di liberazione dalle impurità per offrire la possibilità di un reintegro all'interno della famiglia e della comunità. Il periodo di condizionamento è variabile, ma comprende sempre sia il tempo del parto sia di solito la cadenza della quarantena *post partum*. Il reintegro della donna coincide con la ripresa dell'azione sessuale all'interno della coppia, dopo il rito della purificazione della puerpera. Il neonato entra invece a far parte della comunità dopo essere stato liberato dalle impurità o dal peccato attraverso una ritualità popolare prima e religiosa poi. In ogni tipo di società, la vita di un uomo consiste nell'attraversare un'età per giungere a un'altra fase di vita o nel passare da un mestiere all'altro. Questo passaggio è seguito da un periodo intermedio, chiamato «apprendistato», o di «soglia» o periodo «liminale», durante il quale l'individuo si integra gradualmente col nuovo ambiente. Questa operazione di transizione è accompagnata da un rito religioso, in quanto nessun atto viene considerato disgiunto dalla sacralità. Questa caratteristica è propria delle numerose preghiere, degli usi e della ritualità sarda, nella quale persiste ancora un forte legame fra i due mondi sopra accennati. Dalle sue ricerche sul campo Van Gennep[56] ha tratto delle conclusioni utili anche per la nostra ricerca. Egli sostiene infatti che, ogni mutamento di situazione dell'individuo, comporta azioni e reazioni tra il mondo del profano e quello del sacro per cui è necessario un controllo delle varie *performance*, affinché la società, il gruppo, la tribù non subiscano né disagi, né danni, ma armonizzino la vita dell'uomo con il resto della natura. Anche l'universo e la natura sono sottoposti a mutamenti che hanno ripercussioni sulla vita dell'uomo. Bisogna perciò riconnettere le cerimonie dei passaggi cosmici alle cerimonie dei riti di passaggio nel contesto della vita umana. Questa funzione è quella che Rappaport vede connessa con la funzione *omeostatica* stessa del rito, dove il rito ha un compito di armonia ed equilibrio nel contesto del grande «bioma» (la vita nella sua espressione universale). Ora seguendo la suddivisione dei differenti riti di passaggio secondo lo schema di Van Gennep che parla di:

---

[56] A. VAN GENNEP, *I riti di passaggio*, Boringhieri, Torino 1981, p. XVII.

– riti preliminari (separazione),
– riti liminari (margine) e
– riti post-liminari (aggregazione)

tenteremo di tracciare un'analisi della ritualità popolare sarda connessa con la figura materna per riconoscervi la tipologia dei riti di passaggio, indicataci dal noto antropologo. Una prima considerazione sta nel fatto che i riti della gravidanza e del parto e della nascita formano tra loro un'unità tematica e rituale, suddivisa in tre fasi: 1) i riti di separazione, che hanno lo scopo di isolare la donna incinta dal suo ambiente per evitare il condizionamento personale verso il resto della comunità o della sua stessa creatura; 2) i riti del parto, che costituiscono il momento «liminale», di sospensione, o transizione verso una nuova condizione personale, per quanto riguarda la madre e di acquisizione di nuova identità anche per la creatura partorita; 3) dopo il parto segue il tempo della aggregazione, che corrisponde a un intervallo di quarantena, con lo scopo di reinserire in modo pieno la donna nella vita familiare, e nella società, insieme con la nuova creatura. C'è da aggiungere inoltre che i riti della gravidanza comprendono anche altri riti di tipo «simpatico» e «contagioso», sia diretti sia indiretti, dinamisti e animisti[57], con lo scopo di facilitare il parto, difendere la madre o il bambino da demoni, malocchio e spiriti malvagi[58].

Individuazione nella ritualità della tradizione sardo-gallurese dello schema dei riti di passaggio di Van Gennep

La ricerca in atto a questo punto applica lo schema di lavoro dello studioso Van Gennep per consentire di cogliere all'interno della ritualità spontanea femminile, quei diversi momenti che strutturalmente formano il con-

---

[57] *Ivi*, p. 36.
[58] Cf. R. Satta, *op. cit.* p. 41.

testo tradizionale del tempo dell'attesa e della nascita per la donna in ambito arcaico, popolare. L'analisi consiste nell'identificare, localizzare e poi dividere i molteplici atti rituali non strutturati, secondo i tre momenti:

A) separazione;

B) margine;

C) aggregazione.

La ritualità della gravidanza e del parto formano innanzitutto un insieme compiuto[59], ed ecco la sequenza della ritualità del tempo della gravidanza che corrisponde al primo momento: A) la separazione. Durante il tempo dell'attesa alla donna incinta sono vietate numerose attività. Questo periodo è caratterizzato perciò dall'osservanza, talvolta molto rigida, di tabù, divieti, leggi particolari e obblighi. La donna vive una vita differente da quella del resto della comunità e delle altre donne, sperimenta una vera separazione, anche dalla vita familiare e sociale. Ecco le diverse sequenze di questo primo momento. 1. Anzitutto, le è vietato di svolgere al completo la sua attività di massaia. Per esempio, le viene impedito di accedere al luogo in cui si macella il maiale, e dove si esegue l'operazione del taglio, della sezione, della confezione, conservazione e insaccatura della carne. Se il divieto non venisse rispettato tutta la carne si guasterebbe. 2. Le è vietato cibarsi della testa di qualsiasi tipo di pesce. L'infrazione del divieto, potrebbe causare un parto difficile o comporterebbe lo sviluppo di deformazioni nel feto. 3. Deve evitare di guardare persone o cose deformi, per non comunicare e non favorire una forma di alterazione al feto. 4. Le viene vietato di fare da madrina di battesimo, testimone di fede, e perfino di entrare in un cimitero. 5. Andrebbe incontro all'aborto se, nello stirare i pantaloni del marito, questi dovessero cadere a terra. 6. Non può portare funi a tracolla, o cinghie intorno alla vita

[59] A. VAN GENNEP, *I riti di passaggio*, p. 35.

per non «legare», cioè rendere difficoltoso, il parto[60]. Le ultime due sequenze (5 e 6) ci sembra che rientrino nella categoria di riti simpatici e contagiosi, il cui scopo è quello di facilitare e proteggere il parto della madre o la vita del bambino, dalle differenti influenze negative.

Al primo momento, quello della separazione, segue un secondo periodo, il momento B) di margine: il parto. In questo frangente, la donna, abbandonata la fase di separazione, entra in un tempo intermedio che le permetterà di reinserirsi successivamente e poi di essere reintegrata ufficialmente nella famiglia-società. Se per la madre inizia il periodo di intervallo che la introdurrà al tempo del reintegro, per il bambino invece inizierà il primo periodo, quello della separazione dal seno materno, per poi avviarsi alle tappe successive. Il parto è un momento rivestito di sacralità, localizzato nell'ambiente più sacro, la casa, che riveste la stessa importanza del tempio. Indichiamo anche in questo caso le diverse sequenze rituali. 1. L'arte della «maieutica» è affidato alla levatrice, la quale, giunto il momento del parto, inizia subito la sua azione rituale, dopo essersi segnata con il segno di croce e aver recitato una preghiera[61] per una buona nascita. Se il parto si rivela difficile, la levatrice, insieme alle altre donne, invoca ad alta voce sant'Anna, protettrice delle partorienti. Sant'Anna, secondo la tradizione del Protovangelo apocrifo di san Giacomo, era la sposa di Gioacchino e la madre di Maria, la madre di Gesù, la quale partorì prodigiosamente in tarda età, pur essendo stata sterile per tutta la sua vita. Vi è quasi certamente un'assonanza tra questa figura della tradizione cristiana e l'antico culto pagano preesistente al cristianesimo della dea madre, spesso congiunto con l'altra immagine quella della corrispondente parca romana che aveva il compito opposto alla nascita, e cioè quella di ren-

---

[60] N. CUCCIARI, *Magia e superstizione fra i pastori della bassa Gallura*, Chiarella, Sassari 1985, p. 182.

[61] Cfr. R. SATTA, *op. cit.* p. 38.

dere la morte, rappresentata dal racconto mitico nel suo compito specifico, l'atto del tagliare il filo. È forse possibile che il culto cristiano abbia trasformato successivamente questi simboli di vita e di morte, nella figura intercedente dei santi. 2. Immediatamente dopo la nascita, il padre si avvicina alla moglie e al bambino; in alcuni paesi[62] il padre sputa o alita sul viso del bambino[63] pronunziando alcune frasi, dopo di che lo segna col segno di croce sulla fronte. Questo segno appartiene chiaramente alla caratteristica del rito di aggregazione nella nuova famiglia e nella società. 3. Dopo il parto, avviene qualcosa di particolare: per proteggere la donna, si mettono alcuni simboli a carattere sincretistico sotto il materasso come, ad esempio, il rosario oggetto della devozione cristiana e la forbice, che nella simbologia[64] rappresenta il principio cosmico maschile, virile, attivo, che penetrando modifica il principio passivo femminile. È anche la forza che separa, è considerata la prima operazione dello spirito: siamo dunque dinanzi a un segno di protezione e di creazione o fecondità. 4. È tradizione che entro gli otto giorni, il bambino dovrà essere battezzato, per consentire la liberazione di un'anima dal purgatorio. 5. Alla puerpera non è consentito uscire di casa se non dopo il battesimo del figlio, cui ella non partecipa. Dopo il periodo di quarantena, inizia per la puerpera la fase del reintegro nella famiglia e nella comunità sociale.

Indichiamo ora dunque le sequenze dell'ultimo momento quello della C) cioè del periodo di «reintegrazione». 1. Il primo atto che dovrà compiere la puerpera sarà quello di recarsi in chiesa per *inghisgiàssi*, cioè ricevere la benedizione da parte del sacerdote; questo rito consentirà di abbandonare lo stato precedente per essere così riammessa a tutti gli effetti

---

[62] Cf. R. SATTA, *op. cit.*, p. 41.

[63] Cf. A. VAN GENNEP, *I riti di passaggio*, p. 39.

[64] Cf. M. BERLEWI, *Ciseau*, in *Dictionnaire des Symboles*, Ed. R. Laffont et Ed. Juppiter, Paris 1969, pp. 48-49.

nella comunità. Van Gennep definisce questo momento, il ritorno dal parto sociale[65]. Questa sequenza, tradizionale-religiosa chiamata anche rito della purificazione o benedizione della madre dopo il parto è, indicativamente, l'arcaica reintegrazione della donna nel suo ambito familiare e nella società. Siamo dunque dinanzi a un plausibile rito per il superamento dello stato di margine in vista dell'atto di reintegrazione. Quest'ultimo periodo di margine della puerpera orientato alla riaggregazione, coincide col primo periodo di margine del figlio, perciò, i vari riti di difesa, dalle forze negative, dal malocchio, dagli spiriti, dalle malattie, hanno valore in modo unitario sia per la madre sia per il bambino[66]. Nella prima sequenza il neonato abbandona il mondo materno, e viene affidato, nel suo primo periodo di vita, alla *mastra di paltu*, la levatrice. È stata quest'ultima a operare la più evidente separazione fra madre e bambino: 1. la prima sequenza contempla la resezione del cordone ombelicale. La seconda fase del rito di separazione è 2. il rito del primo bagno, sempre da parte della levatrice. Questo avviene immediatamente dopo la nascita. Il secondo momento, che segue, è quello di margine, o periodo «liminale», della durata da uno a quaranta giorni. Durante questo periodo di soglia si introduce il bambino in un nuovo cammino ed è ancora la levatrice, colei che fin dal primo momento e fino al battesimo, fa le veci della madre del bambino, che lo assiste e lo cura: il suo ruolo è quello di essere intermediario, cioè di neutralizzare l'impurità, ma soprattutto di consentire il passaggio ad altro momento, cioè di rendere possibile il cambiamento di situazione individuale e sociale in modo non traumatico.

Con il battesimo, il neonato viene accolto ufficialmente nella comunità religiosa-civile: battesimo e imposizione del nome sono riti familiari, comunitari accompagnati da una grande festa che diventa un'occasione favorevole per raf-

---

[65] A.Van Gennep, *I riti di passaggio*, p. 40.

[66] *Ivi*, p. 43.

forzare legami parentali e di conoscenza. La commensalità ugualmente rientra nei riti di aggregazione. Rivestono un ruolo importante in questa festa il padrino e la madrina, che vengono considerati come i secondi genitori: dopo il legame paterno-materno segue quello con i padrini. Ci sono alcune credenze che sono connesse a questi fatti. Chi nasce di domenica o nella notte di Natale avrà molta fortuna per cui il suo corpo, dopo la morte, si pensa che non si decomporrà; nascere piangendo è auspicio di lunga vita, così anche strillare durante il battesimo sarà segno di longevità. Si pensa che chi nasce con molti capelli sarà particolarmente fortunato, invece chi nascerà di venerdì sarà segno di cattiva sorte. Infine si ritiene che colui che nascerà di lunedì sarà lunatico[67].

Documentazione delle preghiere popolari e del *Rituale Romano* in chiave sinottica. Analisi fenomenologica e liturgica

Parto

Nelle differenti espressioni religiose la nascita come mistero costituisce un elemento centrale. La religiosità popolare considera la nascita non solo in quanto processo fisiologico-naturale ma lo contempla relazionato con la presenza di poteri di tipo spirituali. In tal modo per mezzo del rituale popolare la semplice esperienza biologica della nascita assume il significato quasi strumentale per cogliere il senso dell'esistenza e dello stupore dinanzi alla meraviglia della vita. Le tradizioni popolari comprendono infatti l'evento naturale del parto e della nuova nascita sempre per mezzo del mito, del rito e del simbolo: i miti in quanto illustrano l'importanza teologica ed etica dei riti legati alla nuova nascita, i riti del parto per-

[67] Cf. N. CUCCIARI, *Magia e superstizione tra i pastori della Bassa Gallura*, p. 192.

ché elaborano il fatto naturale e fisiologico trascrivendolo in evento religioso e infine il simbolo in quanto racchiude in sé un rimando al tema della rinascita simbolica dell'essere che avviene in ambiti e contesti differenti della vita individuale e comunitaria. Il parto presso la cultura popolare non è mai un evento naturale privato; soprattutto nel passato al parto assisteva – e anche oggi, quando la partoriente non si reca in ospedale – una *mastra di paltu* o *agghjutadòra* (levatrice o aiutatrice), la quale aiuta, con la sua esperienza di ostetrica, la partoriente a dare alla luce il bambino.

Oltre al compito di ostetrica, questa donna esperta in parto, esercita un ruolo rituale, con dei gesti e preghiere per il buon fine del parto. Possiamo ora tracciare la presentazione sinottica delle due forme di preghiera, quella popolare e quella del *Benedizionale*, sul parto, per un approfondimento e confronto di carattere antropologico e liturgico.

Preghiera per il parto

Preghiera Popolare *Per il parto*	**Benedizionale 643** *Prima del parto*
2. *Anghidda luscichendi* 1. *e Nostra Signora prisenti*[68].	Signore Dio, creatore del genere umano, tu hai voluto che il tuo Figlio nascesse dalla 1. vergine Maria per opera dello Spirito Santo, per riscattarci dalle conseguenze dell'antico peccato e donarci la libertà dei tuoi figli; volgi il tuo sguardo benigno a N., che ti supplica per l'integrità della prole e per 2. un parto felice esaudisci la comune attesa perché la creatura, che porta in grembo, rigenerata nel battesimo e aggregata al tuo popolo, ti serva fedelmente viva sempre nel tuo amore. Per Cristo nostro Signore. Amen.

[68] Anguilla viscida / e Nostra Signora sia presente.

Un primo aspetto comune e di rilievo, da sottolineare immediatamente è l'*habitat* della preghiera rituale, sia del popolare sia del *Benedizionale*, 1. il luogo della celebrazione: la casa. Questo luogo viene identificato nella sua sacralità, lo spazio della famiglia non è considerato esclusivamente come spazio di utilità per l'uomo, un luogo strumentale, oggetto d'uso, ma soggetto simbolico, che come dice Levinas, possiede un ruolo privilegiato,

> il ruolo privilegiato della casa non consiste nell'essere il fine o lo scopo dell'attività umana, ma nell'esserne condizione e, in questo senso, l'inizio [...]. L'uomo si situa nel mondo come se venisse verso di esso partendo da una sua proprietà, da una casa sua nella quale può in ogni istante ritirarsi[69].

Per tale aspetto simbolico la casa è il tempio della famiglia, e il luogo dove in modo più significativo si manifesta la figura della donna e della madre. È proprio questa dimensione del simbolico della dimora da abitare, del vivere, dell'appartenere a dare il significato umano ai riti della casa nelle diverse espressioni religiose, fin dall'antichità, anzitutto con la benedizione sia popolare sia del *Benedizionale*, in secondo luogo, si può osservare che a colpo d'occhio si nota innanzitutto che la preghiera popolare è brevissima, mentre l'orazione del benedizionale ha un'estensione letteraria più ampia. In terzo luogo, si può fare un'altra sottolineatura: il contenuto della prima è formato da un'unità emica cioè da una totalità di azione e di espressione completa secondo il darsi strutturale, utilizzando l'immagine di un elemento naturale rappresentato dall'anguilla, pesce di acqua dolce dotato di una pelle ricca di sostanza viscida, scivolosa, difficile da pescare con le sole mani, immagine adottata come similitudine del parto, affinché il parto scivoli via, senza ostacoli, mentre vi è l'aggiunta dell'intercessione della santità della vergine Maria, invocata con l'appellativo di *Nostra Signora*, la quale ha partorito felicemente, conservando tutta la sua integrità fisica.

---

[69] E. LEVINAS, *Totalità e infinito,* Jaca Book, Milano 1980, pp. 155-156.

Nel contenuto della seconda preghiera, quella del *Benedizionale*, si ritrova ugualmente l'intercessione di Maria, nella sua maternità divina in vista dell'integrità della prole per il parto felice. Un quarto elemento è rilevabile: la gestualità del popolare, introdotta con il segno della croce, è preponderante, rispetto all'essenzialità della preghiera che è breve, ma con una funzione simile al canto di un canone musicale, fatto di suoni vocali da ripetere all'infinito, come per creare un contesto di parole cantilenato, simile a una musica che accompagna l'atto rituale. La preghiera in questo ambito riveste la sua importanza più per il suo suono, quasi come un *mantra*, che per il suo contenuto, che invece è povero di significati teologici, della sacra scrittura o di temi liturgici; si tratta di suoni comunque atti a creare le condizioni necessarie per la disposizione dell'individuo al momento rituale. La forza della invocazione è la sua potenzialità quasi magica, che si realizza con l'intensità del tono di voce modulata fino a ottenere un coinvolgimento emotivo dei diversi attori «celebranti»: la *mastra di paltu*, la levatrice, e la partoriente. Alla base del loro atteggiamento rituale applicato al momento del parto sta innanzitutto l'importanza dei loro sentimenti e del loro stato d'animo nei confronti dell'evento naturale della nascita e del coinvolgimento spirituale perché il parto ottenga la protezione divina. Un ulteriore argomento si può notare ora intorno all'orazione del rituale secondo lo schema classico della preghiera. Si tratta di una preghiera strutturata a livello teologico secondo le proprie dimensioni, innanzitutto quella *anamnetica*, con la quale si ricorda che Dio padre è il creatore del genere umano, principio di vita, il quale ha voluto che il Figlio nascesse dalla vergine Maria per opera dello Spirito Santo. A questa si aggiunge la dimensione *epicletica*, che con l'invocazione si fa richiesta esplicita, orientata alla protezione della partoriente e all'integrità della sua prole, per un inserimento della nuova creatura nella comunità attraverso il battesimo. Quest'ultimo aspetto manifesta con chiarezza il carattere *koinoniale* della preghiera, cioè l'inserimento del singolo in un contesto più ampio, quello comunitario. E infine si può notare anche la presenza della dimensione *dossologica*. Si tratta della preghiera rivolta al Padre, per mezzo del suo Figlio Gesù. Come ultimo rilievo, infine, notiamo che la gestualità proposta dal *Rituale Romano* per la celebrazione indica, secondo l'opportunità, l'azione del distendere le mani sulla madre oppure la possibilità di segnare la fronte con un segno di croce se il ministro è un diacono o un presbitero, se invece il ministro è un laico a questi è consentito solamente la pronuncia della orazione a mani giunte[70]. Nella preghiera popolare chi presiede l'atto è la *mastra di paltu,* la quale riveste il doppio ruolo di levatrice e di ministro rituale, è lei che aiuta a partorire fisicamente il nascituro con il ricorso della preghiera e con l'esperienza *professionale*, dopo essersi segnata col segno di croce e aver invocato l'intercessione della Madonna. Se dopo la preghiera la partoriente avrà delle difficoltà, si farà un nodo scorrevole con uno spago e lo si metterà sopra la gestante e inginocchiatasi accanto la levatrice dirà un'altra preghiera:

Preghiera Popolare	**Benedizionale 654**
2. *Abbrìti la pultarìa;* *palchi la polta è sarrata;* *la ch'è istanotti è nata* *la dèi chjamà* 1. *Maria*[71].	Dio, che nel parto di 1. Maria Vergine e Madre, ha rallegrato il mondo intero riempia di gioia il tuo cuore e conceda a te e alla tua creatura 2. sicurezza di vita e salute. Nel nome del Padre e del Figlio + e dello Spirito Santo.

[70] *Rituale Romano*, 643, p. 274.

[71] Aprite la porta / perché la porta è chiusa; / quella che nascerà stanotte / la si dovrà chiamare Maria.

Preghiera alternativa per il parto

Il tema del parto conosce un'alternativa nell'orazione rituale popolare da recitarsi nell'eventualità della non riuscita della nascita a motivo di un qualche ostacolo, che qui viene rappresentato in modo figurato dalla metafora della «porta sigillata o chiusa».

Anche in questo caso il contenuto della preghiera è una invocazione a Maria santissima come a colei che ha già saggiato una maternità serena, nel parto di Gesù, affinché ora lei interceda per la buona riuscita del momento delicato. Se il parto si concluderà felicemente, al neonato si imporrà anche il nome di Maria, sia per le femmine che per i maschi. La preghiera del rituale, si differenzia da quella popolare, in primo luogo per l'indirizzo dell'orazione, che chiaramente ha come primo destinatario, Dio padre, il quale offre al mondo la maternità verginale di Maria, e in secondo luogo per la sua struttura e il contenuto. Il richiamo «mariano» quale fonte di gioia per l'umanità è invece tema comune per le due preghiere. Riguardo al complesso simbolico, il popolare concede maggior spazio al contatto con il corpo: il toccare, il segnare con la croce, dà più spazio all'estensione delle emozioni, mentre il rito espresso dal *Benedizionale* appare meno preoccupato di questa dimensione antropologica e corporea. Sempre durante il parto, ma soprattutto nell'imminenza di un pericolo per la partoriente, o per il nascituro, se lo si desidera, si recita una preghiera di liberazione, accompagnata da gesti rituali. Tale preghiera si esprime così.

Preghiera dopo il parto

Preghiera Popolare

Lu sonniu de la
1. *'iglini Maria*
notti cun notti
cun bella drummia

Benedizionale 667

O Dio, creatore e Padre,
che hai donato a questa donna la gioia della maternità,

2. *Madre, mia Madre*
lu sunniu chi voi feti
sarà veru e verità
li Gjudei m'ani a piddà
li Billi m'ani a pultà
lu Santu capu ani a spinà
li Santi bracci ani a crucifissà
li Santi piedi ani a inchjudà
la Santa bucca non biarà
ne feli, ne acetu, ne calcina
riscialata.
Ca tre volti la diciarà, chistu
sarà salvu da acqua aldenti
focu aldenti di gjustizia potenti
di mala molti non morarà
3. *femina in paltu non periculerà.*[72]

ricevi per le mani della 1.
vergine Maria
il nostro ringraziamento
e la nostra supplica:
3. preserva da ogni male
questa 2. madre e il suo
bambino/a,
accompagnali nel cammino della vita,
e fa' che un giorno siano
eternamente beati
nella tua casa.
Per Cristo nostro Signore

La preghiera si recita per tre volte, dopo aver acceso una candela.

L'attrice principale del rito popolare è ancora una volta la vergine Maria, nella funzione di rivelatrice di un *sogno memoria*. Il sogno elimina quel legame spazio-temporale della realtà che ci costringe a vivere l'esistenza in modo dicotomico, per proiettarci in una condizione di pienezza tra il mondo interiore e quello esteriore. Nella Sacra Scrittura si riconoscono due tipi di sogno:

---

[72] Il sogno della Vergine Maria / notte con notte (ogni notte) / dormiva Cristo) / con la Bella (Maria) / Madre, mia Madre / il sogno che voi fate / sarà vero / i Giudei mi prenderanno / i Betlemmiti mi porteranno / il santo capo mi copriranno di spine / le sante braccia crocifiggeranno / i santi piedi inchioderanno / la santa bocca non berrà / né fiele, né aceto, né calce risciacquata. / Chi tre volte al giorno dirà questa preghiera / sarà salvo da acqua bollente / dal fuoco ardente della giustizia potente (dal piombo della giustizia) / di morte violenta non morirà / la donna in parto non correrà alcun pericolo.

il sogno di messaggio, cioè una comunicazione di Dio al profeta dove colui che sogna è solo uno strumento per la rivelazione, e il sogno apocalittico, dal carattere immaginario, ma qui ci troviamo in un contesto diverso, di tipo celebrativo, dove il rituale della levatrice svolge la funzione di una ritualizzazione della storia della salvezza, dando voce alla vergine Maria nel suo racconto, per far ricordare a Dio tutti i momenti salienti della passione del suo Figlio Gesù, e perché questo ricordo sia ora fonte di liberazione da ogni pericolo e dolore, per un'altra donna madre.

La preghiera del *Benedizionale*, rivolta al Padre, presenta: 1. tema gioia della maternità; 2. l'intercessione della vergine Maria, come motivo comune; 3. la supplica affinché la donna e la creatura vengano preservate dal male; 4. l'accompagnamento nella vita del fedele. La preghiera popolare può essere recitata, oltre che per il parto, anche per liberare le persone dalle brutte morti, in particolare da morte violenta.

Cura del neonato

Dopo il parto, alla donna si avvicina il marito, che dà il primo bacio al neonato; in alcune tradizioni locali, si usa anche tracciare un segno di croce sulla fronte e alitare per tre volte sul viso del bambino o bagnare con un po' di saliva il volto. Il gesto era generato dalla convinzione che lo sputo avesse proprietà magiche, insieme agli elementi organici come sangue, liquido seminale, unghie, capelli, sostanze del corpo e conservasse l'essenza della persona anche dopo una separazione da questa. Dunque i contatti rituali con i fluidi erano rivestiti di un significato di sacralità in quanto simbolo di trasmissione dell'energia psichica e considerati necessari per la vita fisica. L'atto veniva accompagnato dalla seguente espressione:

benediti siani li mè peni[73].

Si spiega così la convinzione che in tal modo il padre comunichi al figlio le proprie qualità[74]. Deposto il bambino nella culla, il padre si reca alla porta di casa ed esplode alcuni colpi di fucile per rendere partecipe tutto il vicinato di tale avvenimento. È anche tradizione compiere immediatamente dei gesti magico-simbolici in difesa della puerpera, come collocare sotto il materasso il rosario e la forbice. Poiché prima del battesimo del figlio la madre non può uscire di casa, spetta ai parenti far visita alla puerpera nella sua dimora in attesa della ripresa fisica, ed entrando in casa, si è soliti rivolgere un saluto augurale con simili parole:

Babbu e mamma diciosi
Deu li dia bona solti
Deu li ponghi la stella in fronti[75].

I visitatori si guardano bene dal pronunciare complimenti senza la premessa della benedizione divina, ciò comporterebbe per il bambino il pericolo del malocchio, *lu colpu di l'occhj*, e proprio per non incorrere nel maleficio è d'obbligo premettere all'espressione di complimento, sempre l'invocazione divina:

Deu lu binidichia
Deu lu mantenghia[76].

La levatrice o i parenti più stretti tutelano anche loro il neonato dal malocchio e prima che sia deposto nella

---

[73] Siano benedette le mie fatiche.

[74] Cf. M. Azara, *Tradizioni popolari della Gallura. Dalla culla alla tomba*, Edizioni Italiane, Roma 1940, p. 49.

[75] Padre e madre felici / Dio gli dia buona fortuna / (Dio gli metta la stella in fronte) ecc.

[76] Dio lo benedica / (Dio lo conservi sano).

culla, dopo essere stato fasciato, vengono prese dai parenti più vicini misure preventive, di origine apotropaica. Si tratta di pratiche che sono state via via riconvertite nel tempo dal cristianesimo, utilizzando *li punghi*[77] o *sos breves*[78] per proteggere il bambino da molti mali: spiriti maligni, morte violenta, veleno, malocchio. Il bambino non battezzato è chiamato *chisgineddu*, di cenere[79], oppure è chiamato *tulcareddu*, piccolo turco[80]. Nel passato si celebrava quanto prima il battesimo, entro gli otto giorni, secondo l'antica tradizione cristiana, e si riteneva che battezzando un bambino entro le ventiquattro ore dalla nascita, si liberasse dal purgatorio l'anima di un defunto parente. Accompagnare, invece, il bambino al fonte battesimale, è un compito riservato alla levatrice in sostituzione della madre del nascituro, perché ancora «impura», in attesa del rito della purificazione, *inghjsciassi*, previsto quaranta giorni dopo il parto. L'uscita per la purificazione è il primo atto pubblico della donna, dopo la nascita del figlio, per ricevere la benedizione dal prete[81] e da questo momento a pieno titolo è solo lei che si prende cura del figlio senza più nessuna mediazione. L'affetto materno profondo viene anche cantato dalla ninna-nanna, con cui la madre affida il proprio figlio a Dio perché lo custodisca da ogni male, in particolare dal

---

[77] *Punghi o breves* sono dei pezzi di stoffa a forma di rombo o quadrati, dentro i quali si pone una reliquia o un pezzo di corallo oppure qualche preghiera, e vengono cuciti. Queste punghe si portano sempre addosso, cucite ai vestiti o appese al collo.

[78] Specie di scapolari di natura profana, preparati da *maiagli* (maliardi), contenenti fogli di antichi libri liturgici, responsori di sant'Antonio di Padova, ecc.

[79] Egli si trova infatti ancora nello stato iniziale, gli manca la parte spirituale che gli permette di vivere; cf. Gn 2,7.

[80] Evidente richiamo alla presenza storica nell'isola dei turchi che, essendo musulmani, non erano battezzati.

[81] *Benedizione della donna dopo il parto*, in *Rituale dei Sacramenti e dei Sacramentali*, Editrice Vaticana - Marietti, Roma 1966, p. 182.

Maligno. Eccone un esempio tratto dal libro di Azara Maria[82].

Sia un sonnu profundu
si Deu si cumpiaci
a tre ori giocundu
possi sciuttati in paci.
Drummiti vorraria
dròmmiti alò alò
ninnia ninninnia.

Conclusione

Per la cura del neonato, la ritualità offre una doppia struttura celebrativa in ambito familiare affidando l'azione da principio alla levatrice fino al battesimo, e solo alla fine alla madre. Il loro intervento rituale è connesso con atti rivolti soprattutto a tutelare la salute fisica e spirituale del bambino dalle contaminazioni esterne di tipo magico, per mezzo di gesti simbolici di carattere apotropaico ed espressioni culturali di diversa provenienza con l'aggiunta di segni sacri della tradizione cristiana, i quali sono ormai connessi in modo sincretistico con questi ultimi.

---

[82] M. AZARA, *Tradizioni popolari della Gallura*, p. 77.

Culto dei morti

L'«innaturale» condizione della morte nella cultura sarda gallurese

A ogni uomo il fenomeno morte[83] è tanto familiare quanto quello della vita, e a queste due situazioni egli ha sempre cercato di dare delle risposte. Il tema della morte assume nella ritualità una tale importanza che essa sarebbe considerata la vera origine della religione stessa e va certamente vista come esperienza fondamentale. Il prevalere della sua connotazione in ambito riflessivo e rituale presso le diverse culture rappresenta il significato negativo della concezione della vita come esperienza esclusiva, condizionata da un'azione di distruzione, una cessazione dell'unica esistenza. Per la cultura arcaica, come quella popolare sarda, la morte è considerata come innaturale, dovuta spesso non a causa naturale ma «provocata» da qualche agente esterno, che viene ricercato e identificato nel confronto con una realtà, che definisce la morte quasi illogica[84], e dalla quale tenta subito di separarsi tramite un'inter-

[83] PH. ARIES, *Essais sur l'histoire de la mort en Occident du moyen-age à nos jours*, Seuil, Paris 1975; IDEM, *L'homme devant la mort*, Seuil, Paris 1977; L.V. THOMAS, *Anthropologie de la mort*, Payot, Paris 1976; W. FUCHS, *Le immagini della morte nella società moderna*, Einaudi, Torino 1973; E. KUBLER ROS, *La morte e il morire*, Cittadella, Assisi 1976; C. VOGEL, *Le banquet funéraire paléochrétien: une fete du defunt et des survivants*, in AA.VV., *Le christianisme populaire. Les dossiers de l'histoire*, Centurion, Paris 1976; *Ordo Exequiarium*, Editio Typica, Typis Poliglottis Vaticanis, Roma 1969; H.U. VON BALTHASAR, *I novissimi nella teologia contemporanea*, Queriniana, Brescia 1967.

[84] «Dovunque, nelle società inferiori, la morte, richiede una spiegazione diversa dalle cause naturali. Secondo le osservazioni spesso fatte, quando si vede un uomo morire, sembrerebbe che il fatto avvenga per la prima volta e che non se ne sia mai stati testimoni [...]. Le cause che conducono inesorabilmente alla morte di un uomo in un numero di anni che non può superare certi limiti, l'usura degli organi, la degenerescenza senile, il rallentamento delle funzioni non sono legati in modo necessario alla morte [...]. Se, dunque, a un dato momento, la morte sopraggiunge, è entrata in gioco una forza mistica» cf. L. LEVY-BRUHL, *La mentalità primitiva*, Boringhieri, Torino 1982, p. 20.

pretazione che cerca immediatamente la sua origine. Un'altra caratteristica della morte pare essere quella di un avvenimento che porta delle conseguenze di crisi di tipo comunitario, obbligando a una reazione rituale di difesa, per un superamento della morte in una direzione di immortalità. Il fenomeno di reazione comunitaria non si esaurisce nella sola presa di coscienza che è venuto a mancare un rappresentante familiare, indebolendo così la propria comunità, ma consiste anche in una dimensione affettiva-emotiva del gruppo da dover gestire. La nuova condizione esige una elaborazione del lutto e impone un cambiamento nello stile di vita e di abitudini di colui che è stato colpito dal lutto, costringendolo dunque a un confronto per il superamento dello stato di crisi. La risposta del singolo e della comunità parentale è di tipo ambivalente, in quanto il defunto viene considerato dalla famiglia stessa anche nel suo aspetto ambiguo, cioè come un potenziale aggressore dal quale ci si deve difendere ritualmente a motivo della sua carica negativa perché appartenente al mondo misterioso degli spiriti. Tale credenza esprime il desiderio di reazione alla potenza sconvolgente della morte per riacquistare lo stato di benessere perduto e infine, per liberarsi dal senso di impotenza e di paura originato dal rapporto con l'evento morte. Vi è dinanzi al tema della morte un tipo di reazione immediata, spontanea che è come se soddisfacesse a una evidente esigenza di un nuovo equilibrio individuale e comunitario, ma che in fondo non colma del tutto la tragedia del distacco e della solitudine dinanzi a un'assenza affettiva. La risposta del rituale popolare, fatta di pianto funebre, drammaticamente messo in scena dalle *praeficae* o *attitadora*[85], di lutto, cioè la trasformazione della morte di una persona legata da affetto, in un modulo non originale ma dettato da uno schema fisso di tipo sociale, tradizionale, che diviene un dovere verso il defunto e per non incorrere in nefaste conseguenze, oppure la presa di

[85] Per la descrizione del significato della figura dell'*attitadora*, si rimanda più avanti, alla nota 96 di questo capitolo.

coscienza del lutto come una decisione addirittura di rinuncia a vivere, tutto questo offre un percorso complementare alla razionalizzazione dell'evento, in quanto questo non è quasi mai raggiungibile dall'attore funebre. La ritualità funebre funge da fattore riequilibratore per far fronte al mistero della morte, che sfugge alla comprensione della realtà e che consente di procedere in avanti nel cammino della vita.

L'incontro con le anime dei morti e funzione salvifica del rito

Un altro aspetto caratteristico, sempre legato al tema dominante della morte, è la sorte riservata all'anima del defunto e l'influenza esercitata da questa nei confronti dei vivi. L'anima, nell'esperienza della religiosità popolare, è rivestita di un suo potere immanente, ha una libertà di azione, di movimento propria e questa sua indipendenza incute paura: la paura degli spiriti. Il termine spirito è rivestito di diversi significati, in genere però tale vocabolo indica l'anima del defunto, la sua apparizione come fantasma, e in quanto tale egli è un essere buono o cattivo. Lo spirito appare per recare avvertimenti o per spaventare e possedere qualcuno, per esempio colui che si suicida diventa uno spirito vagante, senza pace, costretto a oscillare tra il mondo degli spiriti e la vita degli uomini, così anche per coloro che muoiono di morte violenta, costoro diventano spiriti adirati e richiedono rituali in loro favore per poter essere placati. Anche coloro che non trovano una dimora nel seppellimento perché risultano dispersi sono esseri disperati e la loro preoccupazione è quella di inviare messaggi ai parenti per il ritrovamento e il seppellimento del loro corpo, condizione necessaria per trovare pace. Le preghiere più interessanti sono proprio quelle di combattimento contro le anime dei dannati, *la reula*[86], che

[86] Le anime dei dannati che vagano nella notte, in luoghi particolari, come le sorgenti d'acqua, i crocicchi delle strade, i cimiteri, in cerca di

condiziona la vita dei vivi e che può causare la morte di un principio vitale, appartenente anche agli altri esseri animali e naturali. Infatti per il mondo del popolare la natura è abitata. L'aspetto religioso contenuto nelle preghiere rituali prese in considerazione dice invece la presenza della funzione salvifica del rito con una connotazione propriamente cristiana, che consente all'uomo il raggiungimento della salvezza tramite il superamento della morte in una prospettiva di vita nuova per il defunto e di superamento dell'angoscia per l'uomo toccato dalla crisi della morte. Il recupero salvifico è affidato alla intercessione della beata vergine Maria, a san Pietro[87], a sant'Andrea[88], a san Paolo[89], a san Bartolomeo[90] e a san Martino di Tour[91]. Nella cultura popolare sarda-gallurese, il fenomeno naturale ma nello stesso tempo misterioso, ricopre sempre un suo interesse, confermato dalla antica tradizione orale e da altri documenti pervenutici: reperti archeologici, testimonianze scritte di antichi autori. Nonostante il trascorrere dei millenni, alcune antiche tradizioni sono ancora vive, l'insularità ha favorito la conservazione di usi e costumi che hanno le loro radici in un lontano passato e che narrano le nostre origini. Il culto dei morti in Sardegna, secondo alcuni studiosi, si fonda nel neo-eneolitico, e tra le modalità di sepoltura più antiche fatte emergere dall'archeologia vi è quello in grotta[92]. Il cadavere vi era posto in posizione rannicchiata, uso che si ritrova diffuso in varie popolazioni della terra, posizione intorno alla quale la scienza ha creato le sue ipotesi:

---

persone di cui impossessarsi. Il rito dell'esorcismo denominato delle *parauli folti*, può consentire l'atto di liberazione dalla possessione. Cf. per il testo della preghiera *Li parauli folti*, la nota 6 del capitolo terzo.

[87] *Il grande libro dei santi. Dizionario Enciclopedico*, E. GUERRIERO - D. TUNIZ (a cura di), San Paolo, Cinisello Balsamo 1998, pp. 1603-1611.

[88] *Ivi*, pp. 125-127.

[89] *Ivi*, pp. 1567-1587.

[90] *Ivi*, pp. 245-246.

[91] *Ivi*, pp. 1385-1388.

[92] V. LANTERNARI, *Preistoria e folklore. Tradizioni etnografiche e religiose della Sardegna*, L'Asfodelo editore, Sassari 1984, p. 107.

– ipotesi possibilistica: il defunto sarebbe deposto nell'atteggiamento di colui che dorme;

– ipotesi economica: ispirata alla utilizzazione minima di spazio;

– ipotesi embriologica: seppellimento in posizione fetale; la posizione occupata nel seno materno prima della vita terrena viene assunta anche dopo la morte, quasi una nuova incarnazione.

A queste ipotesi, oggi se ne aggiunge un'altra che considera la posizione di seppellimento rannicchiata, un modo di rappresentare il senso della morte dei vivi, l'esistenza dell'indipendenza dello spirito, il cadavere, con il suo spirito, deve essere incatenato per sempre, per impedirgli di tornare tra i vivi a funestarli[93]. Simile a questo tipo di sepoltura in grotte è quello denominato *domus de janas*, o case delle streghe, o fate, che appartiene al tipo di ipogeo a camera. Altri tipi di sepoltura sono i *dolmens*, presenti nel territorio della Gallura e i circoli tombali, meglio conosciute con *tombe dei giganti*. I *dolmens* sono sepolture che oggi appaiono a giorno, ma che pare in origine fossero a tumulo, mentre i circoli tombali sono *dolmens* circondati da cerchi di pietre. Tutte queste strutture tombali avevano probabilmente la funzione caratteristica di difendere i vivi dal defunto isolandolo, rendendolo inoffensivo. Il defunto incuteva paura, la sua potenza prevaleva a volte su quella dei vivi, che a essa si abbandonavano, sicché la loro vita era regolata da quella dei morti e i vivi già vivevano nell'ombra dei morti[94]. Nella Barbagia è diffusa l'idea che il defunto sia un essere dotato di potenza malefica: se uno ha un incubo durante la notte, si dice di lui che lo hanno *arriadu sos mortos*, caricato del peso dei morti, i quali possono essere causa di calamità e di spavento.

Il popolo esorcizza con preghiere e scongiuri la paura

[93] R. Pettazzoni, *La religione primitiva in Sardegna*, pp. 140-141.

[94] G. Van Der Leeuw, *Fenomenologia della religione*, Boringhieri, Torino 1975, p. 100.

dell'incontro con le anime dei defunti, incarnate negli animali *vuglietti*, con i solitari *suleddi*, che vanno in giro durante la notte, con lo spirito di un ladro, che vaga a mezzogiorno e a mezzanotte trascinando la pelle di un bue o di un cavallo *lu traicoggju*, con lo spirito di una donna vecchia che entra nelle case la notte di Natale: *la palpaccia*, con *lu Pundacchju*, letteralmente si tratta di un incubo improvviso durante il sonno, ma nei racconti incarna il servo di san Martino, che ha un aspetto goffo e porta in testa sette berretti: la sua caratteristica è di infastidire le belle donne e gli uomini, se affascinanti, col palparli. A chi gli porta via uno dei sette berretti, è disposto a concedere qualsiasi favore pur di riaverlo. Un altro brutto incontro è quello con la *reula*, la traduzione è di tregenda, transito, via, oppure, come nei racconti popolari dei paesi nordici, indica la processione di spiriti penitenti, che si incontrano durante la notte. I componenti di questa processione vestono di bianco e tengono in mano un cero acceso, il loro rito non inizia prima di mezzanotte e non si protrae oltre il terzo canto del gallo, all'alba. Se, nell'incontrare questo corteo, uno riconosce nel gruppo dei morti un amico ancora in vita, questi morirà entro l'anno, mentre se della compagnia fa parte qualche parente o compare di battesimo morto, la *reula* non recherà alcun male. Un mezzo efficace per difendersi dalla *reula* è soprattutto la preghiera detta *Li dodici parauli* o *Li parauli folti*, che analizzeremo più avanti. Fa parte della credenza popolare ritenere che in stato di malattia grave l'essere visitato nel sonno da un defunto, sarebbe stato considerato presagio di morte. Molti sostengono di vedere i morti e comunicare con loro, alcuni fanno parte di categorie di persone dedite alla magia o all'evocazione degli spiriti, oppure guaritori, o maliarde; altri pur non facendo uso di azioni rituali, dicono avere un dialogo anche visivo con le anime dei morti in modo spontaneo. Di fronte allo spavento che la visita dei defunti può causare ci sono però dei rimedi: la recita di preghiere particolari o di scongiuri; far dire al defunto che si manifesta il suo nome, come per dominare il defunto, vincerlo. È presente un'altra tradizione che conferma questo stato di paura verso i defunti: al momento della sepoltura, gli uomini che partecipano al rito prendono un pugno di sabbia e lo gettano sulla bara. L'interpretazione più accreditata è quella di trovarsi dinanzi a un gesto di scongiuro, espressione di uno stato emotivo di paura del defunto e del desiderio di non vedere più il suo spirito ma di sotterrarlo, nasconderlo. Anche il luogo in cui essi dimorano o sono morti è considerato un luogo particolare, da cui bisogna fuggire o da far benedire, prima di essere abitato. Un'altra caratteristica sempre in relazione con le anime dei defunti, è l'estensione del timore anche per alcune ore del giorno o della notte: alle dodici, a mezzogiorno e alle ventiquattro, la mezzanotte, le anime dei defunti possono manifestarsi, per cui durante quelle ore non è bene attraversare il luogo dove è posto il cimitero, non è bene sostare presso le fonti, o nei crocicchi di campagna. Occorre sfuggire all'incontro con le anime dei defunti, che a quelle ore possono rendersi presenti[95]. C'è un rito arcaico, sempre legato al tema della morte, e che resiste al tempo, che è fonte di approfondimento tra gli antropologi per il dramma espressivo ed emotivo che suscita in chi vi prende parte e che si compie in occasione dei funerali. Mette in scena rituale la paura della morte sotto forma di una ostentata indifferenza e allontanamento

[95] A mezzogiorno il sole raggiunge lo zenith, a mezzanotte è del tutto assente: ciò provoca la scomparsa delle ombre e permette a coloro che sono senza ombra, perché immateriali, di muoversi liberamente. Una credenza analoga è descritta da Van Der Leeuw anche in Africa occidentale: cf. G. VAN DER LEUW, *Fenomenologia della religione*, p. 230. Il mondo degli spiriti, poi, oltre a una localizzazione nel tempo ne ha anche una nello spazio: le tombe, il luogo in cui uno è morto, la foresta, alcune montagne, la chiesa di notte. Anche la liturgia tiene conto di ciò facendo pronunciare la rinuncia battesimale a Satana verso l'Occidente, dimora del Maligno (cf. CYRILLE DE JERUSALEM, *Catéchèses mystagogiques*, Les Editions du Cerf, Paris 1966, SC 126, 1 2).

dal defunto. Le prefiche, o *attitadora*[96], coloro che guidano l'antico rito funebre dell'*attitu*, quando entrano in casa del defunto, si recano nella stanza dove è deposta la bara, ma all'inizio fanno finta di non vedere, oltrepassando il defunto. La morte non viene accettata, viene anzi allontanata, respinta. Solo quando le donne alzano lo sguardo, erompono

[96] «*Attittare* viene normalmente interpretato come derivato di *attizzare*, esortare alla vendetta. A me questa derivazione sembra improbabile [...]. La presenza della Attittadora era prescritta non soltanto nei casi di morte violenta [...] ma anche per i casi di morte naturale [...] per un morto (non giovane) di morte naturale l'eccitazione doveva essere contenuta in modo da evitare che entrasse nella dimensione del *tesu*. L'*attitu* aveva non la funzione particolare di eccitare alla vendetta ma quella di formulare un giudizio collettivo ad alta definizione sulla figura dell'estinto quale che fosse stata la causa della morte (Lévi-Strauss direbbe che serviva ad introdurre un principio d'ordine nel caos generato dalla morte a dominare l'evento naturale con la cultura). Era una forma di necrologia pregutemberghiana, sia retribuita sia gratuita, come le necrologie a pagamento o redazionali. L'alta definizione naturalmente doveva essere cercata nell'uso poetico (metrico, ritmato, rimato e cantato) della lingua [...] nessuno si è mai chiesto il perché *l'attitu* dovesse essere opera di donne e mai di maschi, perché ci fossero *attittatoras* e non *attitatores*. La ragione a mio avviso va cercata nel fatto che i maschi non potevano *attittare*, perché in origine *l'attitu* era un rito la cui efficacia simbolica era data non tanto da segni verbali quanto da una sequenza di gesti culminanti nel dare la mammella (*sa titta*) al defunto, nel tentativo di allattarlo per farlo rinascere. L'*attitu* era questa operazione unita alle parole che venivano cantate con lo stesso ritmo e con la stessa metrica delle ninna nanne, caricate però di toni drammatici esasperati del resto anche nell'allattamento non era infrequente che il tema della ninna nanna fosse qualche sciagura [...] attittare è dunque compiere il gesto di allattare senza latte uno che non può più essere allattato, il morto. In ogni modo questa spiegazione oggi e fino a prova contraria, mi pare la più plausibile sotto ogni punto di vista. Per suffragarla si può aggiungere un riferimento alla ricca iconografia dei morti tenuti sulle ginocchia (dal bronzetto nuragico di madre con figlio chiamato da Lilliu "La Pietà" ai gruppi statuari e ai quadri rappresentanti la pietà cristiana della Madonna). E in un film di I. Bergman, *Sussurri e Grida*, è rappresentata una scena di *attitu* nel senso da me proposto. Del resto i morti venivano ninnati come bambini dalle madri o dalle parenti anziane. Quanto all'atteggiamento interno della cultura paesana nei confronti delle *attittatoras* retribuite, questo si è fatto negativo solo di recente. In realtà esse venivano considerate come specialiste, le loro referenze erano sacre, più che profane». Cf. M. PIRA, *La rivolta dell'oggetto. Antropologia della Sardegna*, pp. 93-94.

in alte grida: alla vista del defunto esplode l'angoscia della morte e tutta la loro ritualità esprime questa angoscia: si strappano i capelli, si agitano, dondolano il proprio corpo e cantano la storia del defunto. Il rito del «non vedere il morto» si riscontra anche in altre civiltà, per esempio in Australia centrale: quando uno muore, tutti i parenti si allontanano e abbandonano il villaggio per farvi ritorno dopo tre mesi[97]. I riti di isolamento del cadavere stabiliscono un distanziamento dal morto, perché la sua potenza può diventare pericolosa per la comunità. I defunti però sono anche benefici, proteggono la loro gente, come per esempio la figura del compare nella *reula*, liberano gli uomini da alcune disgrazie. Aristotele narra[98] che in Sardegna v'era l'usanza di dormire presso le tombe degli eroi; questi erano i figli di Eracle e delle Tespiadi, che, condotti da Iolao, colonizzarono la Sardegna, e i loro corpi rimasero intatti anche dopo la morte[99]. Gli eroi mitizzati erano gli avi sardi, come sarda era la pratica dell'incubazione nelle loro tombe. Dalla pratica locale dell'incubazione nacque il mito degli eroi addormentati in un sonno secolare. Dal rito nasce qui il mito. L'incubazione, per il popolo sardo, aveva un fine terapeutico: si dormiva per alcuni giorni presso le tombe degli avi al fine di liberarsi da apparizioni, incubi e visioni tremende. Anche Tertulliano afferma che in Aristotele si narra di un eroe sardo che liberava dalle visioni tutte le persone che dormivano presso il suo santuario[100]. I luoghi dove avveniva questa pratica sono stati individuati nei monumenti, simili ai *dolmen*, denominati *tumbas de sos*

---

[97] V. LANTERNARI, *Preistoria e folklore*, p. 113.

[98] ARISTOTE, *Physique*, texte établi et traduit par H. Carteron, Le Belles Lettres, Paris 1966.

[99] R. PETTAZZONI, *La religione primitiva in Sardegna*, p. 5.

[100] Q.S. FL. TERTULLIANUS, *De anima*, cura et studio J. H. Waszink, in *Tertulliani opera*, 11, *Opera montanistica*, Turnholti, Brepols 1954 (Corpus Christianorum. Series latina, 2), XLIX, 2: «Aristoteles heroem quendam Sardiniae notat incubatores fani sui visionibus privantem».

gigantes, tombe dei giganti, che si sono conservati nei secoli e che ancor oggi possiamo ammirare, come patrimonio archeologico.

Le tombe dei giganti sono in stretta connessione con i nuraghi, sono infatti ritenute le sepolture della tribù che abitò i nuraghi. L'uomo, nell'addormentarsi presso la tomba degli avi, per mezzo del sonno entrava in contatto con loro e veniva liberato da visioni, incubi, che di solito venivano causati da defunti non appartenenti alla famiglia. Nelle tombe dei giganti, datate posteriormente rispetto alle *domus de janas*, la suppellettile rinvenuta è molto scarsa rispetto alle prime, mentre sono numerosi gli oggetti rinvenuti all'esterno delle tombe megalitiche, nell'area cioè destinata all'esecuzione dei riti, nel grande semicerchio di pietra, alla tomba di famiglia, *domus decana*, è subentrata quella della società. L'antico rito dell'incubazione presso le tombe degli avi della tribù, col passare dei secoli e con l'avvento del cristianesimo non si è estinto del tutto, ma ha subito delle trasformazioni. Il territorio della Sardegna centrale, presenta ancora delle tracce di questa antico rito, ne sono segno la presenza di piccoli santuari attorno ai quali si trovano delle casette chiamate *cumbessias*, dove per nove giorni ininterrotti i pellegrini alloggiano in attesa della festa religiosa. I fedeli accorrono a questi luoghi sacri per chiedere e ottenere delle grazie, guarigioni fisiche e spirituali, oppure per ringraziare Dio e i santi per qualche grazia ricevuta, oppure ancora per adempiere qualche voto fatto a Dio. Sono patrimonio spirituale dell'intera isola i santuari di Gonare, a Orani, del miracolo di Bitti, di san Francesco di Lula, di san Costantino a Sedilo. Anche la Gallura ha conservato l'antico rito, anche se parzialmente. Infatti pur essendo presenti numerose chiesette campestri, legate alla struttura sociale dello stazzo, queste ugualmente, nel periodo della festa, diventano meta di pellegrinaggi, e al loro interno nei tempi passati si trascorreva la notte, dopo aver fatto festa tutto il giorno. Nell'interpretazione degli studiosi c'è dunque, continuità storica tra la ritualità arcaica e la religiosità dell'uomo contemporaneo, la pratica dell'incubazione, in modo sincretistico è stata integrata dal culto dei santi patroni, la figura degli avi ha ceduto il posto a quella dei santi, e i loro santuari sono la nuova sede di una presenza divina.

Documentazione

Li dodici parauli

Questa preghiera, che è stata riportata per esteso in relazione al commento sul rito di Rappaport (cf. pp. 77-84 in particolare la nota 6) viene qui commentata a partire dal rapporto che essa intrattiene con la paura dei morti.

Questa lunghissima preghiera, conosciuta con il titolo di *Li dodici parauli*, le dodici parole, ha una estensione di conoscenza comune alle diverse zone della Sardegna ed è ritenuta come la più efficace di tutte le preghiere popolari. Si può applicare a qualsiasi circostanza: morte, paura, spiriti, demoni, temporali e la si utilizza però solo come estremo rimedio per un grave male. La composizione denota la presenza di racconti popolari, richiami biblici, liturgici, alternati e ritmati secondo una numerazione particolare: dodici numeri. Si è già accennato al legame delle preghiere coi numeri, soprattutto con i numeri simbolici della Scrittura. Per i ricercatori del campo etnografico sardo, le preghiere popolari hanno una provenienza dotta, a motivo delle copiose citazioni biblico-teologico-liturgiche[101]. Io non sarei dello stesso parere, in quanto, pur essendo vero che alla base del patrimonio orazionale c'è una catechesi, o una predicazione, col passare del tempo questa è stata assimilata dal popolo e trasmessa nelle forme peculiari della tradizione orale. La carenza dei libri e il ridotto

[101] M. ATZORI - M. SATTA, *Credenze e riti magici in Sardegna. Dalla religione alla magia*, Chiarella, Sassari 1983, p. 119.

grado di alfabetizzazione permetteva un unico modo di conservare la tradizione che consisteva nel «tenere a mente», a memoria gli avvenimenti, la storia, la catechesi, i testi biblici e poetici in lingua sarda. Per la sua forma orale è un patrimonio, messo a rischio dal nuovo contesto culturale contemporaneo, nonostante si segnali un movimento di risveglio in tutta l'isola per la sua conservazione e per il riconoscimento della lingua e anche per il suo inserimento nella liturgia. Per quest'ultimo aspetto culturale e liturgico si vedrà di tracciare alcune piste di riflessione alla fine del lavoro.

Dopo questa parentesi ritorniamo al testo della preghiera *Li dodici parauli*, che secondo la tradizione è stata composta da san Martino, e racconta che una notte il diavolo, subito dopo la mezzanotte, si presentò, sotto le spoglie di un giovane, alla porta di una casa dove abitava una fanciulla, la cui anima era stata venduta dalla madre al futuro genero, il diavolo appunto. San Martino si trovava come ospite in quella casa e quando si presentò il diavolo, dialogò con lui a porte chiuse, smascherandolo per mezzo delle «dodici parole». Dopo il confronto, ordinò al diavolo di tornare alla sua dimora, così san Martino salvò la fanciulla dal demonio e continua a salvare da demoni, spiriti, paura, temporale e cattivi incontri, quelli che con fiducia si rivolgono a lui con la preghiera di liberazione. Dopo la recita della preghiera si consiglia di allontanarsi al più presto dal luogo infestato, senza voltarsi, a meno che non si incontri e si debba attraversare qualche fiume o ruscello, perché l'acqua è invalicabile per gli spiriti. Come già detto, a mezzogiorno e mezzanotte, nel momento in cui vengono a mancare le ombre, che sono segno di presenza e di vita, si pensa che allora tutto si fermi. Ogni spirito perciò è libero di agire e tutto può succedere. La preghiera va recitata in ginocchio e ripetuta tre volte, seguendo l'ordine esatto, per conservare la sua efficacia:

dalla prima strofa alla tredicesima;
dalla tredicesima alla prima;
dalla prima alla tredicesima.

Lu strobbu

Santo Bonaintura
gruci pultàa in pettu
e gruci pultàa in 'ula
e né liatu e né tentu
e né tentu e né liatu
e né da colti affarratu
né da pilotta culatu
né da focu abbampatu
e né da riu periculatu
e né da fiddolu molt'a latu
li chjai si Santu Petru
né a dananzi e né daretu
Nostra Signora cun lu so' mantu
ci lu lampia innantu
Patri e Figlio e Spiritu Santu[102].

Lu strobbu è uno spavento catatonico, che ha origine da visioni, incontri con spiriti di persone defunte, oppure è provocato da qualche sciagura improvvisa. Tale spavento, determina stati d'animo di carattere patologico che solo per mezzo della ritualità potrà essere superato. Con questa o altre simili preghiere si cerca di esorcizzare il male, ricorrendo alle figure potenti e benigne perché mettano il malcapitato al riparo dagli spiriti. Tutto ciò avviene per l'intercessione di san Bonaventura, protetto lui

[102] San Bonaventura / una croce portava al petto / e una croce portava intorno al collo / né legato e né trattenuto / né trattenuto e né legato / né dalla corte afferrato / né da pallottola trapassato / né da fuoco avvampato / né affogato nel fiume / né da figlio ucciso al suo fianco. / Le chiavi di San Pietro / né davanti né di dietro (libero da ogni male) / Nostra Signora col suo manto / ce lo getti su (ci copra). / Padre, Figlio e Spirito Santo.

stesso dalla croce di Cristo, di san Pietro, che ha il potere di far accedere alla salvezza o al contrario di destinare al fuoco eterno i dannati, o per intercessione di Maria, che protegge col suo manto infondendo sicurezza. Alla fine c'è l'invocazione trinitaria conclusiva la quale suggella e conferma la preghiera. Si recita all'inizio di un viaggio, dopo aver segnato con la croce la direzione del percorso da attraversare.

La reula

Gjesù Cristu Nazarè
era re di li Gjudei
miserere nostri
miserere mei.

Gjesù
passu in mezzu
biaru e lassu
laudu e tassu
miserere Gjesù.

Gjesù
miserere Gjesù
passu in mezzu
vìdimi e lassa
lauda e trassa
miserere Gjesù.

Miserere Gjesù
chi nuttata impriata
nostra Signora avvocata
mi ni bòchia da mezzu[103].

---

[103] Gesù Cristo nazareno / era re dei Giudei / abbi pietà di noi / abbi pietà di me. / Gesù / passo in mezzo / vedo e lascio / lodo e taccio / abbi pietà Gesù. / Gesù / abbi pietà Gesù / passo in mezzo / guardami e lascia / loda e transita / abbi pietà Gesù. / Abbi pietà, Gesù / che nottata impegnata (brutta) / nostra Signora invocata / mi tolga dal pericolo.

Abbiamo già visto il significato della *reula*, per cui si rimanda alla p. 137 di questo testo per la sua definizione e interpretazione come fenomeno religioso. La preghiera corrispondente è un'altenativa, alla versione più conosciuta denominata delle dodici parole, rimedio allo stato di paura originato dalla visione della processione delle anime penitenti, che vagano cercando di unire alla loro schiera le persone che incontrano. Sono vivi nella memoria degli anziani racconti su persone che, dopo aver avuto la visione della *reula*, sono impazzite o morte, a causa dello spavento. La preghiera ha una struttura semplice, formata da quattro strofe da recitare di seguito, ritmate dal suono delle parole che elaborano il ritmo della recitazione. È un'invocazione di pietà, *miserere Gjesù*, rivolta a Gesù Cristo, perché conceda di «far passare», oltrepassare, dal cattivo incontro con l'ausilio di Maria, nella sua funzione di guida nel processo di liberazione dagli «assalti» spirituali.

Reula minore

Mi focciu la gruci illu fronti
Deu mi 'aldia di mali affronti
domini e Patri
Agnulu e Cristu
mi focciu la gruci
chi si fèsi Cristu,
tene chi passia e transia.
Patri, Figliu e Spiritu Santu[104].

Di fronte alla paura dominante delle anime dei defunti, la seguente azione rituale invoca l'aiuto di Dio, di

[104] Mi faccio il segno di croce in fronte / Dio mi salvi dai cattivi incontri. / Signore e Padre / Angelo e Cristo / mi faccio la croce / che si fece Cristo / finché io passi e attraversi (questo luogo). / Padre, Figlio e Spirito Santo.

Cristo, dello Spirito Santo e dell'angelo. La gestualità in questo caso è ridotta al semplice segno di croce sulla fronte dell'infermo. Una piccola variante rituale è rappresentata dalla recita della seguente preghiera per chi si trova nella condizione di oppressione spirituale di paura. All'anima del defunto si rivolgono queste parole:

No pudemu 'inè, chi emu di misurà lu sali[105].

È il rifiuto del dialogo col defunto per non essere coinvolti in cattive sorprese. Il mezzo strumentale di allontanamento non è tanto il lavoro da compiere, quanto il segno del sale come elemento naturale per scacciare gli spiriti. Il sale dunque come elemento apotropaico, di difesa dal male. Per scongiurare il malaugurio, nella eventualità di un contatto con una persona deceduta, ci si avvicina al cadavere, gli si tocca la fronte o il piede e ci si segna, recitando una preghiera di difesa dal pericolo rappresentato dal defunto.

Ti prutestu

Ti prutestu pal palti di Deu
e di Nostra Signora
e di la colti celestiali
chi tu non mi facci mali
e felmati chi[106].

---

[105] «Non possiamo venire, perché dobbiamo misurare il sale». Il significato simbolico del sale è legato al suo uso nell'antichità. Omero ne esalta il carattere divino, infatti veniva usato come mezzo di purificazione nei sacrifici. A Roma lo si metteva sulle labbra dei neonati perché li proteggesse. Nei diversi racconti dei riti «sabba» delle streghe tutti i cibi del banchetto infernale sono privi di sale, e infine l'uso del sale nella liturgia, per esempio nella benedizione dell'acqua lustrale e nel precedente libro rituale del battesimo prima del rinnovamento del concilio Vaticano, al neonato veniva messo sulle labbra un po' di sale.

[106] Ti protesto da parte di Dio / e di Nostra Signora / e della corte celestiale / che tu non mi faccia del male / e fermati lì.

Si recita tre volte facendosi il segno di croce sulla lingua prima della «protesta» e immediatamente dopo, perché lo spirito del defunto non si impadronisca della persona che vede il cadavere[107].

Dove è stato ucciso qualcuno si incide una croce su un sasso o su un albero vicino. Se la morte è avvenuta presso il mare, la croce la si incide su uno scoglio, si evita di calpestare il tratto di terreno dove qualcuno ha perso la vita e, passandovi vicino, ci si fa il segno di croce, poiché il morto ritorna sul luogo della sciagura.

Riti Ciclici

Fenomeni naturali: breve sguardo alla storia comparata delle religioni

Questa nostra ricerca si spinge ad analizzare i grandi fenomeni naturali[108] a livello di storia delle religioni per

---

[107] M. AZARA, *Tradizioni popolari della Gallura. Dalla culla alla tomba*, p. 270.

[108] P. PETTINELLI, *Saggio di una teoria generale dei fenomeni naturali*, Tipografia D. Bertolotto e C. Savona, 1904; AA.VV., *Fenomeni naturali e avvenimenti storici nell'antichità*, a cura di M. Sordi, Vita e pensiero, Milano 1989; K. MAINWARNING, *I danzatori della pioggia*, traduzione di G. Bulla, Comune di Venezia, Venezia 2003; L.T. MIRANDI, *Vento, terra, pioggia, fuoco: elementi, S. Gabriele*, Editoriale Eco, Teramo 2002; AA.VV., *Relazione documentata del miracolo della pioggia ottenuto dalla SS. Vergine del Rosario venerata nel Duomo di Montagnana*, Circolo filatelico numismatico, Montagnana 1986; AA.VV., *L'illuminismo e la filosofia del disastro. Voltaire, Rousseau, Kant*, Mondadori, Milano 2004; B. STERLING, *Fuoco Sacro*, Editore Fanucci, Roma 2000; E. ANGIULI, *Il fuoco sacro: demologia fra dibattito e ricerca*, in Atti del Convegno (San Marco in Lamis, 24-26 settembre 1981), Quaderni del sud, Lamis 1982; A. CONSOLI, *Il fuoco sacro*, Aura, Udine, 1990; ARISTOTELE, *Il cielo*, Bompiani, Milano 2002; G.W.F. HEGEL, *Filosofia della natura: la lezione del 1819-1820*, a cura di M. Del Vecchio - F. Angeli, Milano 2007; M. ALCARO, *Filosofie della natura: naturalismo mediterraneo e pensiero moderno*, Manifestolibri, Roma 2006; M. BRUNO, *Lo sguardo dei cosmologi*, Marsilio, Venezia 2006;

introdurre adeguatamente ciò che serve al nostro tema: le preghiere popolari sarde sono sempre in relazione ai grandi fenomeni della natura e dunque non si può prescindere da una conoscenza dell'intreccio che nella grande storia delle religioni avviene tra mondo naturale e il mondo religioso proprio dell'*homo religiosus*. I fenomeni naturali, soprattutto nell'antichità, hanno suscitato nell'uomo grande interesse «religioso», anche se dobbiamo precisare che non si è mai adorato né la natura né alcun oggetto o fenomeno naturale in quanto tale, ma sempre l'atteggiamento religioso dell'uomo si è rivolto alla potenza che in essi si manifesta.

Al significato e al rapporto tra religione e fenomeni naturali ha dedicato un'attenzione particolare Max Muller, il cui contributo, anche se non possiamo accoglierne le conclusioni, ci sembra d'aiuto nell'accostare la religiosità sarda, nella quale sono strettamente intrecciati temi cristiani e temi della religiosità cosmica pre-cristiana.

P. HADOT, *Il velo di Iside: storia dell'idea di natura*, traduzione di D. Tarizzo, Einaudi, Torino 2006; A. FALCON, *Aristotle and the science of nature: unity without uniformity*, Cambridge University Press, Cambridge 2005; S. HAWKING - L. MLODINOW, *La grande storia del tempo*, traduzione di D. Didero, Rizzoli, Milano 2005; AA.VV., *Teologie della creazione e scienze della natura*, in Atti del Convegno Teologie della creazione e scienze della natura: vie per un dialogo in prospettiva interreligiosa (Trento, 28-29 maggio 2003), a cura di V. Maraldi, EDB, Bologna 2004; I. DE SEVILLE, *Traité de la nature*, introduzione, testo critico, traduzione e note di J. Fontaine, Institut d'ètudes augustiniennes, Paris 2002; V. BARICALLA, *L'uomo, la bestia, i cieli: critiche all'antropocentrismo nel Sei-Settecento*, ETS, Pisa 2000; F. BOSIO, *Filosofia e scienza della natura nel pensiero di Max Scheler*, Il Poligrafo, Padova 2000; R. FRENCH, *Gli antichi e la natura: historiae meravigliose e storia naturale*, traduzione di C. Spinoglio, ECIG, Genova 1999; G. OLMI - G. PAPAGNO, *La natura e il corpo: studi in memoria di Attilio Zanca*, in Atti del convegno Mantova (17 maggio 2003), Olschki, Firenze 2006; E. NEUMANN, *La terra madre e dea: sacralità della natura che ci fa vivere*, Red, Como 1989.

Muller[109] muove da due presupposti:

1) la religione deve cominciare da una conoscenza sensoriale, da una esperienza concreta;

2) gli uomini hanno sempre avuto l'intuizione del divino, l'idea dell'infinito.

Partendo da questi presupposti, si ricava, secondo Muller, che l'idea dell'infinito, presente nell'uomo, trova la sua esplicitazione simbolica negli oggetti della natura: il sole, il fuoco, il cielo, la luna. La grandezza della natura, con i suoi meravigliosi fenomeni, ha suscitato negli uomini un senso di stupore, di meraviglia, timore. Proprio questi atteggiamenti orientarono e guidarono l'uomo al pensiero e al linguaggio religioso. Secondo l'autore, l'oggetto naturale e il nome che lo esprime sono considerati inizialmente un simbolo, una cifra dell'infinito, e solo in un tempo posteriore si verifica quella che Muller chiama la «malattia del linguaggio», cioè il passaggio alla personificazione dell'oggetto naturale mediante il nome che viene a designarlo.

In tal modo, i nomi dei fenomeni naturali, che all'inizio erano solo segni espressivi del sentimento dell'infinito, costituiscono poi i «numi» stessi. Ad esempio, *agni* all'inizio significava soltanto il fuoco in senso naturale, ma in un secondo tempo è divenuto una delle divinità più importanti della religione vedica. In questo modo il linguaggio opera una violenza sul pensiero e lo costringe a personificare, a creare realtà che sostituiscano i nomi, originando nuove situazioni.

La tesi di Muller non è accettabile, ma è indubbiamente affascinante e ha trovato risonanze nell'analisi fenomenologica del sacro a livello delle «ierofanie». Accostiamo alcuni di questi «oggetti sacri», come li chiama Muller,

---

[109] M. MULLER, *Physical Religion*, in E. DURKHEIM, *Le forme elementari della vita religiosa*, Newton Compton, Roma 1973, p. 85.

che accendono nell'uomo l'esperienza della realtà divina. Al loro vertice stanno le cose della natura: l'acqua sacra, la pietra, la montagna sacra, la terra.

Acqua sacra

L'acqua è considerata sacra perché fonte di vita e di fecondità, è un elemento naturale che appartiene al patrimonio in ogni religione:

> Al santuario centrale islamico, la Kaaba, alla Mecca, è collegata una fonte sacra detta Zamzam (acqua abbondante) alla quale i pellegrini bevono e da cui attingono acqua da riportare in patria agli ammalati come medicamento[110].

Anche nella religione cristiana vi sono tanti santuari, mete di pellegrinaggio, sorti presso delle fonti d'acqua, primo fra tutti Lourdes; in Sardegna, molti siti religiosi portano il nome specifico dell'elemento naturale, come per esempio Nostra Signora di Cabu Abbas o *Sorgente d'acqua*, Santa Maria Aquas, i pozzi sacri e altri ancora. Esistono inoltre fiumi sacri: il Nilo, il Tigri, l'Eufrate, il Gange, il Giordano. È sempre Heiler[111] a riferire che l'acqua era in origine ritenuta una sostanza dotata di potere e in seguito considerata dimora degli spiriti e nei racconti babilonesi e biblico della creazione, riveste il ruolo di principio della vita.

Fuoco sacro

C'è una grossa differenza tra il fuoco e gli altri elementi naturali, in quanto tra gli elementi naturali, miticamente è quello che è stato scoperto e prodotto dall'uomo, come racconta l'antico mito classico: Prometeo lo avrebbe trafugato

---

[110] F. HEILER, *Le religioni dell'umanità. Introduzione generale*, Jaca Book, Milano 1985, p. 49.

[111] *Ivi*, p. 50.

dall'Olimpo in forma di scintilla nascondendolo dentro il cavo midolloso di una ferula per donarlo agli uomini. Nelle diverse tradizioni il mito possiede più significati: la capacità di scacciare i demoni, è sorgente di vita e di calore. Il culto del fuoco è diffuso ovunque, i fuochi servono a propiziare la fecondità dei campi, gli uomini danzano e saltano sopra il fuoco per stringere fra loro rapporti parentali[112]. Il focolare è il centro della casa, come nelle antiche strutture architettoniche, anche in senso topografico; al fuoco vengono attribuite forze generative: nell'antica Roma il letto nuziale era posto accanto al focolare[113]; questo particolare è condiviso anche nella tradizione sarda: la donna, giunto il momento del parto prendeva posto, distesa su una stuoia accanto al fuoco. Nei templi veniva custodito dai sacerdoti: a Roma si praticava il culto del sacro fuoco dello stato, nel tempio di Vesta, chiamato da Cicerone, «ignis foci publici aeterni»[114]. Fa parte del culto del fuoco anche la tradizione di accendere lumi, lampade, candele. Nei cimiteri ardevano lumi per cacciare via i demoni, mentre lampade venivano accese alle statue degli dèi in Grecia e oggi davanti alle immagini sacre nella religione cattolica e ortodossa[115].

Col tempo, il fuoco viene ipostatizzato in una divinità fino a occupare un posto di rilievo anche nelle varie concezioni escatologiche: la teologia dei Parsi insegna che alla fine dei tempi scorrerà sulla terra una corrente di fuoco e di metallo fuso che tormenterà i malvagi, ma sarà un bagno ristoratore per i buoni, idea che poi prenderà corpo anche nella speculazione della stoà, da cui è penetrata in un secondo tempo nella letteratura protocristiana[116].

---

[112] Cf. R. SATTA, *Preghiere popolari del nord della Sardegna*, pp. 178-179.

[113] F. HEILER, *Le religioni dell'umanità*, p. 51.

[114] *Ivi*, p. 53.

[115] Si tratta di un elemento teofanico: cf. *Mosè e il roveto ardente*, in Es 3,2; Es 13,21; Sal 18,9.

[116] F. HEILER, *Le religioni dell'umanità*, p. 56.

Tuono e fulmine

Tuono e fulmine venivano rappresentati come la più chiara forma della divinità. In principio venivano considerati un «nume», poi divennero il modo di apparire e di reagire del dio: il fulmine in particolare era pensato come arma della divinità. Il dio babilonese *Adad* è raffigurato da un fascio di fulmini; anche JHWH utilizza le sue folgori (Sal 18,5). In Sardegna c'è l'usanza di innalzare preghiere quando, durante una tempesta, compaiono fulmini: si invoca santa Barbara[117]. Anche il tuono, in rapporto col fulmine, è in stretta relazione con la divinità. Esistono divinità del tuono: in Grecia si venerava Keraunós, in India Parjanya; nell'Antico Testamento la manifestazione di Dio è accompagnata da tuoni e lampi (cf. Es 20,18).

Vento, temporale

Nella simbologia, i venti non sono solo movimenti naturali dell'aria, ma elementi che rivelano la divinità. Ciò che affascina è il contrasto tra la sua sensibilità e allo stesso tempo l'invisibilità, come se rivelasse e nascondesse contemporaneamente. Di grande importanza è l'immagine del vento nella cultura ebraica, la quale sostiene che due cose non sono state create, il vento e l'acqua, che erano già presenti come narra il racconto biblico della creazione (cf. Gn 1,1ss.): si tratta del respiro di Dio, secondo le simbologie arcaiche. Nelle zone battute dal vento come nell'isola, esso viene anche personificato, la sua forza invisibile, come una divinità, modella i monti, gli alberi, la natura. Tutto è segnato anche fisicamente da questo fenomeno. Attraversando il territorio della Sardegna, si resta stupiti nell'osservare, per esempio, la forma degli alberi piegati ad angolo retto, oppure l'incidenza del vento sulla costa marina del nord dell'isola, proprio a ridosso delle bocche

---

[117] Cf. R. SATTA, *Preghiere popolari del nord della Sardegna*, p. 85.

di Bonifacio in Corsica, dove sono presenti le correnti più impetuose e pericolose del Mar Mediterraneo, in seguito alle sferzate continue del Ponente, del Maestrale o della Tramontana, che sono venti dominanti della zona. La preghiera e le azioni rituali popolari risentono molto della presenza evidente di questo elemento della natura, spesso legato a momenti di paura e di terrore.

Sole

Il disco solare è il più importante dei fenomeni celesti in tutte le tradizioni e presso le molteplici esperienze religiose dei popoli della terra fin dall'antichità è associato all'idea di divinità. Soltanto nella Bibbia, in opposizione ai culti del sole, il disco solare è considerato solamente come una delle luci che il creatore ha posizionato nel firmamento. Per le altre espressioni religiose è invocato come Dio in svariati modi: fonte di vita per la natura e per l'uomo. La ritualità solare è celebrata attraverso differenti modalità, con le quali l'uomo pensa di orientare il suo corso: in alcuni periodi dell'anno, come i solstizi, si accendono grandi fuochi, si imitano i movimenti del sole, si offrono sacrifici, si eseguono delle danze. Tutto questo avviene per accogliere la nuova stagione solare o per prolungare almeno ritualmente la presenza del sole. Inoltre esso è ritenuto la divinità più grande, cui si trovano dedicati molti templi e città. Il sole veniva adorato sulle cime dei monti, oppure lungo le rive del mare; adoratori del sole sono stati gli egiziani, le popolazioni del Messico, i giapponesi, i semiti, la Persia[118]. La religione giudaica, e poi quella cristiana, non riuscendo a eliminare del tutto la fede nel dio sole, la trasformarono e l'adattarono al loro credo. La festa del *Natalis solis invicti* si è così trasformata nella celebrazione della nascita del nuovo

[118] F. HEILER, *Le religioni dell'umanità*, p. 60.

sole, il Cristo; i battezzandi si rivolgevano verso Oriente per rendere gloria al Cristo come sole sorgente[119]. In Sardegna si crede che in alcune ore del giorno o della notte – come già detto altrove in questo lavoro – alle dodici o a mezzanotte, momenti cruciali del ciclo solare quotidiano, durante lo zenith del sole e nel suo totale nascondimento, si manifestino fenomeni particolari, legati al mondo degli spiriti, o delle ombre, in quanto esattamente in queste ore si verifica un'assenza di ombra.

Cielo

Tutte le manifestazioni uraniche, sole, luna, stelle, lampo, tuono vento, sono ricondotte a un unico luogo: il cielo appunto, che allo stesso tempo è la dimora di Dio o delle divinità. In questo unico spazio convergono osservazioni di tipo astronomico, meteorologico, con concetti cosmologici e teologici. Nella Bibbia il cielo è considerato il trono di Dio, cui anche il suo figlio Gesù dopo la resurrezione ascenderà[120]. Nei miti più antichi della creazione che possediamo, si descrive del rapporto di unità preesistente tra il cielo e la terra, l'elemento maschile e quello femminile che solo in seguito subirono una separazione. Anche lo stupore dell'uomo è originato dalla varietà e bellezza dei fenomeni che circondano il cielo: la sua vasta immensità, il suo colore cangiante, la sua luce, gli astri, i fenomeni atmosferici, in modo particolare la pioggia, elemento di fecondità. Tutti questi motivi hanno fatto nascere nell'uomo arcaico della Sardegna l'atteggiamento di reverenza per ciò che sta sopra la sua testa.

Anche per il cielo, si pensa, che l'ipostatizzazione in una divinità appartenga a una fase successiva: il passaggio

---

[119] Cf. CYRILLE DE JERUSALEM, *Catéchèses mystagogiques, Sources chrétiennes* 126, I, 9, Introdution texte critique et notes de A. Piedagnel, Les Editions du Cerf, Paris 1966.

[120] Cf. Lc 24,51.

alla personificazione delle realtà naturali infatti ha lasciato tracce anche nelle preghiere della tradizione sarda, nelle quali spesso ci si rivolge a esse come ad autentiche divinità: il cielo è sempre stato «sede degli dèi».

Documentazione

Preghiera per far cessare un temporale

Biatu Santu Baltulu
che staggja solu solu
e timori non aia
Chi timori dia aè
cu la gruci di Maria 'iglini
illa fronti?
Ca diciarà chisti paràuli tre volti
sarà salvu di mala molti
di tronu trunatu
di lampu falatu
da criatura molta a latu
e libbari sarani
setti casi di lu 'icinatu
da dugna arrori sia salvatu
da dugna arrori salvatu sia
in nommu di Gjesù e di Maria[121].

Nella stagione primaverile, si verificano frequenti e violenti temporali che possono condizionare il lavoro di un'intera stagione agricola, ed esporre metereologicamente al rischio della vita, gli uomini dediti alla campagna. Gli agricoltori e i pastori, sottoposti al confronto con le forze

[121] Beato san Bartolomeo / che stava solo solo / e non aveva paura. / Che paura doveva avere / con la croce di Maria Vergine / sulla fronte? / Chi dirà queste parole tre volte / sarà salvato da morte violenta / dal tuono / dal fulmine / da creatura (uomo) morta al suo fianco / e saranno libere (non colpite) / sette case del vicinato / da ogni pericolo sia salvato /da ogni pericolo salvato sia / nel nome di Gesù e di Maria.

della natura, con i temporali, le inondazioni, i fulmini cercano, dinanzi a queste manifestazioni, dei «rimedi» fisici e anche magico-religioso, che consentano loro di superare senza danno la crisi. L'orazione è un'invocazione rivolta a Dio e ai santi, con una predilezione per santa Barbara, vergine e martire, sant'Isidoro agricoltore, san Bartolomeo, o per la Madonna. Tutto ciò fa emergere una comunanza simbolica tra la figura di questi santi e le caratteristiche proprie della vita dell'uomo della campagna: Barbara infatti è considerata una martire del quarto secolo, patrona degli artificieri e di coloro che rischiano la vita con il fuoco. Del resto, il suo carnefice, il padre, nel preciso momento del martirio, fu colpito da un fulmine e morì. Isidoro era un agricoltore laico che visse tra il 1080 e il 1130 in Spagna, i suoi prodigi parlano della miracolosa moltiplicazione del grano; Bartolomeo apostolo e martire è pure un protettore, che viene rappresentato dall'iconografia cristiana con la sua pelle pendente sulla mano sinistra, per testimoniare le modalità del martirio: si tratta della decoriazione o spellamento. La preghiera va recitata all'inizio del temporale per tre volte; qualcuno, dopo la recita della preghiera, si affaccia alla porta di casa, spara in aria un colpo di fucile e si segna.

Santu Baltulu

Un'altra versione della preghiera è la seguente, in cui vi è l'aggiunta di alcune motivazioni e di alcune differenze:

Santu Baltulu
solu solu anadaggjisti
e 'inisti e non timisti
palchi dia timì
ch'aia la gruci di Maria 'iglini
illu fronti.
Tandu sia libbaratu
da tronu trunatu
da ea non sia annicatu

da focu non sia brusciatu
da piumbu non sia stampatu
da colti non sia affarratu
ca li diciarà tre volti
sarà salvatu ancora da mala molti[122].

L'uso rituale della preghiera non è riservato solo per il temporale, ma può essere recitato anche in varie altre circostanze: per attraversare un corso d'acqua, contro un incendio, contro le fucilate, per sfuggire ai gendarmi. Il suo rituale è semplice, la recita della preghiera segnata dalla croce, all'inizio e alla sua conclusione.

Preghiera contro il fulmine

Santa Arvara dae mesu campu
sarvadenos dae tronos e dae lampos[123].

La versione sarda di questa breve invocazione non è differente dalle altre preghiere in lingua gallurese; santa Barbara viene implorata per la salvezza dal pericolo dei fulmini durante il lavoro dei campi.

Preghiera per il sole, l'acqua, il caldo, il fresco e il vento,
pa lu soli, l'ea, lu caldu, lu friscu, lu'entu

Faccia soli, faccia soli
sutta la cappa di nostru Signori
faccia ea, faccia ea
sutta la cappa di Santa Tummèa
faccia caldu, faccia caldu
sutta la cappa di Santi Linaldu
faccia friscu, faccia friscu

---

[122] San Bartolomeo / sei andato solo solo / e sei venuto e non hai temuto; / perché avrei dovuto temere / avevo la croce di Maria Vergine / sulla fronte. / Allora sia salvato / dal fulmine / non muoia annegato / non venga bruciato dal fuoco / non venga trapassato dal piombo (pallottola) / non venga catturato dalla giustizia / chi reciterà tre volte queste parole / sarà salvo anche da morte violenta.

[123] Santa Barbara del campo / salvateci dai tuoni e dai fulmini.

sutta la cappa di Santu Franciscu
faccia 'entu, faccia 'entu
sutta la cappa di Santu Larenzu[124].

Di fronte a un'intera economia di tipo agro-pastorale, l'uomo sperimenta nel confronto incessante con l'ambiente naturale, il legame vitale per la sopravvivenza, ma anche la condizione di sacralità, dove corpo e natura in fondo sono l'espressione della medesima realtà. Da qui il rapporto del tutto speciale della gente con lo spazio naturale e il linguaggio espressivo rappresentato dalle manifestazioni degli elementi naturali. Si è come dentro a una visione oserei dire *olistica* del mondo, di pienezza e di armonia dell'essere in rapporto all'esistenza. La preghiera insistente, in situazioni di passaggio, da una condizione metereologica a un'altra, rappresenta sempre un tempo liminale di incertezza, che produce uno stato di insicurezza e di inquietudine. Il sentire religioso della preghiera chiede che regni l'ordine nel cosmo, prospettiva religiosa rintracciabile anche nelle preghiere rituali cristiane, come *nelle rogazioni* da celebrarsi liturgicamente al cambio delle stagioni. La mediazione divina avviene per mezzo degli intercessori, tutti legati per la loro vita agli elementi naturali presi in esame: Gesù, nostro Signore, santa Tommasa, che però non appare nel santorale della chiesa cattolica, san Leonardo eremita, del VI secolo, culto diffuso dai normanni. Egli ricevette in dono a motivo dei suoi miracoli, la foresta di Parum presso Limoges, che però rifiutò. Lo si ritiene il patrono dei fabbri, dei minatori e delle puerpere. Tra questi vi è poi san Francesco, da sempre patrono della natura e vi è anche san Lorenzo, diacono della chiesa di Roma e martire del III secolo, fatto morire tra le fiamme legato a una graticola.

[124] Faccia sole, faccia sole / sotto la cappa di Nostro Signore / faccia acqua, faccia acqua / sotto la cappa di Santa Tommasa / faccia caldo, faccia caldo / sotto la cappa di Santo Leonardo / faccia fresco, faccia fresco, / sotto la cappa di San Francesco / faccia vento, faccia vento / sotto la cappa di San Lorenzo.

Preghiera per fermare un incendio, pa lu focu

Istà, focu, fuconi
comu stesi Cristu in passioni;
istà focu in fochi toi
comu stesi Cristu in peni soi.

Lu focu piddatu sia
Cristu è natu da Maria;
lu focu sia piddatu
Cristu da Maria è natu
l'arrori ch'aìsi Cristu
in colpu di Maria
'aggja eu e la mè cumpagnia.
Nostra Signora
a un locu andaggjìa
in cilca di focu
e vi lu nicàani.
Comu è moltu Nostru Signori
lu focu liatu sia;
comu Cristu è risuscitatu
lu focu sia liatu.

(nel frattempo si fanno delle croci in direzione del fuoco e vi si soffia sopra, a forma di croce)

Tre fraticeddi bassi
So' frissi e so' frassi
So' frassi e so' frissi
e a lu focu si so' missi.
Santu Larenzu suffiàa
e lu focu si filmàa;
Santu Larenzu suffiesi
e lu focu si filmesi[125].

[125] Sta fermo o fuoco, gran fuoco / come stette Cristo nella sua passione; / sta, o fuoco, dove sei / come stette Cristo nelle pene. / Il fuoco sia spento / Cristo è nato da Maria / il fuoco venga portato via / Cristo da Maria è nato. / Il male che ebbe Cristo / nel corpo di Maria (nessun male) / abbia io e la mia compagnia. / Nostra Signora / andava in un luogo / in cerca di fuoco / e glielo negarono. / Come è morto Nostro Signore / così

Abbiamo già visto contro quali nemici il contadino si difendeva. Tra questi, la piaga degli incendi è ancora oggi il nemico più «acceso», che continua a insidiare la vita del lavoratore. L'origine è molte volte dolosa, a motivo di invidie, dispetti contro qualche nemico, per invasione del terreno privato da parte di bestiame altrui. A questi motivi può oggi aggiungersi quello generato dal fenomeno turistico, che interpreta la natura anche come una risorsa funzionale al profitto, eliminando inconsapevolmente la sua sacralità; in tal modo la natura e il territorio entrano dentro un'ottica di industria, per diventare non solo un terreno coltivabile ma ora anche edificabile: è la nascita di un nuovo tipo di economia per l'ambiente e per il paesaggio, che se interpretata al di fuori di un progetto complessivo del rapporto uomo-ambiente si corre il rischio di perdere per sempre il proprio *habitat* naturale, lo spazio vitale e nello stesso tempo lo spazio sacro, dell'uomo.

La preghiera, rituale su esposta, è lo specchio dell'uomo che celebra, cioè di una creatura che si sente parte di un tutto, dove terra e cielo, natura e spirito sono uniti. Si chiede l'aiuto celeste per salvare la terra dal fuoco: attraverso Cristo, che durante la sua passione ha sofferto, ha ubbidito, ma è poi stato vincitore; attraverso Maria, colei che ha portato e custodito nel suo seno Gesù; tramite i tre fraticelli, anonimi che lottarono contro il fuoco e infine per mezzo di san Lorenzo, che nel suo martirio fu suppliziato col fuoco, ma rimase fedele a Dio. È per mezzo dell'intercessione di questi personaggi vittoriosi che si comanda al fuoco di non recare danno alle persone o alle cose. La preghiera viene recitata per tre volte, richiede un clima di silenzio rituale ed è alternata da segni di croce che si tracciano continuamente in direzione del fuoco.

---

sia fermato. / Come Cristo è risuscitato / così il fuoco sia fermato. / Tre bassi fraticelli / sono fritti e sono frassi (intrad.) / sono frassi e sono fritti / e tentarono di spegnere il fuoco. / San Lorenzo soffiava / e il fuoco si fermava / San Lorenzo soffiò / e il fuoco si fermò.

Riti di crisi

Malattia e salute, diavolo e malocchio

Significato antropologico della malattia

La malattia[126] è uno stato di crisi della salute, inteso come perdita della pienezza vitale, che determina nell'individuo del mondo arcaico, un desiderio di superamento, tramite una serie di reazioni magiche e religiose. La guarigione è, al contrario, l'uscita dallo stato di crisi tramite le pratiche magico-religiose. In tal senso l'intero processo assume il carattere di vicenda magicamente e religiosamente significativa. Comunemente l'uomo contemporaneo, al verificarsi della malattia o di qualche sofferenza fisica, ricorre all'accertamento scientifico per porvi rimedio, ma nello stesso tempo, cerca di darsi delle risposte attraverso un processo di razionalizzazione del fenomeno naturale (malattia) mediante il ricorso a cause soprannaturali. Questa dualità non appare nelle civiltà cosiddette primitive. Per l'uomo delle culture tradizionali, vivere significava vivere secondo modelli extra-umani, in conformità agli archetipi, e ciò voleva dire anzitutto rispettare la legge, poiché la legge era la rivelazione, manifestata nel passato da una divinità

---

[126] F. CAPRA, *Totalità e salute*, in *Il punto di svolta*, Feltrinelli, Milano 1995, p. 259; F. VOLTAGGIO, *L'arte della guarigione*, Bollati Boringhieri, Torino 1992; L. THIELMANN, *Malattia, guarigione e salute*, «Concilium» 5 (1998), p. 53; A.N. TERRIN, *Unzione degli infermi*, in, G. BARBAGLIO - S. DIANICH, *Teologia*, San Paolo, Cinisello Balsamo 2002, pp. 1810-1828; A.N. TERRIN, *La malattia? Sindrome di disarmonia dello spirito. Rapporto sulle origini vecchie e nuove*, in A.N. TERRIN, *Liturgia e Terapia*, Edizioni Messaggero, Padova 1994, p. 172; A.N. TERRIN, *Celebrazione e guarigione*, «Servizio della parola» 299 (1998), pp. 29-35; I. ILLICH, *Nemesi medica. L'espropriazione della salute*, Red, Como 1995; E.C. WHITMONT, *Omeopatia e psicoanalisi*, Red, Como 1992; M. FARNÈ, *Guarire dal ridere*, Bollati Boringhieri, Torino 1998; B.J. GOOD, *Narrare la malattia*, Ed. Di Comunità 1994; R. ZANCHETTA, *Malattia, Salute, Salvezza. Il rito come terapia*, Edizioni Messaggero, Padova 2004.

che dettava le norme dell'esistenza. In questo quadro, la sofferenza aveva un senso, essa rispondeva a un ordine il cui valore non era contestato. L'uomo sapeva che tutte le forme di malattia o di *handicap* nella vita non dipendevano dal caso[127] ma da certe influenze magiche o demoniache, contro le quali lo stregone e il sacerdote disponevano di armi. In questo contesto la malattia è compresa come risultato di un'aggressione da parte di forze ostili: idea presente in tutte le civiltà in cui sembra che Dio abbandoni l'uomo. La cura consiste dunque nell'espulsione degli spiriti e in una eventuale profilassi mediante amuleti. Ci si rivolge allo stregone o alle maliarde per eliminare l'azione magica, o al sacerdote per propiziarsi il dio, oppure presso le culture più primitive, se da queste pratiche non si ottenevano risultati sensibili, l'uomo si rivolgeva direttamente all'essere supremo, con preghiere e sacrifici. La sofferenza, normalmente, è il risultato dell'azione magica di un nemico, dell'infrazione di un tabù, di una norma rituale, del passaggio in una zona nefasta, oppure ha una causa materiale: contagio, infezione, ferita. Se nessuna di queste ipotesi si dimostra vera, l'origine del male viene considerata nell'essere supremo. L'uomo delle civiltà tradizionali non può concepire la malattia se non causata da qualcuno: essa è sempre riconducibile a una colpa o alla volontà del dio. Vero momento critico della malattia è il suo apparire, che sconvolge la vita dell'uomo, fino al momento in cui ne venga riconosciuta la causa. Una volta riconosciuta la causa, infatti, la malattia viene quasi esorcizzata, perché acquista un senso; infatti smascherare la malattia vuol dire renderla impotente ad agire, perché si conoscono i rimedi per abbatterla, contrastando le cause che l'hanno fatta insorgere mediante adeguate pratiche magico-religiose. La malattia più grave è dunque considerata quella di cui non si riesce a

[127] M. ELIADE, *Mito dell'eterno ritorno. Archetipi e ripetizioni*, Borla, Roma 1968, p. 127.

trovare la causa e ciò provoca nell'uomo uno smarrimento, una sofferenza che giunge fino al disfacimento, non solo fisico, ma psico-somatico, perché gli impedisce di vivere.

La preghiera di guarigione in Sardegna

Tutta la ritualità popolare che stiamo prendendo in esame, è parte viva dell'antica mentalità arcaica che considera in maniera molto stretta il rapporto fra esperienza del male e dimensione magico religiosa. L'assistenza medica attualmente estesa a tutte le categorie sociali ha determinato un notevole cambiamento culturale antropologico nei confronti della condizione di crisi dovuta alla manifestazione della malattia, sostituendosi alle pratiche tradizionali. Benché ai nostri giorni, quando la scienza si rivela impotente, l'individuo ricerchi in modo complementare, quei metodi che per tanti secoli si sono rivelati efficaci nella lotta contro il male. Occorre ricordare che le preghiere, che saranno presentate, sono ambientate in un contesto sociale del passato, il sistema agro-pastorale tradizionale della Gallura, caratterizzato dalla vita nello stazzo, lontano dai paesi e dalle città. Si tratta di situazioni di esistenza pure organizzate socialmente, fornite a mala pena di quei mezzi necessari per affrontare esigenze economiche, sociali, medico-sanitarie, religiose del tempo.

La ricerca intrapresa, quella a carattere fenomenologico, non è preoccupata ora di fornire spiegazioni e interpretazioni sociologiche, psicologiche o teologiche di questi fenomeni, ma le preme solamente presentarli, farli apparire così come si manifestano. Ecco alcuni aspetti di questa ritualità così come risultano dalle preghiere che analizzeremo in un quadro sinottico con il *Benedizionale*: la caratteristica del rituale popolare è rappresentata dalla ricca gestualità e dal contatto fisico del malato con il guaritore e con gli oggetti utilizzati all'interno del rito. L'uomo, non è collocato in solitudine, nella sua condizione di sofferenza ma è «in relazione». Infatti la preghiera rituale è sempre introdotta dall'incontro con il corpo dell'altro, e il segno della croce fatto dal guaritore sul corpo del malato è l'evidenziazione di questo aspetto fondamentale nell'ottica della ritualità popolare. L'orazione prosegue con l'invocazione di Gesù, della Madonna e dei santi, detentori di qualità terapeutiche particolari: di Cosma e Damiano, che sono anche esorcisti e medici, di san Biagio, patrono della gola, di san Martino per il mal di pancia. La loro intercessione e mediazione è in funzione del raggiungimento della salvezza, in quanto sono portatori di potenza: la loro persona è carica di qualità divinamente potenti che i fedeli possono far proprie tramite il contatto col santo[128]. Le loro reliquie, la tomba o la statua del santo acquistano pertanto un'importanza addirittura superiore al santo stesso: la cosa sostituisce la persona. Un altro aspetto degno di nota per comprendere il significato dei testi che seguono è costituito dal valore che ha nel rito, la parola. Secondo Van Der Leeuw[129], il mondo religioso in genere non conosce «parole vuote». La parola emessa porta a una decisione, è un'azione, essa è una potenza che decide. Chi pronunzia parole mette in moto potenze e la potenza della parola può essere aumentata in vari modi, alzando il tono della voce, con l'insistenza o accentuazione, con il ritmo e la rima: elementi che conferiscono maggiore forza alla parola. L'apice della potenza, la parola lo raggiunge quando è unita ad altre parole a formare una formula, che deve essere ripetuta così come è stata tramandata, senza cambiare nulla, anche se il significato letterale non è sempre chiaro. La pronuncia esatta dei nomi delle persone, infine è rivestita di grande importanza: se prego per qualcuno e sbaglio pronunciando il suo nome, la benedizione richiesta scenderà sulla persona nominata per errore, e non su quella per cui intendevo pregare.

Passeremo ora all'analisi sinottica di alcuni tipi di

---

[128] Cf. G. VAN DER LEEUW, *Fenomenologia della religione*, Boringhieri, Torino 1975, p. 186.

[129] *Ivi*, p. 329.

preghiera di guarigione, presente nel rito popolare e nel *Benedizionale.*

Documentazione

Preghiera per il mal di testa

Santa Maria
a mezzu mari pusà e liggja,
passa una capriola
muggjendi e uggjendi;
e cun la linga in tarra traendi
Cosa lu cai capriola mea
chi sei muggjendi e uggjendi
e cun la linga in tarra traendi?
Cos'aggjù aè
Socu tre di e tre notti
un chjodu du capu folti
anda allu maceddu
Pidda una itta di palma
e ponitilla in lu ditu e dì:

«chjodu di capu folti mutati
in altu paltitu»[130].

Benedizionale 1937

Noi ti rendiamo grazie, Dio onnipotente,
che hai creato l'uomo per la gioia
e la vita immortale,
e con l'opera redentrice del tuo Figlio
lo hai liberato dalla schiavitù del peccato
radice di ogni male.
Tu ci doni la certezza
che un giorno sarà asciugata ogni lacrima
e ricompensata ogni fatica
sostenuta per tuo amore.
Benedici i tuoi figli,
che nella piena adesione alla tua volontà
ti invocano mediante l'intercessione di…
perché preservati dal male (liberati)
dal male (di…)
e confermati dalla grazia del tuo Spirito
Glorifichino in parole e opere
il tuo santo nome.
Per Cristo nostro Signore.

[130] Santa Maria / stava seduta in mezzo al mare e leggeva / passa una capriola / belando e lamentandosi / e con la lingua per terra; / che cosa hai mia capriola / perché stai belando e ti lamenti / e con la lingua che tocca per terra? / Che cosa avrò. / Sono tre giorni e tre notti / con un forte

La preghiera popolare in esame, è povera di elementi sacri, l'unica presenza è la richiesta di aiuto rivolta alla vergine Maria, rappresentata in una posizione inconsueta, fantastica, mentre dialoga con una capriola, seduta in mezzo al mare e nel contempo sta leggendo. Il dialogo verte sulla tristezza e sofferenza dell'animale a causa di un forte mal di testa. Maria mossa da compassione, offre la sua mediazione indicando il rimedio per la guarigione. L'usare l'immagine di animali per indicare una qualche persona è abitudine diffusa, soprattutto riferendosi ai bambini, ai quali, in tono affettuoso, si dà volentieri il nome di un cucciolo di animale. Un altro elemento che compare di frequente è il simbolo numerico: qui si parla di tre giorni e tre notti, probabilmente in riferimento ai giorni di sofferenza di Cristo.

La pianta della palma è invece il segno naturale con caratteristiche terapeutiche-medicinali, come altre piante, ma anche utilizzata nella liturgia cristiana: le palme benedette la domenica prima di Pasqua, per tradizione vengono portate a casa e conservate per tutto l'anno e vengono poste nei campi e negli ovili come segno di benedizione e di lotta contro il male. Il seguente rito va ripetuto tre volte e si conclude col segno di croce da parte del malato e del guaritore.

L'orazione 1937 del *Benedizionale*, secondo lo schema che appartiene al genere letterario delle benedizioni classiche, pone in evidenza subito, il primo tratto irriducibile dell'uomo di fede di fronte al mistero di Dio, e cioè l'atteggiamento della «riconoscenza», che «dicebene» di Dio, dove benedire significa cogliere quel di più, rappresentato dalla bontà di Dio, che è visibile nella storia del suo figlio Gesù. La glorificazione dell'uomo

---

mal di testa (chiodo in testa). / Vai al macello, prendi un pezzo (foglia) di palma / intrecciala nel dito e di': / «O forte mal di testa va' via da me / e trasferisciti altrove».

che rivolge la petizione è sostenuta da coloro che sono stati segno di questa mediazione di benedizione nella terra: si tratta dei santi che continuano a estendere ai vivi i loro benefici.

La ricchezza del rituale popolare è data dalla capacità di individuazione specifica della malattia, è una invocazione non generica, ma chiamata per nome e come l'uomo ha un nome, così la sofferenza viene definita e presentata nella preghiera secondo la propria identità. Seguiranno ora alcune orazioni del popolare che non hanno un corrispettivo nel *Benedizionale*. Presenteremo la preghiera rivolta a santa Lucia, per la salute degli occhi, e ai santi guaritori Cosma e Damiano.

Preghiera per santa Lucia

Santa Lucia
piddamilla la rùsciula la l'occhj
chi n'aggju di piddà.
Lu prunnu da la 'ia.
Pa la maggjna di Gjesù
e cussì sia.
Sant'Antiocu
una bruttura haggju ill'occhj
sidd'è minori ingudditicilla
sidd'è manna buchetiminnilla.
Santu Petru di la Sarra
l'occhj si stia
e la rosca fàla in tarra[131].

L'invocazione è rivolta a tre santi differenti; in ordine si tratta di: santa Lucia e sant'Antioco che hanno in comune il martirio, santi molto venerati in Sardegna. Il loro culto

[131] Santa Lucia, / toglimi il bruscolo dall'occhio / perché devo levare / il rovo dalla strada. / Per l'immagine di Gesù / e così sia. / Sant'Antioco / ho nell'occhio sporcizia / se è piccola fatela sparire / se è grande toglietemela. / San Pietro del Monte Boscoso / L'occhio resti intatto / e il bruscolo cada in terra.

è derivato dal santorale latino e dal santorale proprio dell'isola. Sant'Antioco è martire del IV secolo ed è patrono della Sardegna. La figura principale però è senza dubbio santa Lucia, martire del IV secolo, di Siracusa, attestata da una *passio* posteriore di un secolo, il *martyrion* greco, che ebbe nel papa Gregorio Magno l'autorevole promotore del suo culto. Santa Lucia è invocata da tutti come la santa che protegge la vista, ma solo a partire dal XIV secolo, a motivo del suo martirio in cui le furono cavati gli occhi, bellissimi, per non aver voluto accondiscendere alle richieste di un potente. E infine l'invocazione rivolta a san Pietro, venerato nella località dello stazzo denominata «La Sarra». Un altro esempio di orazione di guarigione è quella che segue.

Preghiera per cori cascatu *(mal di cuore)*

Santu Gosimu e Santu Dumianu
chistu cori torria sanu[132].

La preghiera, semplice e breve, chiama in causa, i santi medici anargiri martiri durante la persecuzione di Diocleziano del IV secolo, Cosma e Damiano. Essi erano di origini arabe e poi si erano trasferiti in Siria dove avrebbero appreso l'arte della medicina. Nel luogo dove sorse la loro basilica a Costantinopoli, si verificava il rito dell'*incubatio* notturna, per ottenere la guarigione. Questi santi sono considerati patroni dei medici e chirurghi. Il loro culto in Sardegna è stato introdotto durante la dominazione bizantina. La preghiera popolare è una breve invocazione che si recita per tre volte, mimando con le mani l'atto di sollevare il cuore. *Cori cascatu* significa infatti «cuore caduto», o abbattuto.

[132] San Cosma e San Damiano, / questo cuore ritorni a esser sano.

Preghiera per il mal di pancia

Santu Maltinu Stranzu andei
femina mala incontrei
terrenu infustu
e pazza de ranu
custu lu naro
pro chi ti gjuada
pro amore sua
ti ponzo sa manu
no pro amore tua
pro amore sua
su sentimentu de sa matta
si che fuada[133].

Benedizionale 276

Sii benedetto, Dio grande e misericordioso,
che nel Cristo tuo figlio, nato dalla vergine Maria,
ci hai donato il medico dei corpi e delle anime.
Volgi il tuo sguardo su tutti quelli che soffrono,
perché nell'esperienza del limite umano
si uniscano più intimamente a te,
fonte di consolazione e di pace.
Benedici coloro che si dedicano al servizio degli infermi
e suscita in quanti godono del prezioso dono della sanità
l'attenzione vigile e affettuosa verso il mondo della malattia;
conforta con la tua paterna provvidenza
i piccoli che in tenera età conoscono il dolore e i lungodegenti che sentono il peso della solitudine.
Concedi a tutti serenità e salute,
perché possano renderti grazie insieme ai loro familiari
e ai fratelli di fede nella santa chiesa.
Per Cristo Nostro Signore.

La preghiera popolare descrive un avvenimento della vita di san Martino di Tours vescovo, il santo della

[133] San Martino andò ospite / e incontrò una donna cattiva / terreno bagnato / e paglia di grano. / Questo lo dico perché ti giovi / per amore suo / ti impongo la mano / non per amore tuo / per amore suo / il dolore di pancia / si allontani (se ne fugga).

pietà verso i poveri, il quale divenne poi famoso per il gesto della divisione del suo mantello con un povero, gesto che compì da soldato durante il suo catecumenato. Egli era originario della Pannonia, visse intorno al 317-397; inizialmente fu avviato alla carriera militare fino alla conversione al cristianesimo; scelto poi da Ilario di Poitiers come esorcista, diacono, prete, infine fu fatto vescovo di Tours alla condizione che rimanesse monaco. Fu un santo molto popolare. La preghiera rituale ricorda che in uno dei suoi pellegrinaggi o viaggi, Martino chiede ospitalità a due coniugi: l'uomo lo accoglie, ma sua moglie non si dimostra generosa nell'ospitarlo, rifiuta l'ospitalità al pellegrino, mentre nel frattempo la donna accusa forti dolori al ventre. Il marito, dopo aver riconosciuto nelle vesti di quel viandante, san Martino, si precipita a chiedergli di intervenire per la guarigione della moglie malata. Il santo, impietosito e riconoscente verso l'uomo ospitale, impone le mani sull'ammalata, ricordandole però che non per lei, ma per la bontà della richiesta insistente del marito l'avrebbe guarita. La ritualità della preghiera ha una formalità gestuale: mentre la si recita, per tre volte si tocca e si massaggia il ventre dell'ammalato, dopo essersi fatti il segno di croce. È il gesto del «toccare», «massaggiare» il malato, a predominare nel contesto celebrativo. La preghiera popolare non contiene caratteristiche orazionali specifiche ma ha solo la funzione narrante di generare una purificazione, riconoscendo il proprio male spirituale, quella di non riconoscere il mistero che si nasconde sotto le spoglie del pellegrino.

La preghiera corrispondente del *Benedizionale* offre una invocazione per gli infermi, di forte empatia. Questi occupano un posto privilegiato nel cuore della chiesa, perché sono associati alla passione di Cristo con un riferimento delicato, sensibile verso il dolore dei piccoli e i lungodegenti che vivono sotto il peso della solitudine. Si prega perché a tutti siano concessi i doni della serenità e della salute.

La struttura della orazione contempla i vari elementi fondamentali della preghiera cristiana, quello 1. *anamnetico*: «Sii benedetto Dio [...] per Gesù medico [...] nato da Maria»; 2. *epicletico*: «Volgi il tuo sguardo [...], benedici [...] suscita [...] conforta»; 3. *koinoninico*: «Possano renderti grazie insieme»; 4. *dossologico*: «Per Cristo». Trattandosi di infermi, cioè di persone che subiscono il senso del limite nel loro corpo, e si trovano isolati dai rapporti familiari e affettivi, purtroppo sembra sacrificata la dimensione psico-somatica del rito, per cui l'unico segno è quello di distendere le mani sulla persona inferma per benedirla.

Preghiera pa li jalmi

In nommu di lu Babbu, di lu Fiddu
e di lu Spiritu Santu, Amen.
Un algulittu, un algulettu
da unu ten'a dui.

In nommu di lu Babbu ecc.
un algulittu, un algulettu
da dui ten'a tre.

In nommu di lu Babbu ecc.
un algulittu, un algulettu
da tre ten'a cattru.

In nommu di lu Babbu ecc.
un algulittu, un algulettu
da cattru ten'a cincu.

In nommu di lu Babbu ecc.
un algulittu, un algulettu
da cincu ten'a sei.

In nommu di lu Babbu ecc.
un algulittu, un algiilettu
da sei ten'a setti.

In nommu di lu Babbu ecc.
un algulittu, un algulettu
da setti ten'a sei.

In nommu di lu Babbu ecc.
un algulittu, un algulettu
da sei ten'a cincu.

In nommu di lu Babbu ecc.
un algulittu, un algulettu
da cincu ten'a cattru.

In nommu di lu Babbu ecc.
un algulittu, un algulettu
da cattru ten'a tre.

In nommu di lu Babbu ecc.
un algulittu, un algulettu
da tre ten'an due.

In nommu di lu Babbu ecc.
un algulittu, un algulettu
da dui ten'a unu
di jalmi no m'appuntia manc'unu

(oppure)

di lu dulori di la ula
no molghia nisciunu[134].

[134] Nel nome del Padre, del Figlio / e dello Spirito Santo, Amen. / (intraducibile) / da uno sino a due. / Nel nome del Padre, del Figlio e dello Spirito Santo, Amen. / (intraducibile) / da due sino a tre. / Nel nome del Padre, del Figlio / e dello Spirito Santo, Amen. / (intraducibile) / da tre sino a quattro. / Nel nome del Padre, del Figlio e dello Spirito Santo, Amen. / (intraducibile) / da quattro sino a cinque. / Nel nome del Padre, del Figlio / e dello Spirito Santo, Amen. / (intraducibile) / da cinque sino a sei. / Nel nome del Padre, del Figlio / e dello Spirito Santo, Amen. / (intraducibile) / da sei sino a sette. / Nel nome del Padre, del Figlio / e dello Spirito Santo, Amen. / (intraducibile) / da sette sino a sei. / Nel nome del Padre, del Figlio / e dello Spirito Santo, Amen. / (intraducibile) / da sei sino a cinque. / Nel nome del Padre, del Figlio / e dello Spirito Santo, Amen. /(intraducibile) / da cinque sino a quattro. / Nel nome

Il rituale popolare ci offre un'altra preghiera che non ha una sua analogia nel *Benedizionale*. Si tratta di questa preghiera simile a uno scioglilingua composto da numeri. Sette strofe da recitarsi seguendo la progressione numerica e, una volta giunti alla fine, risalendo indietro dal numero più grande al più piccolo. Il rito viene solitamente messo in atto in due occasioni diverse: o quando la salute dell'uomo è messa in pericolo da infezioni alla gola, oppure contro la malattia del bestiame a causa di «piaga verminosa». Il rito per la sua efficacia non consente errori di parola oppure l'inversione dei numeri delle strofe, altrimenti la preghiera non produrrebbe il suo effetto. Ogniqualvolta si ripete il nome del Padre ecc., ci si deve segnare con la croce. Il contenuto dell'orazione, oltre alla menzione delle tre persone divine, invocate nel momento del segno di croce non possiede elementi spirituali, biblici o teologici di rilievo. Il valore della preghiera è nell'azione che la pone in atto: la benedizione. Non si tratta di una preghiera comune e la pronuncia invertita della preghiera e dei gesti che l'accompagnano non è semplice da farsi: tutto è unito in una perlocutorietà dell'atto e del gesto. È un'azione ripetitiva, che è la caratteristica propria di ogni rito, e che crea armonia. Può infine essere considerata come prova di abilità del guaritore che guida il momento rituale, applicando le sue capacità mnemoniche-intellettive.

---

del Padre, del Figlio / e dello Spirito Santo, Amen. / (intraducibile) / da quattro sino a tre. / Nel nome del Padre, del Figlio / e dello Spirito Santo, Amen. / (intraducibile) / da tre sino a due. / Nel nome del Padre, del Figlio / e dello Spirito Santo, Amen. / (intraducibile) / da due sino a uno / di vermi non ne resti / neanche uno. / (oppure) / di mal di gola / non muoia nessuno.

Preghiera pa la bru-sgiatura (ustioni)

Spigni, spigni focu
focu no accindì
di no pisà caggiola;
caggiola no pisà
da lu capu alla mazza
da lu custaggiu manca
a lu custaggiu drestu.
Beatu Santu Simoni
chi si piséi in calboni
e caggiola no pisési
Santu Larenzu suffiaa
e lu dulori si n'andàa;
Santu Larenzu suffiesi
e lu dulori si n'andesi[135].

Benedizionale 1620

Sii benedetto Dio padre onnipotente:
tu in principio hai creato la luce
e hai acceso nell'uomo, fatto a tua immagine,
la scintilla del tuo amore;
con una colonna luminosa
hai guidato il tuo popolo errante nel deserto
verso la terra promessa;
nella pienezza dei tempi
hai mandato il tuo Figlio
a portare nelle nostre tenebre
l'ardente luce della verità e della grazia,
e dopo la sua gloriosa ascensione
hai effuso la fiamma del tuo spirito
sulla chiesa nascente.

Benedici questo fuoco nella festa di...
e fa' divampare nei nostri cuori
l'incendio della tua carità.

Per Cristo Nostro Signore.

Il fuoco e gli altri elementi naturali sono rivestiti di sacralità, ma talvolta sono causa di crisi, sono elementi ambivalenti. Il pericolo delle scottature o ustioni è realtà comune nell'esercizio delle attività lavorative del mondo

[135] Spegniti, spegniti fuoco, / fuoco non accendere / per non formare vescica; / vescica non provocare / dalla testa alla pancia / dal fianco sinistro / al fianco destro. / Beato San Simone / che si bruciò con i carboni / e non gli si formò vescica. / San Lorenzo soffiava / e il dolore se ne andava / San Lorenzo soffiò / e il dolore se ne andò.

della campagna: dopo la mietitura, per pulire e rendere più fertile il terreno per la nuova semina, si è soliti dar fuoco alle stoppie. Inoltre il fuoco è utilizzato come arma di difesa, o per vendetta. Le pratiche terapeutiche di difesa molto efficaci, oggi rivalutate anche dalla scienza medica, consistono nell'ungere le ferite provocate dalle ustioni, con unguenti ricavati da piante segrete, la cui ricetta viene tramandata di padre in figlio. Sono talmente efficaci che, anche se l'ustione è molto profonda, hanno la capacità di far rinascere la pelle nuova senza lasciare alcuna traccia. Il valore della medicina e della pratica terapica non è commerciale ma rituale. Dopo la guarigione, non si richiede alcun compenso, ma ogni paziente può esprimere la sua riconoscenza liberamente: con prodotti del suo lavoro o con denaro donato in offerta, senza nessuna tariffa imposta. La preghiera del rito invoca san Simone apostolo che, secondo la tradizione popolare, pur venendo a contatto col fuoco non si bruciò. Si invoca pure san Lorenzo, martirizzato su una graticola. Il popolo si richiama a queste vicende, desiderando che quel che è avvenuto nel passato si ripeta anche nel presente, per volere di Dio e mediante l'intercessione dei santi.

Ancora una volta rileviamo come uno dei richiami più forti sia l'invocazione-presenza dei santi. Sono essi ad accompagnare, consigliare, intercedere per gli uomini, intermediari del rapporto con Dio, la cui presenza è vista incarnata proprio in loro e nelle loro opere: da ciò il continuo riferimento per appellarsi a essi. La preghiera popolare è la risposta del rituale al tema del fuoco nella sua azione devastante per la natura e le persone, mentre appare differente la preghiera del *Benedizionale* sul fuoco, pensata per il suo significato simbolico spirituale, elemento che evoca la creazione della luce, la scintilla dell'amore di Dio nel cuore dell'uomo, la colonna luminosa del deserto, la luce di Cristo che splende nelle tenebre, il fuoco dello Spirito Santo per la chiesa nascente. In questo modo la petizione è orientata perché nel cuore arda l'incendio della carità. Per questo l'intera orazione è pervasa dall'anamnesi biblica ordinata secondo uno schema temporale che parte dalla genesi per arrivare alla pentecoste.

Preghiera pal cassi sia firuta	**Benedizionale 1937**
Giesu Cristu *pa la dì in via andàa* *e a frati Midiani* *in camminu intuppàa:* *Cosa cilcheti frati Midiani?* *Semu cilchendi una midicina* *chi s'è firitu un nostru cumpagnu.* *Furrieti, furrieti.* *andeti a giescia manna* *e piddeti lana lùccia* *e cilcheti alba lùccia* *e ociu d'ulia* *e tre vitti di palma* *e punitili in gruci e diti* *Comu dulisini e malcisini* *li firuti di Cristu* *cussi dolini* *màlcini e middòrini* *li firuti di chistu*[136].	Noi ti rendiamo grazie, Dio Onnipotente, che hai creato l'uomo per la gioia e la vita immortale, e con l'opera redentrice del tuo figlio lo hai liberato dalla schiavitù del peccato, radice di ogni male. Tu ci doni la certezza che un giorno sarà asciugata ogni lacrima e ricompensata ogni fatica sostenuta per tuo amore. Benedici i tuoi figli, che nella piena adesione alla tua volontà ti invocano mediante l'intercessione di... (della vergine Maria o di san N.) perché preservati (liberati) dal male (di...) e confermati dalla grazia del tuo spirito, glorifichino in parole e opere il tuo santo nome. Per Cristo Nostro Signore.

[136] Gesù Cristo / quel giorno andava per la via, / e i fratelli Mediani / incontrò nel cammino. / Che cercate, fratelli Mediani? / Stiamo cercando una medicina / perché si è ferito un nostro compagno. / Tornate indietro,

La preghiera è il dialogo immaginario tra Gesù e alcuni fratelli, ai quali Gesù chiede spiegazione della loro preoccupazione. Quelli rispondono che sono alla ricerca di una medicina per curare un loro amico ferito. Gesù allora interviene e consiglia lui stesso quale terapia utilizzare. Il rito della guarigione, consiste in un vero intervento terapeutico spirituale e corporale, nel recupero della corporeità dell'uomo nel suo complesso, mentre si richiamano insieme tutti gli elementi significativi per la salvezza. A un elemento terapeutico concreto, per esempio l'olio e le erbe, si aggiunge la preghiera vera e propria, a cui si accompagna il segno esterno che esplicita l'atteggiamento interno del guaritore e del malato. Il vero guaritore di questo rito è il Cristo stesso che addirittura indica il tipo di farmaco e il luogo dove lo si può trovare.

Il *Benedizionale* con la preghiera segnata dal numero 1937, tratta dalle benedizioni per la salvaguardia della salute, propone un testo vicino alla sensibilità del popolare ricco di quegli elementi costantemente presenti nel suo linguaggio semplice. La preghiera si apre innanzitutto con il rendimento di grazie al Creatore perché ha chiamato l'uomo a vita immortale per mezzo del Cristo che ha già liberato l'uomo dalla radice del male e apre la creatura sofferente alla speranza in una vittoria, che l'uomo otterrà con l'aiuto della vergine Maria e dei santi. Mentre tutto ciò viene confermato dall'azione potente dello Spirito Santo.

Preghiera stancia sangu *(emorragia)*

Santu Paulu in banca staggja
tre culteddi d'aglientu tinia
unu taddàa, unu pugnia

---

tornate indietro. / Andate nella chiesa parrocchiale / e prendete del muschio / e cercate del quadrifoglio / e olio di oliva / e tre rametti di palma / e formate una croce e dite: / Come fecero male e marcirono / le ferite di Cristo, / così facciano male / marciscano e guariscano / le ferite di questa persona.

unu trappàa lu sangu ch'iscia.
Sta sangu in vena toia
comu stesi Cristu in sedi soia[137].

Anche per questa orazione popolare non ci è consentito lo sguardo sinottico in quanto non è presente qualcosa di simile nel nuovo *Benedizionale.* La preghiera rituale si è sviluppata probabilmente a partire da una comprensione artistica ingenua della immagine di san Paolo, il santo che nell'iconografia è spesso raffigurato con una spada, segno della forza della Parola annunciata. La preghiera popolare ha assunto la forza simbolica della spada e l'ha attribuita alla potenza taumaturgica contro tutto ciò che sanguina. L'altra figura di guarigione è Cristo stesso, che ha conosciuto la sofferenza e non si è sottratto alla morte. In tal modo anche il sangue viene invitato, quasi come fosse una persona, a dimorare nella propria sede, e cioè nelle vene. Il rito è introdotto dal segno di croce, poi ci si inginocchia accanto al paziente e si traccia su di lui il segno di croce con la mano destra; si tratta di una benedizione simile a quella che un ministro fa durante le varie celebrazioni. Infine si impongono le mani sulla ferita, chiamando per nome il malato. L'orazione si deve recitare solo se il paziente corre il rischio di morire dissanguato.

Preghiera per uno strappo muscolare

Santu Maltinu a caccia andesi
tre pani e tre cani iddu pultesi
Andendi toppa un fossu
casca e trunca pulpa chen'ossu.
Passa Gjesù Cristu e li disi
Pesa Maltinu meu
pesati friscu e sanu

[137] San Paolo stava (seduto) a tavola / aveva tre coltelli d'argento / uno tagliava, l'altro pungeva / l'altro parava (fermava) il sangue che usciva / sta', o sangue, nella tua vena / come Cristo stette nella sua sede.

che ociu seu pianu.
Santu Maltinu a caccia andesi
tre pani e tre cani cu iddu pultesi
Essende in caminu è cascati in un fossu
e fiaccatu ha pulpa chen'ossu
e toppa a Domine Deu:
Undi se' andendi Maltinu meu?
Era andendi in un caminu
e cascatu socu in un fossu
e fiaccattu m'haggju pulpa chen'ossu.
Anda a chidda piana
e pidda un pezzu d'ociu seu
untala cun mani piana
e la carri fiaccata turrarà sana.

Santu Maltini era caminendi
a casa soia era turrendi
e pidda di pettu un monti siguru
che 'i la notti era oscuru
e carri fiaccata si fesi.
Intoppa a Domine Deu
e tucchendilu li disi:
Und' eri andendi Maltinu meu?
Er'andendi illu caminu
e cascatu socu in chistu fossu
e fiaccat' haggju pulpa chen'ossu.
Anda a chidda piana
e pidda un pezzu d'ociu seu
untala a mani piani
e la carri fiaccata si torria sana[138].

[138] San Martino andò a caccia / tre pani e tre cani portò. / Andando, incontra un fosso / cade e rompe polpa senz'osso. / Passa Gesù Cristo e gli dice: / Alzati, Martino mio, / alzati fresco e sano / come sego leggero. / San Martino andò a caccia / tre pani e tre cani portò / Essendo per strada cascò in un fosso / e ruppe polpa senz'osso / e incontra Domine Iddio: / Dove stai andando, Martino mio? / Stavo andando per una strada / e sono caduto in un fosso / ho rotto polpa senz'osso. /Vai in quella pianura /e prendi un pezzo di sego / ungila con mano leggera / e la carne rotta ritorni sana. / San Martino stava camminando / a casa sua stava ritornando / e inciampa in un

Il rito per la guarigione da strappo muscolare non trova consonanza con il *Benedizionale* e ripropone nuovamente una preghiera che vede la presenza di san Martino, soldato, monaco, vescovo nelle vesti del malato, soccorso nell'intervento da Gesù. Martino è un santo molto popolare, la presenza del culto in suo onore, probabilmente proveniente dalla Francia, e introdotto nel Medioevo dai monaci vittorini, presenti nell'XI secolo in Gallura a Olbia, dove edificarono anche una splendida basilica in granito a tre navate, e inoltre la diffusione del nome Martino, tra la gente, sta a significare che la comunità riconosce in lui un compagno di viaggio e un degno intercessore, tramite il quale Dio fa sentire la sua presenza benevola per l'elargizione delle sue grazie. Il primato del segno è costituito dalla manipolazione della parte infortunata con olio, e dal segno della croce. La *performance* rituale è costituita dall'insieme di preghiera e di pratica terapeutica del massaggio per il recupero dal dolore. Il ministro del rito interviene perciò su due livelli: la parte spirituale e quella propriamente fisica.

Preghiera pa la mulditura *(morso di animale)*

Mulditura, mulditura
pa lu soli e pa la luna
pa la luna e pa lu soli
pal lu Santu Salvatori
pa lu' jaddu cantadori
di la notti di Natali
chist'è mossu chi no vali[139].

---

sasso sicuro / che nella notte era oscuro / e si provocò uno strappo muscolare. Incontra Domine Iddio / e toccandolo gli disse: / Dove stavi andando, Martino mio? / Stavo andando per strada / e sono caduto in questo fosso / e ho rotto polpa senz'osso. / Vai in quella pianura / e prendi un pezzo di sego / ungila con mano leggera / e la carne rotta ritorni sana.

[139] Morsicatura, morsicatura / per il sole e per la luna, / per la luna e per il sole / per il santo Salvatore (il Cristo?) / per il gallo che canta / nella notte di Natale / questo è un morso che non vale.

In questa preghiera, sempre tratta dal patrimonio della religiosità popolare, ma senza l'equivalente del rituale della chiesa, il *Benedizionale*, testo di confronto che non contempla fra le due esperienze di ritualità alcuna espressione di base, troviamo un esempio di stretto legame tra il culto e il vissuto della comunità, come qualità distintiva del popolare. Si tratta di un momento singolo e accidentale della vita dell'uomo che viene assunto nel rito, la cui funzione è quella di ri-collocarlo dentro un ordine, per un recupero salvifico. L'invocazione per la guarigione della ferita, procurata dal morso di un animale, invoca non i santi ma direttamente Gesù Cristo salvatore, nel suo Natale e il gallo che canta nella notte di Natale. Nella lingua sarda questo canto dà il nome alla messa di mezzanotte: *missa 'e puddu*, «messa del gallo». Alla notte di Natale vengono attribuite caratteristiche interessanti: le donne in attesa di figli partecipano alla messa perché in tale notte si ottengono grazie speciali per i neonati. La preghiera indica questa notte come una notte di salvezza, di guarigione. L'unico segno, che dà spazio all'estensione della corporeità è la croce perennemente presente, segnata sulla ferita durante il rito.

Preghiera per la guarigione dalla puntura di insetti velenosi

Tarantuledda, tarantuledda
curona niedda
vaglia pinta
pezzu m'imponi
e andatinni in pari[140].

Il lavoro agricolo espone il bracciante a un incontro a volte abbastanza difficile con la natura nel tentativo di stabilire un rapporto di dominio, ma talvolta l'uomo fa esperienza del limite, poiché non tutto è prevedibile. Al

[140] Tarantolina, tarantolina, / alone nero / ragno colorato / di' cosa vuoi /e vattene subito.

principio della stagione estiva, durante il periodo della mietitura, si manifestava una sorta di paura dovuta al contatto involontario con ragni temibili, velenosi, come la tarantola, che si nasconde al calore nel fieno e che, pungendo, è causa di forte febbre o addirittura di morte. La puntura dava origine a un intervento rituale complesso al quale ci si sottoponeva immediatamente: si scavava una fossa e vi si interrava il paziente, in posizione verticale, coperto fino al collo. I parenti, vestiti a lutto, sedevano tutt'intorno e piangevano l'ammalato come se fosse morto, mentre, fuori dal cerchio, vi era un'altra persona che recitava questa preghiera per la guarigione. In altre parti della Sardegna, è presente una variante del rito, più completa, come per esempio in Barbagia o nel Logudoro, dove la ritualità era praticata, ma con qualche differenza[141]. Per la puntura del ragno velenoso denominato *s'arza*, «argia», lo stesso ragno velenoso sopra descritto, si ricorreva a un rito speciale chiamato *su ballu e s'arza*, formato da un corteo di persone, sette vedove, sette zitelle, sette spose, che rappresentavano i tre tipi di argia: *Battia* vedova, *Aghjana* nubile, *Isposa* maritata, e un gruppo di uomini. L'ammalato veniva condotto e sotterrato presso un letamaio fino al collo, sotto il calore del sole, perché il rito fosse più efficace. I tre gruppi di donne si disponevano come per il ballo tutt'intorno e a cerchio, con al centro l'ammalato. Si trattava di un ballare in modo burlesco per poter far ridere l'ammalato, farlo sudare, per sfebbrarlo e così ottenere la sua guarigione. Le danzatrici danzavano al ritmo degli strumenti musicali e contemporaneamente improvvisavano poesie e preghiere.

---

[141] E. De Martino, *Taranta pugliese e Argia sarda*, in Atti del convegno di studi religiosi sardi (Cagliari 24-25 maggio 1962), CEDAM, Padova 1963, pp. 213-222.

Istuttemus su 'occu
e cesset cust'ifferru
ca non b'à prus isettu.
Acchìtelu su toccu
cumandate s'interru
'estitelu 'e nettu[142].

Se, nonostante i balli sfrenati e goffi e le risate della comunità, il paziente tardava a ridere, bisognava diminuire il ritmo del rito e del ballo, ma questo era un segno negativo per quanto concerneva la guarigione, anche se quasi sempre il rito di guarigione trionfava e il malato guariva. Il successo del rituale consentiva alle donne esecutrici dell'azione di liberazione di acquisire fama di guaritrici, tra il popolo, per cui venivano moralmente ricompensate. La celebre opera citata di De Martino[143] mostra alcune differenze, che ora noteremo fra il tarantismo pugliese e il rituale dell'argia sarda poiché potrebbero essere utili in chiave interpretativa. Anzitutto facciamo una prima distinzione: la taranta pugliese morde di solito persone di sesso femminile, l'argia sarda invece persone di sesso maschile; in secondo luogo, nel tarantismo pugliese, il primo morso fa sentire i suoi effetti negli anni successivi, mentre col morso dell'argia, una volta che la persona guarisce, la ripetizione annua praticamente non appare; in terzo luogo, nel tarantismo pugliese sembra eccezionale ciò che nell'argia sarda è relativamente frequente, almeno in alcune zone dell'isola: si tratta della possessione di una persona di sesso maschile da parte di una entità femminile, l'argia, considerata nei suoi tre fondamentali stati civili di vedova, di sposa o di nubile. Infine, nel tarantismo pugliese, la danza del tarantato sta al

[142] Spegniamo il fuoco / e cessi questo inferno / perché non vi è più speranza. / Fatelo il tocco (delle campane) / ordinate il seppellimento / vestitelo a festa (il morto).

[143] E. De Martino, *Taranta pugliese e argia sarda*, cit.

centro del cerimoniale, mentre nei rituali sardi dell'argia, anche se non sempre, chi è stato morso assiste alla danza esplorativa condotta da un corpo coreutico composto da vedove, spose e nubili. De Martino conclude affermando che il tarantismo, anche se originariamente fu occasionato da reali episodi di *latrodectismo*, sindrome tossica dovuta al morso del *latrodectus tredecim o guttatus*, non è riducibile al latrodectismo, ma si configura come un simbolo mitico-rituale nel cui orizzonte sono evocati conflitti presenti nell'inconscio. È difficile però affermare questo nel nostro caso anche perché il rito dell'argia sarda che, come abbiamo visto, si manifesta solo in seguito al morso del ragno, non ha manifestazioni ripetitive annuali.

Preghiera parauli pa unu ch'è murendi *(per un moribondo)*

Preghiera popolare	**Benedizionale 1583**
Unu è l'agnulè[144]	Sii benedetto,
unu a capizza	o Dio padre del nostro Signore Gesù Cristo,
e unu a pè:	
unu a pè	che nella tua grande misericordia,
e unu a capizza.	ci hai rigenerati

[144] Uno è l'angioletto, / uno al capezzale / e uno ai piedi del letto: / uno ai piedi del letto / e uno al capezzale. / Spirito Santo amen. ecc. / Due sono gli angioletti, / due al capezzale / e due ai piedi del letto: / due ai piedi del letto /e due al capezzale. /Spirito Santo amen. / Tre sono gli angioletti, / tre al capezzale / e tre ai piedi del letto: / tre ai piedi del letto / e tre al capezzale. / Spirito Santo amen. / Quattro sono gli angioletti, / quattro al capezzale / e quattro ai piedi del letto: quattro ai piedi del letto / e quattro al capezzale. / Spirito Santo amen. / Cinque sono gli angioletti, / cinque al capezzale / e cinque ai piedi del letto: / cinque ai piedi del letto / e cinque al capezzale. / Spirito Santo amen. / Sei sono gli angioletti, / sei al capezzale / e sei ai piedi del letto: / sei ai piedi del letto / e sei al capezzale. / Spirito Santo amen. / Sette sono gli angioletti, / sette al capezzale / e sette ai piedi del letto: / sette ai piedi del letto / e sette al capezzale. / Spirito Santo amen. / Otto sono gli angioletti, / otto al capezzale / e otto ai piedi del letto: / otto ai piedi del letto / e otto al capezzale. / Spirito Santo amen.

Spiritu Santu amè.

Dui so l'agnulè
dui a capizza
e dui a pè:
dui a pè
e dui a capizza.
Spiritu Santu amè.

Tre sò l'agnulè
tre a capizza
e tre a pè:
tre a pè
e tre a capizza.
Spiritu Santu amè.
Cattru sò l'agnulè
cattru a capizza
e cattru a pè:
cattru a pè
e cattru a capizza.
Spiritu Santu amè.
Cincu sò l'agnulè
cincu a capizza
e cincu a pè:
cincu a pè
e cincu a capizza.
Spiritu Santu amè.

Sei sò l'agnulè
sei a capizza
e sei a pè:
sei a pè
e sei a capizza.
Spiritu Santu amè.

Setti sò l'agnulè
setti a capizza
e setti a pè:
setti a pè
e setti a capizza.
Spiritu Santu amè.

mediante la resurrezione dai morti
a una speranza viva,
per una eredità che non si corrompe e non marcisce;

ascolta la preghiera che rivolgiamo a te
per tutti i nostri cari che hanno lasciato questo mondo:
apri le braccia della tua misericordia
e ricevili nell'assemblea gloriosa
della Santa Gerusalemme.

Conforta quanti sono nel dolore del distacco con la certezza che i morti
vivono in te.
E anche i corpi affidati alla terra saranno un giorno partecipi
della vittoria pasquale del tuo Figlio.

Tu che nel cammino della chiesa
hai posto quale segno luminoso
la beata vergine Maria,
per sua intercessione sostieni la nostra fede,
perché nessun ostacolo ci faccia deviare
dalla strada che porta a te,

che sei la gioia senza fine.

Per Cristo nostro Signore.

Ottu sò l'agnulè
ottu a capizza
e ottu a pè:
ottu a pè
e ottu a capizza.
Spiritu Santu amè.

L'ultima preghiera del paragrafo sui riti di crisi, interpretati in relazione sinottica con i testi della liturgia del *Benedizionale*, è tratta dalla ritualità, che ingloba il momento della morte. La religiosità popolare ci offre una preghiera che segue il genere letterario della invocazione, per il momento di crisi estrema, durante l'agonia. L'oggetto della richiesta è il sostegno del coro degli angeli, che per il popolare sono otto, uno in meno rispetto alla tradizione cristiana. Gli angeli, messaggeri celesti, non mancano di seguire l'uomo in tutta la sua vita e si rendono particolarmente presenti nel momento della morte. La preghiera offre loro una locazione e attribuisce loro la disposizione attorno al capezzale e ai piedi del moribondo. Il rito inizia, come sempre, con il segno di croce e si conclude col segno di croce tracciato sulla fronte del morente. L'errore nella preghiera potrà restringere il tempo che separa dalla morte, anche in questo caso, tuttavia, la recita dovrà proseguire senza interruzione, nonostante l'errore, altrimenti lo stesso orante subirà delle conseguenze: potrà essere una disgrazia o addirittura potrà essere causa di morte entro l'anno.

L'unica preghiera sul tema della morte, che invece propone il *Benedizionale*, è la preghiera segnata con il numero 1583. Essa fa parte del rito di benedizione delle persone già defunte, che ricevono la visita dei loro cari, per il ricordo. L'origine della benedizione trova risposta nell'usanza dell'*assoluzione* del defunto, richiesta dal desiderio del popolo. Il rito è strutturato sempre seguendo lo schema della liturgia della parola: invocazione e colletta, processione alla tomba con canto delle litanie dei santi o recita del rosario, proclamazione della parola, omelia, preghiera dei fedeli e orazione di benedizione. Il contenuto della preghiera è contrassegnato dalla benedizione rivolta a Dio perché ci ha rigenerati alla speranza con la risurrezione di Gesù. In un secondo momento la preghiera si fa supplica per il defunto, perché sia accolto nella Gerusalemme celeste, e si prega per chi vive l'esperienza del lutto, affinché trovi conforto nella fede pasquale.

Il diavolo

La credenza e l'origine del diavolo[145] come figura enigmatica non riguarda solamente l'ambito propriamente cristiano ma è come un filo rosso che attraversa tutte le espe-

---

[145] A. VALLVEY, *La città del diavolo*, traduzione di R. Bovaia, Narratori della Fenice, Guanda, Parma 2007; A. D'AOSTA, *La Caduta del diavolo*, a cura di E. Giacobbe e G. Marchetta, Bompiani, Milano 2006; D. CHAVARRIA, *Il diavolo per la coda*, traduzione di C. Marinelli, Le Gaggie, Editore Tropea, Milano 2006; N. MINERVA, *Il diavolo: eclissi e metamorfosi nel secolo dei Lumi: da Asmodeo a Belzeb*ù, Longo, Ravenna 1990; M.S. BERGMANN, *In the shadow of Moloch. The sacrifice of Children and Its Impact on Western Religions*, Columbia University Press, New York 1992; R.L. STEVENSON, *Il diavolo nella bottiglia*, traduzione di A. Brilli e introduzione di L. Trevisan, Mondadori, Milano 1994; J. WIER, *Agli albori della critica razionale dell'occulto e del demoniaco nell'Europa del Cinquecento*, a cura di M. Valente, L.S. Olschki, Firenze 2003; O. BATTAGLIA, *Saggio sulla demonologia nei Vangeli*, Cittadella, Assisi 2003; M. SPEZI, *Le sette di Satana: cronache dall'inferno*, Sonzogno, Milano 2004; G. HANCOCK - R. BAUVAL, *Talismano: le città sacre e la fede segreta*, trad. di L. Corradini Caspani e M. Sartori, Corbaccio, Milano 2004; P. LOMBARDI, *Il secolo del diavolo: esorcismi, magia e lotta sociale in Francia: 1565-1662*, Edizioni di storia e letteratura, Roma 2005; H. BARUCH, *I demoni segreti di David: messia, assassino, traditore, re*, Paideia, Brescia 2004; A. CARPIN, *Angeli e demoni nella sintesi patristica di Isidoro di Siviglia*, ESD, Bologna 2004; AA.VV. *Il diavolo e l'occidente*, in Atti del Convegno Il diavolo e l'occidente (Oratorio dei Filippini, Bologna, 9-11 maggio 2003), a cura di P. Capelli, Morcelliana, Brescia 2005; E. MANDRUZZATO, *I demoni: undici confessioni apocrife*, Il poligrafo, Padova 2006; M. BUTICCHI, *Il vento dei demoni*, Longanesi, Milano 2007; A. FERREIRO, *The devil, heresy and witchcraft in the Middle Ages: essays in honor of Jeffrey B. Russell*, Brill, Leiden 1998.

rienze religiose dell'umanità. Secondo alcuni la credenza in questi esseri misteriosi fonda le sue radici addirittura nella prima esperienza a carattere religioso dell'umanità, nella idea di un mondo naturale abitato non solo dagli uomini ma anche da creature fantastiche che traggono la loro forza soprattutto dal regno animale. Curiosamente le immagini simboliche di rappresentazione del diavolo, anche nella nostra cultura più evoluta, lo riportano fornito degli attributi propri del mondo animale. Per esempio lo si riveste della coda, delle corna, degli zoccoli, oppure prende la figura del serpente o del drago. Nella prospettiva antropologica l'esistenza diabolica al contrario, ha la sua origine dal mondo dei morti, come forma animistica, in cui lo spirito di alcuni defunti può trasformarsi in spirito buono oppure cattivo. È comunque ricco di significato credere che negli spiriti possa vivere anche l'idea stessa di diavolo, inteso come personificazione del male in un essere ben definito. A questi tentativi di spiegazione si deve aggiungere l'interpretazione teologica[146] della tradizione cristiana che collega questo aspetto con il concetto di male. All'interno dell'ambito arcaico, popolare, alla responsabilità del diavolo è attribuito il fenomeno della possessione del corpo. Anche la tradizione biblica riporta numerosi casi di possessione, distinti dalle ossessioni o paure inconsce, un'autentica conferma si trova in autori come Tambiah[147] che, rifacendosi ai suoi studi di antropologia sui culti degli spiriti in Thailandia, sostiene che esista una netta separazione tra possessione di livello benigna e possessione maligna, anche se è complesso operare una distinta classificazione, in quanto tali spiriti sono fluttuanti. Lo studioso ricorda nel suo lavoro solamente quelli più comuni come quelli propensi all'aggressione: è il caso degli spiriti delle

---

[146] H.U. VON BALTHASAR, *Teodrammatica*, vol. 3, Jaca Book, Milano 1992.

[147] S.J. TAMBIAH, *Buddhism and The Spirit Cults in North-East Thailand*, Cambridge University Press, Cambridge 1970.

risaie o quelli della montagna. Lo spirito più pericoloso però è lo spirito che è stato già esorcizzato da un altro e ora si trova nello stato di *vagans.* Non è difficile cogliere una analogia con la concezione religiosa degli spiriti della tradizione popolare sardo-gallurese, i quali sono classificati e distinti per una gerarchia spirituale. Ciascuno di essi ricopre un incarico, gli viene riconosciuto un compito, agisce in base alla propria condizione o specificità che si manifesta in tempi e luoghi ben definiti. Per esempio *lu fuglittoni*, che significa «vortice d'aria», è lo spirito di un suicida o deceduto per morte violenta, che va in cerca di persone da sottoporre a possessione; oppure *lu strobbu*, «spavento da visione», è lo spirito maligno che si impossessa degli uomini con una manifestazione improvvisa e che procura un attacco catatonico, di sconvolgimento; invece *li vuglietti* sono «anime incarnate in animali», che aggrediscono i viaggiatori soprattutto nelle ore notturne; *li suleddi*, a loro volta, sono «i solitari», gli spiriti costretti a vagare in solitudine durante la notte; *lu traicoggju* è un altro spirito: si tratta dello «spirito trascinatore», spirito di un ladro costretto a trascinare per punizione, una pelle di bue o di cavallo; *la palpaccia*, invece è «una vecchia» che compare la notte di Natale; *lu pundacchju*, infine, è uno spirito simpatico e burlone.

Diavolo e malocchio sono due fenomeni strettamente connessi: il malocchio può essere interpretato interamente come prodotto dell'azione diabolica, per cui anche le preghiere che si usano contro il diavolo possono essere utilizzate contro il malocchio, e viceversa. Le potenze della vita sono spesso considerate come orribili, spaventose, misteriose, inspiegabili razionalmente, come afferma Van Der Leeuw. L'angoscia indeterminata alla presenza dell'orribile è ciò che dà origine e forma al demonio[148].

La figura del demone proviene dall'esperienza di alcune

---

[148] G. Van Der Leeuw, *Fenomenologia della religione*, Universale scientifica, 133-135, Boringhieri, Torino 1975, p. 102.

situazioni particolari: l'abbandono, le tenebre, l'esperienza della solitudine desertica, nei boschi o nelle montagne, nelle rocce dall'apparenza inconsueta e spaventosa. All'interno delle dimore umane regna la sicurezza, ma al di fuori, nelle tenebre notturne, nei luoghi isolati, hanno la loro abitazione i vari demoni. Secondo una leggenda ebraica, gli spiriti penetrati in una casa vengono respinti con una sentenza di condanna nel deserto, loro regno. Anche Gesù andò nel deserto e qui avvenne la sua tentazione, nel deserto abitato dalle fiere e non da esseri umani. I primi monaci vanno nel deserto a combattere presso la dimora del diavolo[149]. La potenza dell'ora, per esempio mezzogiorno o mezzanotte, si associa alla potenza del luogo. Per questo è sconsigliato frequentare determinati luoghi in ore particolari. La credenza nel demonio si alimenta anche dell'esperienza di situazioni nelle quali l'uomo non è padrone di sé: sogno, malattia, pazzia, estasi, sottopongono l'uomo alla perdita del dominio di sé, seguito dalla percezione di una realtà più forte, che lo «invade». Anche per la cultura sarda, la presenza del demonio non è vista in senso unicamente negativo: si tratta piuttosto di una figura ambivalente, che ingloba in sé accanto a un aspetto chiaramente negativo, anche uno con valenza positiva. In quanto figura negativa, il demonio è il nemico di Dio, ma è a lui subordinato e l'uomo può vincerlo invocando Dio nella preghiera. Tale preghiera è naturalmente più intensa nei luoghi e nei tempi in cui si pensa presente il demonio: prima di addormentarsi, la notte, prima di un viaggio notturno, nell'attraversare un cimitero.

Il demonio viene personificato con forma di animale, un grande cane-cavallo-maiale; con *l'umbra mala* «l'ombra cattiva»; con *la tentazioni,* «la tentazione»; con *l'ora mala* «la malora»; con *l'assustu* «lo spavento»; *lu puzzinosu* «il puzzolente»; *lu dimoniu* «il demonio», *lu diaulu* «il diavolo». Le varie manifestazioni del demonio possono essere

[149] *Ivi*, p. 105.

esorcizzate attraverso alcune preghiere e riti. Durante le notti, quando la famiglia si ritrovava unita, il capo famiglia era solito raccontare storie dove gli attori principali erano spesso il diavolo, o gli spiriti dei defunti. Questi racconti sono detti *contu di fochili*, storie raccontate vicino al fuoco, e venivano utilizzati come un rimedio contro la paura, per donne e bambini. Oppure assumevano un significato pedagogico di trasmissione della cultura orale. Un altro mezzo utilizzato per vincere la paura del diavolo è dato dal potere di *lu libru* o *l'evangneliu*: il libro dei Vangeli. Di solito del Vangelo si legge il prologo di Giovanni. Questo rito, però può essere celebrato solo dal prete. Si riteneva infatti che il prete possedesse doti particolari e conoscesse formule segrete per mezzo delle quali poteva vincere il diavolo e ogni tipo di paura che perseguitava le persone. Su questo argomento si raccontano tanti fatti realmente accaduti uno dei quali narra di un furto di oggetti sacri dalla chiesa in cui il parroco fu «costretto» a utilizzare *l'evagneliu* affinché avvenisse la restituzione della refurtiva. Nella fattispecie, dopo il rito appena descritto, cioè dopo la «lettura», i ladri si presentarono spontaneamente, in chiesa, e restituirono la refurtiva, con grande stupore dei fedeli. Questo fatto anche oggi viene richiamato alla memoria per affermare che, se il prete vuole, può esercitare dei poteri in modo efficace.

Abbiamo già fatto accenno alle *domus de janas*, i monumenti tombali del periodo eneolitico, anteriori ai nuraghi, che spesso si trovano all'origine di molte novelle popolate di spiriti malvagi. *Janas* – come già visto – sono streghe o fate, demoni che, se non accolti e rispettati, tormentano gli uomini. La studiosa rappresentante della scuola filo-gramsciana Clara Gallini[150], afferma nella sua opera sulle tradizioni, che la religione antica considerava chi stava male come posseduto da una divinità o da un nume minore. In tale situazione,

[150] C. GALLINI, *Tradizioni sarde e miti d'oggi. Dinamiche culturali e scontri di classe*, Editrice Democratica Sarda, Cagliari 1977, p. 77.

un atto di culto, come ad esempio una danza di possessione, diventava un veicolo di guarigione. Per l'autrice citata, fu il cristianesimo a por fine a questa ambivalenza, proponendo una netta distinzione tra bene e male. Allora «bene» diviene ciò che è definito tale dalla teologia, «male» tutto il resto e cioè tutto quello che non cade sotto la gestione monopolistica del nuovo sacro, diventa demoniaco. E come conseguenza di tale interpretazione, ne consegue che il demonio, non ha una sua condizione d'essere, ma incarna in sé solo una funzione strumentale per l'esercizio del potere ecclesiale sul popolo, serve a tener buoni i poveri, ma anche per configurare gli stessi conflitti interni al potere.

La chiesa, come classe dominante, in altro modo, si servirebbe del diavolo per sottomettere a sé ogni altra categoria di persone che desiderasse sfuggire alla sua presa. La creazione di una metafisica del negativo, in quanto forza autonoma a sé stante, si deve a organismi – come la chiesa – che pretendono di essere i gestori esclusivi di una metafisica del positivo, per cui il diavolo non sarebbe altro che un prodotto dell'autoritarismo ecclesiale. Ne emergerebbe, come reazione a livello popolare, una forma di sincretismo nella quale solo il nome viene mutato ai vecchi numi, mutuando quello di demone-diavolo dal cristianesimo, ma senza venir meno alle credenze tradizionali contrarie alla fede cristiana. A questa interpretazione critica del ruolo della demonologia cristiana, mi pare rispondano le preghiere che hanno un fondamento arcaico e che potrebbero essere anteriori al cristianesimo stesso. In esse il popolo, secondo la propria sensibilità e conoscenza, cerca di risolvere il problema del diavolo, riflettendo anche il pensiero cristiano per ciò che concerne la figura, l'origine, la potenza del demonio, ma anche ricalcando quelle orme che come dicevamo nella introduzione, sono il filo rosso sul quale tutte le esperienze religiose passano. Che poi la presenza del demonio sia oggi nuovamente oggetto di vivo interesse è un argomento che fa pensare, ma che non può essere trattato in questa sede.

Preghiera per cacciare il demonio[151]

1. *Eu ti prutestu in nommu di Deu*
e di Nostra Signora
e di tutta la colti cilistiali:
no mi fa mali,
felmu l'ubbidienzia
no ti n'andà ten'a dittill'a eu.
Fuggj, fuggj, Miata
Santa Maria amata,
e Santu Pantalleu.
l'arrori ch'à autu Deu
i lu colpu de la 'iglini Maria
àggja eu e la mè cumpagnja.
Santu Baltulu
drummisi solu
solu drummisi
e no si n'avvidesi.
Sant' Ausanna
gruci illa 'janna
gruci in fusili
l'umbra mala

Esorcismo - Formula imperativa 62

1. Ti ordino, Satana,
nemico della salvezza dell'uomo:
riconosci la giustizia e la bontà di Dio
che con giusto giudizio ha condannato
la tua superbia e la tua invidia.
Esci da N., servo/a di Dio,
che il Signore ha creato/a a sua immagine, ha arricchito/a dei suoi doni, ha adottato/a come figlio/a della sua misericordia
Ti ordino, Satana,
Principe di questo mondo:
riconosci il potere invincibile di Gesù Cristo:
egli ti ha sconfitto nel deserto,
ha trionfato su di te nell'orto degli ulivi,
ti ha disarmato sulla croce
e risorgendo dal sepolcro,
ha portato i tuoi trofei
nel regno della luce.

---

[151] Io ti protesto nel nome di Dio / e di Nostra Signora / e di tutta la corte celeste: / Non farmi del male, / te lo ordino. / Vai via quando te lo ordino io. / Scappa via, scappa via via, Miata / Santa Maria amata / e san Pantaleo. / Come Dio (Gesù) è stato immune dal male / nel seno di Maria / così sia anche per me con i miei cari. / San Bartolomeo / sei andato solo solo / e sei venuto e non hai temuto; / perché avrei dovuto temere / avevo la croce di Maria Vergine / sulla fronte. / Allora sia salvato / dal fulmine / non muoia annegato / non venga bruciato dal fuoco / non venga trapassato dal piombo (pallottola) / non venga catturato dalla giustizia / chi reciterà tre volte queste parole / sarà salvo anche da morte violenta.

ci pòssia iscini.

In locu d'ea mala
e d'ea bona
illu rilociu chi no v'ha minutti
non dici l'ora si no v'è la friccia.
3. *In nommu di lu Babbu, di lu Fiddolu*
e di la colti cilistiali
2. *in capu ti lampu l'ea*
ti battisgiggjiu e t'accendu lu lumu.
Imbiccatu haggjiu in via
Petru, Paulu e Andria,
Andria, Paulu e Petru
Cuntrastat'hani cun mecu
(segno di croce)
Cansa e istransa
e lassu passà
(segno di croce)
chi ora mala no pòssia intuppà
(segno di croce)

Vattene da questa creatura, da N.:
che il Salvatore, nascendo tra noi,
Ha reso suo fratello (sua sorella)
e morendo in croce ha redento (redenta)
con il suo sangue. Ti ordino, Satana,
Seduttore del genere umano:
riconosci lo Spirito di verità e di grazia, lo Spirito che respinge le tue insidie e smaschera le tue menzogne.
Esci da questa creatura, N.,
Abbandona quest'uomo (/questa donna):
che Dio ha segnato con il suo sigillo.
Dio l'ha reso/a suo tempio santo
2. con l'unzione del suo Spirito.
Vattene, dunque, satana: vattene
3. nel nome del Padre + e del Figlio + e dello Spirito + Santo.
Allontanati per la fede
e la preghiera della Chiesa
Fuggi per il segno della santa croce di
Gesù Cristo, Signore nostro.
Egli vive e regna nei secoli dei secoli.
Amen.

Questa ultima preghiera popolare dell'ultimo paragrafo è così potente da poter legare, imbrigliare il demonio, ma colui che più di ogni altro è stato costituito in questo potere, è il sacerdote, ma, in sua assenza, anche il guaritore dispone di questa facoltà. Poiché il demonio si manifesta in diversi modi, sta alla scaltrezza del guaritore saperlo riconoscere, per poi impedirgli di agire. La preghiera è rivolta a Dio e alla corte celeste, perché nel loro nome il demonio venga allontanato. A questo punto attraverso delle immagini popolari, fantastiche si descrive, come modello, la condizione di sicurezza di Gesù nel seno della vergine Maria, nel periodo prenatale, e si prega perché anche a colui che si sente oppresso dal diavolo possa esser concesso di vivere in modo speculare, lontano da ogni male, protetto. Si compie poi l'aspersione del luogo dove il diavolo si è manifestato e si invocano san Pietro, san Paolo e sant'Andrea come santi principali, seguiti da san Pantaleo, san Bartolomeo e infine santa Susanna affinché conducano alla libertà l'uomo posseduto. In tal modo veniva legato il demonio e gli si impediva di agire per almeno ventiquattro ore. Subito dopo era necessario scioglierlo, altrimenti quel luogo si sarebbe trasformato in un vero inferno e sarebbe divenuto intransitabile. Per sciogliere il demonio dopo che lo si era legato, si recitava la preghiera al rovescio, iniziando cioè dall'ultima strofa, oppure si recitava, sempre al rovescio, il *confiteor*, previa però autorizzazione del prete. L'analisi delle due forme rituali di esorcismo, che ora seguirà, quella espressa dal popolare e dal *Benedizionale*, evidenzia subito gli elementi comuni sottolineati e indicati numericamente per uno sguardo sinottico di confronto più leggibile: 1. l'esorcismo inizia con un comando, nel segno di un'autorità superiore. Ci si ritrova dinanzi al forte e al più forte, *eu ti prutestu*, cioè «ti ordino!» così anche per il testo della chiesa recita: «ti ordino!». 2. La creatura ha ricevuto il battesimo e il dono della luce divina *ti battisgiggjiù e t'accendu lu lumu*. Dio l'ha reso tempio santo con l'unzione dello spirito, proclama il testo del benedizionale, e infine, l'ultimo elemento in comune del contesto formale delle due differenti espressioni linguistiche, è dato dal punto 3. cioè dall'invocazione del Padre, del Figlio e della corte celeste, *In nommu di lu Babbu, di lu Fiddolu e di la colti celestiali*, per il popolare, che però non fa menzione esplicita dello Spirito Santo, sostituito dalla corte celeste. L'altro testo, quello ufficiale della chiesa invece invoca al completo la benedizione del Padre e del Figlio e dello Spirito Santo.

Il malocchio

La credenza nel malocchio[152], forza malefica dell'occhio, è diffusissima: si pensa che alcuni individui emanino forze o fluidi particolari; Pettazzoni nella sua opera dedicata agli studi della religiosità primitiva nell'isola scrive: «Chi è stato in Sardegna, non può dimenticare lo sguardo delle donne sarde; sguardo intenso, cupo e ardente, fascino ammaliatore pieno di forza arcana, che parve e fu terribile, come è temibile il mistero, all'anima e alla mente dei primitivi»[153]. In tutta la Sardegna si è soliti, nell'ammirare una bella fanciulla o un ragazzo o adulto dotato di bell'aspetto, premettere o far seguire al complimento: *Deu lu mantenghia*, Dio lo conservi sempre così; in tal modo si evita di trasmettere il malocchio. Questa giaculatoria deve seguire o precedere anche i complimenti o le espressioni di meraviglia nei confronti anche degli animali, piante o oggetti che destano l'interesse.

Le persone cui vengono attribuiti i poteri dello sguardo malefico possono essere uomini o donne, singoli o intere famiglie; questi utilizzano i loro poteri anche inconsciamente

---

[152] G. BOY, *Malocchio*, Editore Spaggiari, Parma 1923; G. MEIJSING, *Malocchio: een Toscaanse jeugd*, De Arbeiderspers, Amsterdam 2003; I. SVEVO, *Il malocchio; L'assassinio di via Belpoggio; La morte e altri racconti*, Comet, Roma 1994; C. MARCHIARO, *Fatture controfatture e pratiche magiche: come difendersi dai malefici e annullare il malocchio*, MEB, Padova 1986; C. GALLINI, *Dono e malocchio*, Editore Flaccovio, Palermo 1973.

[153] R. PETTAZZONI, *La religione primitiva in Sardegna*, Sardegna archeologica, Carlo Delfino Editore, Sassari 1980, pp. 57-58.

nei confronti dei loro compaesani o degli animali, delle cose con cui entrano in contatto, e vengono denominati *pindacchju*, «iettatore». Sono individui temuti, rispettati, ma possibilmente da evitare, qualche volta vengono emarginati per timore di entrare in contatto con loro e di subirne i malefici. Si tratta di una credenza diffusa in tutti gli strati sociali, senza eccezione. Interpretazioni diverse traducono il fenomeno del malocchio con delle motivazioni di carattere sociale: riguarda le comunità ristrette dove occorre superare i conflitti interni che si generano di frequente sul versante del possesso. Si tratta della necessità di far fronte a questo ostacolo attraverso un fattore di equilibrio inserito nella dinamica invidia-dono. Con questa ipotesi si affermerebbe una specie di opposizione popolare in base alla quale tutti dovrebbero essere uguali. Da un lato infatti il dono provocherebbe una circolazione sociale di beni secondo la concatenazione del dare-ricevere; dall'altro, il malocchio, attraverso il furto magico e l'invidia, mirerebbe a riequilibrare le sperequazioni fra coloro che nella comunità appaiono più fortunati e gli altri che invece sono i più deboli[154]. L'ipotesi è interessante, ma incompleta nel complesso, perché si baserebbe solo su un'analisi parziale della società, soffermandosi solo su una parte di essa, seppur importante, e tagliando fuori altri elementi come le esperienze religiose che fungono da elemento di collante per tutti gli altri.

Rituale per la guarigione di persone colpite da malocchio

Colui che è stato colpito dal malocchio manifesta sintomi particolari: febbre, stanchezza, deperimento. La diagnosi viene fatta dai familiari o dalle donne del vicinato, e si ricer-

---

[154] M. ATZORI - M. SATTA, *Credenze e riti magici in Sardegna. Dalla religione alla magia*, Chiarella, Sassari 1983, p. 99. Gli autori fanno convergere la loro tesi, rifacendosi alla scuola filo-gramsciana, sulla religiosità popolare e sul rapporto fra classi egemoni e classi subalterne. Tutto si risolve nel desiderio di riscatto da parte della cultura più debole nei confronti di quella che ha sempre dominato.

cano le cause della malattia soprattutto negli incontri avvenuti con persone che trasmettono forze negative. Una volta diagnosticato il male e riconosciutane l'origine, si ricorre alla guaritrice, perché compia sul malato la pratica esorcista. La guaritrice, o il guaritore, è una figura carismatica, con una spiccata personalità, che infonde sicurezza ed è consapevole del ruolo che svolge sapendo che, in qualche modo, molti possono dipendere da lei. L'ammalato ha verso di lei una grande fiducia, solo per mezzo suo può infatti guarire. Se al contrario, la guaritrice nota nell'ammalato poca disposizione oppure un atteggiamento di sufficienza, si rifiuta di compiere il rito, o, se lo compie, non recita le preghiere prestabilite, ma finge di recitarle. Le guaritrici, sono spesso cristiane praticanti ed esercitano tale pratica non per interesse personale, ma per il bene della comunità. Il rituale è simile in tutta la Sardegna, la materia utilizzata è l'olio, l'acqua, il sale, il grano. La forma è data da alcune preghiere che vedremo in seguito. I gesti sono molte volte ripetitivi: l'ammalato viene fatto sedere, la guaritrice riempie un piatto o un bicchiere d'acqua, lo poggia sulla testa e versa tre gocce d'olio nell'acqua recitando una preghiera, a seconda della forma assunta dall'olio quando viene versato nell'acqua, si stabilisce se l'ammalato è stato realmente colpito dal malocchio. Se, dopo la preghiera, il malato non guarisce, si dovrà «cambiare mano», cioè recarsi da un'altra guaritrice e sottoporsi un'altra volta allo stesso rito, finché non si ottiene la guarigione.

Nel nuovo rito degli esorcismi del 22 novembre 1998 l'*editio typica*, la traduzione in italiano del 21 settembre 2001, che ha sostituito il *Rituale Romano* al titolo XII, pone in appendice una raccolta di celebrazioni e preghiere diverse dagli esorcismi, per circostanze particolari, come, ad esempio, quando la presenza del diavolo e di altri demoni si manifesta non solo con il fenomeno della possessione, ma anche per mezzo di condizionamenti materiali che coinvolgono la persona, le cose e i luoghi, creando così uno stato di malessere, di angoscia e di paura.

Per tali circostanze, molto simili al fenomeno popolare del malocchio, indichiamo qui a fianco della preghiera popolare quella propria del rituale per un confronto.

Preghiera popolare di esorcismo

Jesù Cristu lazzarè (Nazzarè)
cantu beddu mi parè
cantu beddu mi paristi
candu allu mundu enisti
cu'un librittu ligghjendi
e una candela allumendi
e un agnulu in paradisu.

Jesù Cristu lazzarè
cantu beddu mi pare
cantu beddu mi paristi
candu allu mundu enisti
dui libritti ligghjendi
dui candeli allumendi
dui agnuli in paradisu.

Jesù Cristu lazzarè
cantu beddu mi parè
cantu beddu mi paristi
candu allu mundu enisti
tre libritti ligghjendi
tre candeli allumendi
tre agnuli in paradisu.

Jesu Cristu lazzarè
cantu beddu mi parè
cantu beddu mi paristi
candu allu mundu enisti
cattru libritti ligghjendi
cattru candeli allumendi
cattru agnuli in paradisu.

Jesù Cristu lazzarè
cantu beddu mi parè

Appendice 9

Dio del cielo e della terrra,
Dio degli angeli e degli arcangeli,
Dio dei patriarchi e dei profeti,
Dio degli apostoli e dei martiri,
Dio dei sacerdoti e delle vergini,
Dio di tutti i santi e di tutte le sante,
Dio che hai il potere
di dare la vita dopo la morte e
il riposo dopo la fatica:
non c'è altro Dio al di fuori di te.
Tu sei il creatore di tutte le cose visibili, e il tuo regno non avrà mai fine. Umilmente ci rivolgiamo alla tua maestà gloriosa:
liberaci da ogni potere,
inganno e perversità degli spiriti infernali,
e conservaci incolumi da ogni male.
Per Cristo nostro Signore.
Amen.

cantu beddu mi paristi
candu allu mundu enisti
cincu libritti ligghjendi
cincu candeli allumendi
cincu agnuli in paradisu.

Jesù Cristu lazzarè
cantu beddu mi parè
cantu beddu mi paristi
candu allu mundu enisti
sei libritti ligghjendi
sei candeli allumendi
sei agnuli in paradisu.

Jesù Cristu lazzarè
cantu beddu mi parè
cantu beddu mi paristi
candu allu mundu enisti
setti libritti ligghjendi
setti candeli allumendi
setti agnuli in paradisu.

Jesù Cristu lazzarè
cantu beddu mi parè
cantu beddu mi paristi
candu allu mundu enisti
ottu libritti ligghjendi
ottu candeli allumendi
ottu agnuli in paradisu.

Jesù Cristu lazzarè
cantu beddu mi parè
cantu beddu mi paristi
candu allu mundu enisti
noi libritti ligghjendi
noi candeli allumendi
noi agnuli in paradisu.

Jesù Cristu lazzarè
cantu beddu mi parè
cantu beddu mi paristi

candu allu mundu enisti
deci libritti ligghjendi
deci candeli allumendi
deci agnuli in paradisu.

Jesu Cristu lazzarè
cantu beddu mi parè
cantu beddu mi paristi
candu allu mundu enisti
undici libritti ligghjendi
undici candeli allumendi
undici agnuli in paradisu

(Per traduzione vedi nota 19 a p. 92)

Il rito ha inizio con il segno della croce, e si recita la preghiera fino alla dodicesima strofa. Alla fine di questa, si versano tre gocce d'olio nel piatto posto sul capo del malato. Si ripete poi la preghiera in senso contrario, cioè iniziando dalla dodicesima fino alla prima strofa, si versano nuovamente tre gocce d'olio nel piatto e per l'ultima volta si ripete la preghiera recitandola dall'inizio; giunti alla fine, si versano le ultime tre gocce d'olio e si osserva la forma dell'olio: se le gocce restano unite, l'ammalato può considerarsi guarito. Se invece le gocce versate si allargano a chiazza, è necessario che il malato si sottoponga a un'altra seduta presso un altro guaritore, finché *l'ociu non torria*, l'olio non si ricomponga fino a essere unito senza disperdersi nell'acqua. Il rito, comporta una ricchezza di movimenti e di azioni sul corpo, da parte della guaritrice, la quale agisce toccando il malato sulla testa, sulle spalle, nel petto e in chiusura segna con la croce ed emette un soffio sulla persona affinché il malessere si allontani.

La materia utilizzata è probabilmente derivata dai primi sacramenti cristiani: acqua e olio nel battesimo, ancora l'olio per l'unzione degli infermi, e il soffiare sulle persone nel rito della benedizione del sacro crisma e del battesimo.

Questi elementi furono poi fatti propri e adattati dal popolo per la sua ritualità. Invece dell'olio, per il medesimo rito, si possono utilizzare una scodella o un piatto pieno d'acqua e tre chicchi di grano; con un chicco alla volta, tenuto tra il pollice e l'indice della mano destra, ci si segna e, mentre si recitano *li parauli*, si tocca il piatto seguendo il segno della croce. Al termine della preghiera, si fa cadere nell'acqua il primo chicco. Questo rito si ripete tre volte. Se il malato non può essere presente di persona, gli si tagliano quattro ciocche di capelli a forma di croce: una dalla fronte, una dalla nuca, poi una dalla tempia sinistra e una dalla destra e le si porta insieme a un indumento intimo dal guaritore. Conclusa la recita delle preghiere, l'indumento dovrà essere restituito e subito indossato, e la cenere dei capelli, bruciati, versata in un bicchiere d'acqua, in parte va fatta bere al paziente, in parte viene gettata nel fuoco. Durante la recita si deve nominare la persona che si presume sia stata l'artefice del malocchio. Il rito viene svolto a mezzogiorno o a mezzanotte. Come nelle altre preghiere anche qui c'è la particolarità dei numeri: dall'uno fino al dodici, numero probabilmente legato al simbolismo biblico. L'efficacia dei numeri, tuttavia, non sembra tanto legata al loro valore simbolico, quanto al ritmo che imprimono alla preghiera evitando che risulti troppo ripetitiva. Ciò che varia, infatti, non è il contenuto: Cristo, libretti, candele, angeli; ma solamente l'ordine dei numeri. I numeri diventano un mezzo efficace per veicolare contenuti molto semplici. Assistendo alla attuazione di un tale rituale ci si accorge del clima nel quale viene coinvolto l'ammalato: un insieme di gesti e di parole secondo uno schema determinato fa immedesimare in un rituale efficace.

Anche questa preghiera proposta per l'analisi sinottica è tratta dal nuovo rito degli esorcismi, ed esattamente dall'appendice I, in quanto nel *Benedizionale* è assente la tematica indicata dal popolare. Da una prima osservazione si può cogliere l'unico elemento in comune tra le due forme di preghiera: l'invocazione del nome di Gesù, *Jesù Cristu lazzarè* nel popolare e «Per Cristo nostro Signore» nella dossologia finale dell'orazione del *Benedizionale.* La prima parte del testo, è dominata dalla dimensione anamnetica, in cui Dio viene identificato come il Dio della creazione e degli esseri spirituali celesti, per passare poi a nominare i suoi fedeli collaboratori nel piano della salvezza: i patriarchi, i profeti, gli apostoli, i martiri, i sacerdoti, le vergini e tutti i santi. È lui il detentore della potestà piena, infatti in lui risiede il potere della vita e della morte. La seconda parte è rappresentata dalla dimensione della petizione, «liberaci da ogni potere», dalle influenze del mistero del male, e infine la chiusura, che è la dossologia finale, dove Gesù è proclamato come il vero autore della vittoria finale.

Preghiera alternativa contro il malocchio

Deu ci 'enghia, Deu ci sia
ti pònghia li mani innantu
la 'iglini Maria,
Santu Gosimu e Santu Dumianu
unu medicu e l'altu solgianu
e Santu Silvestru medicu lestru,
e Santu Pantalleu
chi midichèsi a Deu
cussi middòria
ca pongu li mani eu[155].

Il rituale di questa preghiera è uguale a quello della precedente, cambia il contenuto. Qui c'è inizialmente l'invocazione a Dio e poi ai santi che, nella loro vita, sono stati taumaturghi o esorcisti, come Cosma e Damiano[156], la cui vita è stata già descritta nelle preghiere precedenti. A

[155] Dio ci aiuti, Dio ci sia presente / ti imponga le mani / la vergine Maria / san Cosma e san Damiano / uno medico e l'altro chirurgo / e san Silvestro, medico capace / e san Pantaleone / che medicò il Signore / così guarisca / colui sul quale / io impongo le mani.

[156] *Il grande libro dei santi, Dizionario Enciclopedico*, E. GUERRIERO - D. TUNIZ (a cura di), San Paolo, Roma 1998, pp. 491-492.

loro si aggiunge l'invocazione di Pantaleo[157], anch'esso[158] di origine orientale come i santi anargiri, martire del IV secolo, nativo di Nicomedia in Bitinia. Era medico, divenne cristiano e abbandonò l'arte di Asclepio per esercitare l'arte del medico Gesù. Come per Cosma e Damiano, in lui c'è opposizione tra medicina pagana, venale ed evergetismo cristiano. È patrono dei medici e chirurghi. E infine c'è l'invocazione a Silvestro, papa del IV secolo, al quale però non sembra che siano stati attribuiti miracoli durante la sua vita, se non quello di aver risanato l'imperatore Costantino dalla lebbra e di averlo battezzato a Roma prima della morte. La loro intercessione è invocata perché donino la salute al malato per mezzo dell'imposizione delle mani della guaritrice. L'imposizione delle mani, un gesto presente nella Sacra Scrittura e nei riti cristiani, è polivalente nel suo significato; come trasmissione di benedizione nell'A. T. cf.: Gn 48,14; Lv 24,12; 16,20-22; Nm 8,10; 27,18-23; Dt 34,9; nel N.T. designa anche la guarigione, invocazione dello Spirito, consacrazione al ministero cf.: Mt 9,18s.; 19,15; Mc 6,5; 7,32; Lc 4,40; At 6,6; 8,17; 9,12-17, il gesto è stato assunto anche dalla ritualità popolare.

Preghiera per san Giovanni Battista

In nommu di lu Babbu, di lu Fiddu e di lu Spiritu Santu. Amè.
Santu Gjuanni Battista a Gjerusalè,
unu a capu e unu a pè.
In nommu di lu Babbu, di lu Fiddu e di lu Spiritu Santu. Amè.
Santu Gjuanni Battista a Gjerusalè,

Invocazione a San Michele Arcangelo contro il malocchio

O glorioso San Michele Arcangelo, principe dell'esercito celeste,
difendici nella lotta contro
i dominatori di questo mondo
di tenebre e contro gli spiriti

[157] *Ivi*, pp. 1459-1552.
[158] *Ivi*, pp. 1792-1793.

dui a capu e dui a pè.
In nommu di lu Babbu, di lu Fiddu e di lu Spiritu Santu. Amè.
Santu Gjuanni Battista a Gjerusalè,
tre a capu e tre a pè.
In nommu di lu Babbu, di lu Fiddu e di lu Spiritu Santu. Amè.
Santu Gjuanni Battista a Gjerusalè,
cattru a capu e cattru a pè.
In nommu di lu Babbu, di lu Fiddu e di lu Spiritu Santu. Amè.
Santu Gjuanni Battista a Gjerusalè, cincu a capu e cincu a pè.

In nommu di lu Babbu, di lu Fiddu e di lu Spiritu Santu. Amè.
Santu Gjuanni Battista a Gjerusalè,
sei a capu e sei a pè.
In nommu di lu Babbu, di lu Fiddu e di lu Spiritu Santu. Amè.
Santu Gjuanni Battista a Gjerusalè,
setti a capu e setti a pè.
In nommu di lu Babbu, di lu Fiddu e di lu Spiritu Santu. Amè.
Santu Gjuanni Battista a Gjerusalè,
ottu a capu e ottu a pè.
In nommu di Lu Babbu, di lu Fiddu e di lu Spiritu Santu. Amè.
Santu Gjuanni Battista a Gjerusalè,
noi a capu e noi a pè.
In nommu di Lu Babbu, di lu Fiddu e di lu Spiritu Santu. Amè.
Santu Gjuanni Battista a Gjerusalè,
deci a capu e deci a pè.

del male che abitano
nelle regioni celesti.
Vieni in aiuto agli uomini
che Dio ha creato a propria immagine
e riscattato a caro prezzo
dalla tirannia del demonio.
La santa chiesa ti venera come
suo custode e patrono.
Il Signore ti ha affidato la missione
di accogliere nella felicità del cielo
Le anime dei redenti.
Prega il Dio della pace
perché schiacci Satana sotto i nostri piedi,
impedendogli di continuare
a tenere gli uomini in schiavitù
e di nuocere alla chiesa.
Porta le nostre preghiere
al cospetto dell'Altissimo,
perché presto ci venga incontro la sua misericordia. Incatena il drago, il serpente antico, colui che è diavolo e Satana: legalo e gettalo nell'abisso, così che mai più seduca gli uomini. Amen.

In nommu di Lu Babbu, di lu Fiddu e di lu Spiritu Santu. Amè.
Santu Gjuanni Battista a Gjerusalè,
undici a capu e undici a pè.
In nommu di Lu Babbu, di lu Fiddu e di lu Spiritu Santu. Amè.
Santu Gjuanni Battista a Gjerusalè,
dodici a capu e dodici a pè.
In nommu di lu Babbu, di lu Fiddu e di lu Spiritu Santu. Amè[159].

L'ultimo confronto sinottico ci viene offerto dalle ultime preghiere, rivolte a due santi, san Giovanni Bat-

[159] Nel nome del Padre, del Figlio e dello Spirito Santo. Amen. / San Giovanni Battista a Gerusalemme, / uno al capezzale e uno ai piedi del letto. / Nel nome del Padre, del Figlio e dello Spirito Santo. Amen. / San Giovanni Battista a Gerusalemme, / due al capezzale e due ai piedi del letto. / Nel nome del Padre, del Figlio e dello Spirito Santo. Amen. / San Giovanni Battista a Gerusalemme, / tre al capezzale e tre ai piedi del letto. / Nel nome del Padre, del Figlio e dello Spirito Santo. Amen. / San Giovanni Battista a Gerusalemme, / quattro al capezzale e quattro ai piedi del letto. / Nel nome del Padre, del Figlio e dello Spirito Santo. Amen. / San Giovanni Battista a Gerusalemme, / cinque al capezzale e cinque ai piedi del letto. / Nel nome del Padre, del Figlio e dello Spirito Santo. Amen. / San Giovanni Battista a Gerusalemme, / sei al capezzale e sei ai piedi del letto. / Nel nome del Padre, del Figlio e dello Spirito Santo. Amen. / San Giovanni Battista a Gerusalemme, / sette al capezzale e sette ai piedi del letto. / Nel nome del Padre, del Figlio e dello Spirito Santo. Amen. / San Giovanni Battista a Gerusalemme, / otto al capezzale e otto ai piedi del letto. / Nel nome del Padre, del Figlio e dello Spirito Santo. Amen. / San Giovanni Battista a Gerusalemme, / nove al capezzale e nove ai piedi del letto. / Nel nome del Padre, del Figlio e dello Spirito Santo. Amen. / San Giovanni Battista a Gerusalemme, / dieci al capezzale e dieci ai piedi del letto. / Nel nome del Padre, del Figlio e dello Spirito Santo. Amen. / San Giovanni Battista a Gerusalemme, / undici al capezzale e undici ai piedi del letto. / Nel nome del Padre, del Figlio e dello Spirito Santo. Amen. / San Giovanni Battista a Gerusalemme, / dodici al capezzale e dodici ai piedi del letto. / Nel nome del Padre, del Figlio e dello Spirito Santo. Amen.

tista[160] quella del popolare e a san Michele Arcangelo[161] con l'invocazione del rito dell'esorcismo. A san Giovanni Battista, il precursore, il battezzatore, il profeta il popolo ha dedicato la festa del 24 giugno, «il natale d'estate». Infatti a partire dal solstizio estivo le giornate diminuiscono, quanto alla luce, fino a giungere al solstizio invernale, che fa capo al «natale di Gesù». Poi le giornate incominciano a ricrescere. San Giovanni è considerato il battezzatore e il santo dei monaci eremiti. I diversi elementi espressi della preghiera possono essere indicati nel modo seguente: 1. la rotazione numerica delle dodici strofe; 2. il corpo della preghiera è dato dalla invocazione centrale del nome di san Giovanni Battista; 3. la cornice dell'orazione in fondo è la parte principale, all'inizio e alla fine della quartina finale si invoca il Padre, il Figlio e lo Spirito Santo; 4. la preghiera rituale è collocata per il giorno della festa di san Giovanni Battista, cioè il 24 giugno, solamente quando ci si ritiene colpiti dal malocchio; 5. il rito va celebrato per tre volte di seguito utilizzando lo schema presentato sopra; 6. la preghiera ha un tempo prestabilito per la sua performance. Si recita a mezzogiorno o a mezzanotte per il significato particolare che hanno queste ore. Il *rituale degli esorcismi*, propone l'invocazione a san Michele Arcangelo, il difensore delle decisioni divine colui che da sempre per la tradizione si trova in antitesi con Satana, idea che trova il culmine nel Libro dell'apocalisse (Ap 12,7-9), dove si descrive la lotta in cielo nella quale Michele combatte contro il drago, il serpente antico. Michele divenne così il perenne oppositore di satana. Già dal VI secolo esistevano in Oriente chiese che lo avevano come titolare. È anche grazie al ciclo apocrifo di Enoch che trovarono diffusione i diversi racconti

[160] *Il grande libro dei santi*, pp. 858-861.
[161] *Ivi*, pp. 1447-1448.

sullo scontro tra san Michele Arcangelo e Satana. Egli è il protettore dei luoghi contro le insidie demoniache, patrono di chi usa armi e bilance. La preghiera lo invoca chiamandolo per nome per la difesa contro le malvagità. Il genere letterario della preghiera è l'invocazione. I verbi utilizzati sono all'imperativo del tipo *sii* e *fa'*, per un intervento deciso, con la forza di Dio, contro le insidie del demonio.

Breve excursus. Rito de *s'imbrussinadura*

È uno dei vari rituali terapeutici, adoperato per far guarire da un *assustu*, spavento particolare. Secondo tale rito, la persona colpita deve recarsi nei luoghi dove ha subito lo spavento e lì deve compiere determinate azioni, come ad esempio il rotolarsi per terra.

Solitamente, per *assustu* o spavento si intende un'esperienza dovuta a visioni, incontri con spiriti o anime di defunti. *L'assustu* si può manifestare in una persona provocando febbri altissime, agitazione, paura, incubi, perdita di parola e del senno. Il malessere si può presentare subito dopo il fatto o periodicamente dopo un mese dal giorno in cui avvenne il primo spavento o dopo un anno. Molte volte all'origine dello spavento non c'è una causa immediata: si dovrà allora cercare nel passato dell'individuo per vedere se c'è stato qualche avvenimento particolare nella sua vita che ha provocato lo spavento che si manifesta solo ora, magari dopo alcuni anni.

Per la guarigione si compiono gesti che possono sembrare insignificanti: il setaccio fatto passare sulla persona distesa a terra, imposizione delle mani con preghiera, *sa lettura* che abbiamo già visto nelle pagine precedenti, *s'affumentu*; si tratta di fumigazioni che si fanno in seguito a uno spavento causato dall'ombra del barbagianni che passa sopra una persona. *S'imbrussinadura* consiste nel condurre la persona nel luogo in cui si è verificato il primo *assustu*, e farla rotolare per terra, di solito a forma di croce. Ci si deve poi alzare e tornare a casa senza mai voltarsi indietro.

Ritornando sul luogo del primo spavento si vuole mostrare che si vince il male non scappando, ma affrontandolo (come per il rito dell'iniziazione dei ragazzi li si inviava in campagna di notte, da soli, per custodire il gregge; o, fra ragazzi, per essere ammessi nel «gruppo dei grandi» occorreva superare prove particolari, (per esempio mettersi intorno al collo una serpe). Rotolarsi a terra, nel rito dell'*imbrussinadura* significa forse il desiderio di scrollarsi di dosso il male restituendolo alla terra, sua dimora. Nel fare questo si recita una preghiera, perché la Madonna stessa compì un'*imbrussinadura* per scacciare uno spavento. Se non è possibile tornare sul luogo del primo spavento, si può compiere il rito in casa, ricostruendo però l'ambiente in cui il fatto è accaduto, ricorrendo cioè a uno scambio. Il rito va celebrato nelle ore particolari: mezzogiorno o mezzanotte. Se non si trova la causa principale dello spavento, allora il rito si dovrà compiere in cimitero o nei suoi pressi, perché probabilmente l'autore è stato qualche morto di morte violenta o anche dannato. Una volta guariti, uno dei timori più assillanti è quello della ricaduta, che, secondo la tradizione, può risultare peggiore della prima esperienza; ecco perché si cerca di stare lontano dal luogo in cui la si ebbe.

Un rito simile all'*imbrussinadura* è quello di fare capriole, *cuccurummeddu*, il giorno del Corpus Domini. Questa usanza era molto diffusa soprattutto in Gallura: le madri, per far guarire i figli dal mal di pancia, portavano i figli alla festa del Corpus Domini e, durante la processione, facevano loro eseguire alcune capriole. Il significato del gesto simbolico sta nel «capovolgimento» di una situazione, la malattia, per riottenere la salute.

Conclusione

Accentuazione finale del rapporto tra religiosità popolare e mondo rituale e liturgico

Come abbiamo osservato nel primo capitolo parlando della religiosità popolare della Gallura il nostro scopo è apparso ben determinato. Abbiamo voluto mettere l'accento sulla religiosità popolare non astraendola dal vero contesto antropologico e rituale, ma invece abbiamo inteso inserire tale religiosità nel tessuto vivo della maturazione progressiva che fa capo al dato antropologico-liturgico. Ciò nasce dalla consapevolezza che ci ha sempre sorretti nel corso di questo lavoro consistente sul fatto che la ricerca della verità della liturgia dipende da una domanda di verità di carattere antropologico-rituale. L'intreccio è chiaro: la religiosità popolare è legata al mondo antropologico-liturgico, ma a sua volta il mondo liturgico dipende dall'esperienza popolare che fa come da sustrato ultimo di ogni dimensione religiosa.

Questa tesi è quella che attraversa tutto il presente lavoro e cerca di affermarsi via via per mezzo di varie modalità di lettura.

Il primo capitolo è una descrizione sintetica dell'ambiente culturale e religioso a carattere storico e geografico per determinare il perimetro entro cui si muove la nostra riflessione sul popolare religioso. Già però in questo capitolo abbiamo sottolineato aspetti che non sono soltanto folkloristici ma che stabiliscono le basi culturali del mondo religioso sardo. In questo senso abbiamo confrontato il passato con il presente e abbiamo cercato di problematizzare il concetto di «popolare» in modo da renderlo disponibile per tutte le nostre osservazioni antropologiche culturali e religiose. Tra queste caratteristiche del popolare abbiamo colto il rapporto dinamico tra puro e impuro, colpa ed espiazione, donna e destino: questioni di assoluto rilievo per la comprensione della vita di un popolo. Nello stesso tempo non potevamo dimenticare la terra di appartenenza con le sue solitudini, dove si congiungono momenti di silenzio e di contemplazione del fascino della natura; temi che portano a particolari predisposizioni anche in ordine al religioso.

Compiuto questo primo lavoro di approfondimento, ci era necessario studiare la religiosità popolare nel contesto delle varie teorie che sono state proposte volta a volta in epoca moderna per poter cogliere meglio l'anima della religiosità popolare della Gallura.

Il secondo capitolo compie perciò un ampio lavoro di ricognizione degli studi della religiosità popolare presso i nostri antropologi più in vista e mette a quadro le teorie che fanno da sfondo ai vari modi di intendere la religiosità popolare. I modelli recensiti sono quelli di Gramsci, De Martino, Van Gennep, Eliade e poi quelli legati maggiormente alla contemporaneità che fanno capo alla New Age e al post-moderno.

Quale modello scegliere nel contesto del nostro studio? Nell'insieme ci siamo mossi facendo un'ampia rassegna, ma con un'idea di fondo irrinunciabile: abbiamo privilegiato sommessamente ma caparbiamente la tesi di Eliade, attraverso una presentazione dei fenomeni naturali che abbiamo considerato quasi come «ierofanie» non soltanto per la manifestazione del sacro, ma anche per la rivelazione dell'anima religiosa popolare della Sardegna.

Ma è possibile parlare della religiosità popolare trascurando il rapporto che questa intrattiene in maniera consostanziale con la ritualità? A questo punto abbiamo dovuto spostare decisamente la nostra attenzione verso quel fenomeno religioso onnicomprensivo che è il mondo rituale, il quale è il vero paradigma della religiosità popolare stessa. Lo abbiamo fatto sulla scia di un grande antropologo studioso della ritualità come è Rappaport. In questo autore il rito assume una valenza talmente profonda da congiungere aspetti biologici e naturali con aspetti culturali e religiosi:

un'unità bio-religiosa impensabile in altri autori e del tutto innovativa. Qui la biologia si congiunge in maniera naturale alla religiosità e nella congiunzione la vera mediazione è il mondo rituale. Non si poteva trovare un punto di vista più efficace per comprendere nella sua pienezza la religiosità in tutti i suoi aspetti e nelle sue forme. Per Rappaport, se il rito si costruisce in modo fisiologico significa che la spiritualità e la naturalità non sono scindibili e tutto dunque apre a una nuova comprensione della realtà. Una volta recuperato al suo interno il valore del rito come fondante della stessa religiosità popolare, Rappaport costruisce la sua tesi maggiore sulla «formalità» del rito che vede realizzarsi a specchio anche nel mondo della religiosità popolare tramite l'invarianza, la ridondanza, la ripetitività e la non totale codificabilità esterna del gesto stesso.

In conclusione, la tesi di Rappaport ci permette una comprensione più profonda della religiosità attraverso una specie di «salto qualitativo»: la formalità del rito proietta infatti la sua luce nella corrispettiva libertà della religiosità popolare non vincolata a fatti funzionali e strumentali.

Il quarto capitolo è quello che costituisce la *pars maior* del lavoro ed è il compimento delle tesi espresse sopra e qui alla fine realizzate concretamente. Si sviluppa a vari livelli tenendo conto di tutti gli ambiti che toccano da vicino la religiosità popolare legata a bisogni, a situazioni difficili, ai riti di passaggio, ai riti legati ai fenomeni naturali e soprattutto mettendo in luce anche quegli aspetti apparentemente più oscuri che fanno capo alle cosiddette «fatture», al «malocchio» e al «demoniaco».

In particolare in questo capitolo fondamentale viene fatto il confronto tra la religiosità popolare e le sue preghiere con le corrispettive preghiere proprie del *Benedizionale*. L'elemento di partenza che differenzia le due espressioni rituali viene ricercato nella tradizione orale rispetto al codice rituale scritto del testo ufficiale della chiesa. Il rituale della religiosità popolare è più debole, la sua forza infatti risulta più dalla sintassi gestuale che dalla semantica del suo discorso, abbastanza povera. Una seconda sottolineatura che distingue i due ambiti è data dalla consapevolezza del popolare di comunicare con i diversi codici e la molteplicità dei linguaggi propri dei riti in genere, soprattutto quello tattile. Si tratta di entrare continuamente in contatto con l'altro e ciò comporta una maggiore intimità di appartenenza reciproca rispetto al rituale romano che in genere privilegia il codice della parola. Ciò preserva l'oggettività dei rapporti ma mantiene anche una certa distanza.

Il ruolo principale all'interno della ritualità popolare viene svolto dal linguaggio non verbale con tutte le espressioni sensibili che permettono di coinvolgere più profondamente l'esperienza dell'uomo. Sono quei linguaggi che non hanno la funzione di indicare dei significati quanto di cogliere una rete di esperienze e bisogni che si traducono immediatamente in richieste religiose. Si configurano come grandi temi a sfondo antropologico-naturale dove la maternità ha un legame indissolubile con la «madre-terra» sullo sfondo della rigenerazione vegetale e la fecondità della donna.

Nell'intreccio dei riti di passaggio calibrati tra nascita e morte, i riti ciclici legati al mutare delle stagioni e ai grandi fenomeni naturali (con il culto dell'acqua, il culto del fuoco, il bisogno di proteggersi dai fulmini e dalla paura che nasce dai temporali) e i riti di crisi che manifestano l'angoscia per l'incontrollabile (rapporto malattia/salute, il binomio diavolo e malocchio) nascono preghiere drammatiche che si fanno portatrici di un *pathos* sconosciuto per lo più dal mondo del rituale romano scritto, mettendo a quadro il vero senso antropologico e religioso del mondo popolare che non gioca su teoremi dottrinali, ma ha bisogno di risolvere problemi concreti e indilazionabili.

Alla conclusione di questo lavoro, possiamo rilanciare l'idea che sostiene questa ricerca e cioè che la cosiddetta questione rituale popolare, che si muove verso quella stessa esperienza che però fa fatica a sostenere il celebrare liturgico, è ancora capace di coinvolgere dall'interno l'umanità nei suoi bisogni più immediati.

In questo senso la liturgia è chiamata a ripensare al suo compito in ordine alla ritualità a sfondo più antropologico. Riteniamo in ultima istanza che se non si restituisce ai riti la loro forza «magica» e la loro efficacia performativa non si potrà avere un vero *revival* del mondo liturgico.

BIBLIOGRAFIA[1]

Dizionari

ANGIUS V. - SPANO G., *Grammatica e vocabolario dei dialetti sardi*, Editrice Archivio Fotografico Sardo, Sassari 2003.

ANGIUS V., *Voci sulle comunità della Sardegna*, in G. CASALIS, *Dizionario geografico, storico, statistico, commerciale degli stati di S.M. il Re di Sardegna*, vol. 28, G. Maspero libraio, Cassone e Marzorati tipografi, Torino 1834.

—, *Gallura*, in G. CASALIS, *Dizionario geografico, storico, statistico, commerciale degli stati di S. M. il Re di Sardegna*, vol. 7, G. Maspero libraio, Cassone e Marzorati tipografi, Torino 1840.

CHIOCCHIETTA P., *Dizionario Storico Religioso*, Editrice Studium, Roma 1966.

DODERO G., *Piccolo dizionario della Sardegna*, AM&D Edizioni, Cagliari 2003.

Encyclopedia of religion and ethics, a cura di J. Hastings, T. & T. Clark, Edimburg 1912.

Encyclopedia of the history of classical archeology, a cura di N. T. De Grummond, Greenwood Press, Westport 1996.

FILORAMO G., *Dizionario delle religioni*, Einaudi, Torino 1993.

FRIES H. - RIVA G., *Dizionario Teologico*, Queriniana, Brescia 1967.

GEOFFREY N. - HAMMOND L., *Dizionario di antichità classica di Oxford*, Paoline, Roma 1981.

MAXIA M., *Dizionario dei cognomi Sardo-Corsi*, Condaghes, Cagliari 2002.

PITTAU M., *Dizionario della lingua sarda fraseologico ed etimologico*, Ettore Gasperini Editore, Cagliari 2002.

PORRU V.R., *Dizionario campidanese-italiano*, Editrice Archivio Fotografico Sardo, Sassari 2003.

SARTORE D. - TRIACCA A.M., *Nuovo dizionario di liturgia*, Istituto Grafico Bertello, Borgo San Dalmazio (CN) 1983.

[1] Per facilitare la ricerca, la bibliografia viene suddivisa secondo il seguente ordine: dizionari, strumenti di consultazione delle fonti edite, religiosità popolare e studi antropologici, studi di storia e letteratura sarda e studi teologici-liturgici.

USAI A., *Vocabolario Tempiese Italiano*, La Nuovissima Edizioni, Tempio 1965.
WAGNER M.L., *Dizionario etimologico sardo*, Gianni Trois Editore, Cagliari 1989.

Strumenti di consultazione delle fonti edite

Acta Sanctorum, Paris 1966-1971.
Benedizionale Romano, Libreria Editrice Vaticana, Roma 1992.
CYRILLE DE JERUSALEM, *Catéchèses mystagogiques*, Les Editions du Cerf, Paris 1966.
Corpus Christianorum, Series Latina, Turnaut 1953.
Direttorio su pietà popolare e liturgia. Principi e orientamenti, a cura della Congregazione per il culto e la disciplina dei sacramenti, Editrice Vaticana, Città del Vaticano 2002.
Enchiridion Documentorum Instaurationis Liturgicae, a cura di R. Kaczynski, Edizioni Marietti, Torino 1973.
Enchiridion Liturgico, Tutti i testi fondamentali della Liturgia tradotti, annotati e attualizzati, Piemme, Roma 1989.
Grande lessico del Nuovo Testamento, Volume 1-16, a cura di G. Kittel, Paideia, Brescia 1963-1992.
Grande lessico dell'Antico Testamento, Volume 1-5, a cura di G. Botterweck - J. Ringreen - F. Helmerg - J. Heinz, Paideia, Brescia 1998-2005.
Lexicon iconographicum mythologiae classicae (LIMC), a cura di J. Boardman, Artemis Verlag, Zurich 1981-1999.
Liturgia della chiesa, a cura di LODI E., Dehoniane, Bologna 1981.
Novum Testamentum Graece, a cura di K. Aland - M. Black - C. M. Martini - B. M. Metzeger - A. Wirkgren, Deutsche Bibelgesellschaft Stuttgart 1999.
Martirologium Romanum, Typis Vaticanis, Editrice Vaticana, Città del Vaticano 2001.
Patrologia Greca, (a cura di) J. P. Migne, Parigi 1844-64.
Patrologia Latina, (a cura di) J.P. Migne, Parigi 1857-66.
Rito delle esequie, a cura della Conferenza Episcopale Italiana, Roma 1974.
Rito del battesimo dei bambini, a cura della Conferenza Episcopale Italiana, Roma 1974.
Rito degli esorcismi, a cura della Conferenza Episcopale Italiana, Roma 2001.
Sacramento dell'unzione e cura pastorale degli infermi, a cura della Conferenza Episcopale Italiana, Roma 1974.
Sacra Bibbia. Versione Italiana per l'uso liturgico, a cura della Confe-

renza Episcopale Italiana, Libreria Editrice Vaticana, Città del Vaticano 1971.
Septuaginta, a cura di A. Rahlfs, Deutsche Bibelgesellschaft Stuttgart 1935.
World Christian Enciclopedia, A comparative Survey of churches and Religion in the Modern World AD 1900 – 2000, Edited by D. B. Barrett, Oxford University Press, Oxford 1982.

Religiosità popolare e studi antropologici

AA.VV., *Atti del convegno di studi religiosi sardi (Cagliari 24-26 maggio 1962)*, Edizioni CEDAM, Padova 1963.
—, *La donna e i filosofi: archeologia di un'immagine culturale*, a cura di S. Campese - S. Gastaldi, Zanichelli, Bologna 1977.
—, *Ricerche sulla religiosità popolare. Nella bibbia, nella liturgia, nella pastorale*, a cura dell'Istituto di Liturgia pastorale dell'Abbazia di Santa Giustina di Padova, Serie 11, Oggi e Domani, Edizioni Dehoniane, Bologna 1979.
—, *Liturgia e religiosità popolare. Proposte di analisi e orientamenti*, in *Atti della VII settimana di studio dell'associazione professori di liturgia* (*Seiano di Vico Equense: 4-8 settembre 1978)*, S. 17, Studi di liturgia, Dehoniane, Bologna 1979.
—, *Relazione documentata del miracolo della pioggia ottenuto dalla SS. Vergine del Rosario venerata nel Duomo di Montagnana*, Circolo Filatelico Numismatico, Montagnana 1986.
—, *Le benedizioni e i sacramentali nella liturgia. XXXIX settimana di studi liturgici (Parigi 1987)*, CLV Edizioni liturgiche, Roma 1988.
—, *Fenomeni naturali e avvenimenti storici nell'antichità*, a cura di M. Sordi, Vita e pensiero, Milano 1989.
—, *Beatitudine, benedizione, maledizione*, Borla, Roma 1994.
—, *Il diavolo e l'occidente*, in *Atti del Convegno (Oratorio dei Filippini, Bologna, 9-11 maggio 2003)*, a cura di P. Capelli, Morcelliana, Brescia 2005.
—, *Il culto dei morti in Sardegna e nel bacino del Mediterraneo*, a cura di D. Turchi e Associazione Culturale A. Cuncordia, Iris Edizioni, Oliena 2008.
—, *L'illuminismo e la filosofia del disastro.Voltaire, Rousseau, Kant*, Mondadori, Milano 2004.
ADDIS F., *Novelle di Sardegna*, Editore Fossataro, Cagliari 1958.
ALBERTI O., *La Sardegna nella storia dei concili,* Editore Pontificia Università Lateranense, Roma 1954.
ALCARO M., *Filosofie della natura: naturalismo mediterraneo e pensiero moderno*, Manifestolibri, Roma 2006.

ALETTI M., *La religione postmoderna*, Glossa, Milano 2003.
ALINARI V., *In Sardegna. Note di viaggio*, Fratelli Alinari Editori, Firenze 1915.
ALLEVI S., *Donne e religioni: il valore delle differenze*, Mondialità, EMI, Bologna 2002.
ALZIATOR F., *Il folklore sardo*, La Zattera, Bologna 1957.
—, *La città del sole*, La Zattera, Sassari 1963.
AMBELAIN R., *Le talismanie pratique*, Editions Niclaus, Paris 1949.
ANATRA B., *Istituzioni e società in Sardegna e nella Corona di Aragona*, Edizioni AM&D, Cagliari 1997.
ANFOSSI A., *Socialità e organizzazione in Sardegna. Studio sulla zona di Oristano-Bosa-Macomèr*, Edizioni Angeli, Milano 1968.
ANGIONI G., *Rapporti di produzione e cultura subalterna. Contadini in Sardegna*, Edizioni Edes, Cagliari 1976.
ANGIULI E., *Il fuoco sacro: demologia fra dibattito e ricerca*, in *Atti del Convegno (San Marco in Lamis, 24-26 settembre 1981)*, Quaderni del sud, Lamis 1982.
ANTONCICH R., *Religiosità popolare e processo di liberazione in America Latina*, in L. SARTORI, *Religiosità popolare e cammino di liberazione*, Vol. 1, S. 2, Oggi e Domani, Dehoniane, Bologna 1978.
ARCELLA L. - PISI P. - SCAGNO R., (a cura di), *Confronto con Mircea Eliade. Archetipi mitici e identità storica*, Jaca Book, Milano 1988.
ARISTOTELE, *Physique*, traduzione di H. Carteron, Le Belles Lettres, Paris 1966.
—, *Il cielo*, Bompiani, Milano 2002.
ATZORI M., *Dall'acqua benedetta all'esorcismo*, in M. ATZORI - M.M. SATTA, *Credenze e riti magici in Sardegna. Dalla religione alla magia*, Editore Chiarella, Sassari 1980.
ATZORI M. - SATTA M.M., *Credenze e riti magici in Sardegna, Dalle religioni alla magia*, Chiarella, Sassari 1983.
AUSTIN J.L., *Come fare le cose con le parole*, Marietti, Genova 1987.
AZARA M., *Tradizioni popolari della Gallura. Dalla culla alla tomba*, Edizioni Italiane, Roma 1940.
BARUCH H., *I demoni segreti di David: messia, assassino, traditore, re*, Paideia, Brescia 2004.
BATTAGLIA O., *Saggio sulla demonologia nei Vangeli*, Cittadella, Assisi 2003.
BAUM G., *La sopravvivenza del sacro*, «Concilium» 9 (1973), pp. 21-34.
BERGMANN M.S., *In the shadow of Moloch, The sacrifice of Children and Its Impact on Western Religions*, Columbia University Press, New York 1992.

BEYER P., *The Religious System of Global Society, a Sociological Analysis of the Emergent Reality*, «Numen» 45 (1998), pp. 1-29.
BLOCH M., *The past and the present: The collected papers of Mourice Bloch*, Billings LTD, Worcester 1989.
BOFF L., *«Cattolicesimo» e «Cattolicesimo popolare»*, a cura di L. Sartori, in *Religiosità popolare e cammino di liberazione*, Vol. 1, S. 11, Oggi e domani, Dehoniane, Bologna 1978.
—, *L'ecclesialità popolare*, a cura di L. Sartori, in *Religiosità popolare e cammino di liberazione*, Vol. 1, S. 11, Oggi e domani, Dehoniane, Bologna 1978.
BOSIO F., *Filosofia e scienza della natura nel pensiero di Max Scheler*, Il poligrafo, Padova 2000.
BOUYER L., *Eucaristia. Teologia e spiritualità della preghiera eucaristica*, Elle Di Ci, Torino 1969.
BOY G., *Malocchio*, Editore Spaggiari, Parma 1923.
BRELICH A. - MESLIN M., *Religione e storia delle religioni*, a cura di H.C. Puech, S. 227, Biblioteca Universale, Laterza, Bari 1988.
BRIONES G.R. - CASTON BOYER P., *Repertorio bibliografico para un estudio del tema de la religiosidad popular*, «Communio» 10 (1977), pp. 155-192.
BRONZINI G.B., *Origini ritualistiche delle forme drammatiche popolari*, S. 2, Testi e manuali demologici, Edizioni Adriatica, Bari 1974.
—, *Tradizioni religiose popolari*, «Lares» 40 (1974), pp. 143-172.
BRUNO M., *Lo sguardo dei cosmologi*, Marsiglio, Venezia 2006.
BUCARELLI A. - LUBRANO C., *Eutanasia antem litteram in Sardegna, Sa femmina accabadora. Usi, costumi e tradizioni attorno alla morte in Sardegna*, Scuola Sarda Editrice, Cagliari 2003.
BURKET W., *Mito e rituale in Grecia. Struttura e storia*, Mondadori, Milano 1992.
BUTICCHI M., *Il vento dei demoni*, Longanesi, Milano 2007.
CAPRA F., *Totalità e salute*, in *Il punto di svolta*, Feltrinelli, Milano 1995, p. 259.
CARPIN A., *Angeli e demoni nella sintesi patristica di Isidoro di Siviglia*, ESD, Bologna 2004.
CASTELLANI I., *Religiosità popolare tra impegno reale e magia consolatoria*, «Orientamenti pastorali» 25 (1977), pp. 27-34.
CAVALLETTI S., *Trattato delle benedizioni del Talmud babilonese*, Tea, Torino 1992.
CHAVARRIA D., *Il diavolo per la coda*, traduzione di C. Marinelli, Le gaggie, Editore Tropea, Milano 2006.
CHOPRA D., *Guarirsi dentro*, Sperling & Kupfer, Milano 1992.
CIPRIANI R., *Vescovi, popoli e feste religiose nel Sud*, a cura di F. Saija,

in *Questione meridionale, religione e classi subalterne*, Napoli, Guida Editori, 1978.
CIRESE A.M., *Cultura egemonica e culture subalterne*, Editoria Palombo, Palermo 1976.
—, *Intellettuali, folklore, istinto di classe. Note su Verga, Deledda, Scotellaro, Gramsci*, S. 70, Universale paperbacks, Einaudi, Torino 1976.
COCCHIARA G., *Sul concetto di superstizione e altri saggi intorno allo studio delle superstizioni*, S. 4, Studi su tradizioni popolari, Editoria Palombo, Palermo 1945.
CONSOLI A., *Il fuoco sacro*, Aura, Udine, 1990.
CULIANU I.P., *Mircea Eliade*, Cittadella editrice, Assisi 1977.
D'AOSTA A., *La Caduta del diavolo*, a cura di E. Giacobbe e G. Marchetta, Bompiani, Milano 2006.
D'AQUILI E. - LAUGHLIN C.D. - MCMANUS J., *The Spectrum of Ritual*, Columbia Uni Press, New York 1979.
DANI L., I*stituzione e identità religiosa*, S. 7, Saggi di sociologia della religione, Edizioni Dehoniane, Bologna 1975.
DE GUBERNATIS A., *Storia comparata degli usi natalizi, nuziali e funebri in Italia e presso gli altri popoli indo-europei*, Editoria Treves, Milano 1878.
DE MARTINO E., *Recensione a Mircea Eliade*, in *Le mythe de l'eternelle retour, archétypes et répétition*, Ed. Payot, Paris 1949, p. 52.
—, *Etnologia e cultura nazionale negli ultimi dieci anni*, «Società» 3 (1953), pp. 318-319.
—, *Storia e folclore*, «Società» 10 (1954), p. 94.
—, *Sud e magia*, S. 106, Feltrinelli, Milano 1959.
—, *Taranta pugliese e Argia sarda*, in *Atti del convegno di studi religiosi sardi (Cagliari 24-25 maggio 1962)*, CEDAM, Padova 1963.
—, *Il mondo magico. Prolegomeni ad una storia del magismo*, Universale Scientifica, Boringhieri, Torino 1973.
—, *Mondo popolare e magia in Lucania*, S. 12, Politica, scienze, arti e mestieri, Basilicata Editrice, Roma 1975.
—, *Morte e pianto rituale, dal lamento funebre antico al pianto di Maria*, Boringhieri, Torino 1975.
—, *La terra del rimorso. Contributo a una storia religiosa del Sud*, S. 29, La cultura. Biblioteca di scienze dell'uomo, Edizioni Il Saggiatore, Milano 1976.
—, *La fine del mondo. Contributo all'analisi delle apocalissi culturali*, a cura di C. Gallini, S. 59, Nuova Biblioteca Scientifica, Einaudi, Torino 1977.
—, *Magia e civiltà. Antologia critica fondamentale per lo studio del concetto di magia nella civiltà occidentale*, Strumenti di studio, Garzanti, Milano 1984.

DE ROSA G., *Conclusioni alla tavola rotonda su religione e religiosità popolare. (Montecchio Maggiore-Vicenza 25-26 ottobre 1976)*, «Ricerche di storia sociale e religiosa» 6 (1977), pp. 177-192.
—, *Chiesa e religione popolare nel Mezzogiorno*, S. 808, Biblioteca di cultura moderna, Edizioni Laterza, Roma 1978.
DE SANDRE I., *Benedizione e articolazioni di cultura*, «Rivista di pastorale liturgica» 124/3 (1986), pp. 31-45.
DE SEVILLE I., *Traitè de la nature*, introduzione, testo critico, traduzione e note di J. Fontaine, Institut d'ètudes augustiniennes, Paris 2002.
DI NOLA A.M., *Antropologia religiosa. Introduzione al problema e campioni di ricerca*, Vol. XI, Saggi, Vallecchi, Firenze 1974.
—, *Gli aspetti magico-religiosi di una cultura subalterna italiana*, Boringhieri, Torino 1976.
—, *Note per una lettura storico materialista, della religiosità contadina meridionale*, «IDIOC Internazionale» 5 (1976), pp. 19-29.
—, *Varietà degli oggetti della cultura subalterna religiosa del meridione*, in AA. VV., *Questione meridionale, religione e classi subalterne*, Editore Guida, Napoli 1978, pp. 35-39.
—, *La nera signora. Antropologia della morte e del lutto*, Newton Compton, Roma 1995.
DISANTE C., *L'eucaristia terra di benedizione*, Antropologia Biblica, Dehoniane, Bologna 1987 e 2004.
DOUGLAS M, *Purity and Danger: An Analysis of the Concepts of Pollution and Taboo*, il Mulino, Bologna 1998.
DURKHEIM E., *Sociologia e Antropologia*, Newton Compton, Roma 1976.
ELIADE M., *Il mito dell'eterno ritorno*, Boringhieri, Torino 1968.
—, *La nostalgia delle origini. Storia e significato delle religioni,* Morcelliana, Brescia (ed. or. *The ques. History and meaning in religion*, University of Chicago Press, Chicago - London 1969).
—, *Trattato di storia delle religioni*, Boringhieri, Torino 1976.
—, *Storia delle credenze e delle idee religiose*, Sansoni, Firenze 1983.
—, *Immagini e simboli. Saggi sul simbolismo magico religioso*, Jaca Book, Milano 1987.
—, *Il mito della reintegrazione*, Jaca Book, Milano 1989.
—, *I riti del costruire. Commenti alla leggenda di Mastro Manale. La mandragola e i miti della nascita miracolosa. Le erbe sotto la croce…*, Jaca Book, Milano 1990.
EAGLETON T., *The illusion of postmodernism*, Blackwell publisher, 3, VII, Oxford 1997.
EVANS E. - PRITCHARD E., *La donna nelle società primitive e altri saggi di antropologia sociale*, trad. a cura di A. Wade-Brown, Biblioteca di cultura moderna, Vol. 753, Laterza, Bari 1973.

FAGONE V., *Gramsci e la religione popolare*, «La Civiltà Cattolica» 129 (1978), pp. 119-133.
FALCON A., *Aristotle and the science of nature: unity without uniformity*, Cambridge University Press, Cambridge 2005.
FARNÈ M., *Guarire dal ridere*, Bollati Boringhieri, Torino 1998.
FAVILLI E., *Tramonto umano. Riti funebri e antifunebri*, Edizioni Ducci, Firenze 1908.
FERREIRO A., *The devil, heresy and witchcraft in the Middle Ages: essays in honor of Jeffrey B. Russell*, Brill, Leiden 1998.
FRENCH R., *Gli antichi e la natura: historiae meravigliose e storia naturale*, trad. di C. Spinoglio, ECIG, Genova 1999.
GALLINI C., *Il consumo del sacro. Feste lunghe di Sardegna*, S. 714, Biblioteca di Cultura Moderna, Laterza, Bari 1971.
—, *Dono e malocchio*, Editore Flaccovio, Palermo 1973.
—, *Tradizioni sarde e miti d'oggi. Dinamiche culturali e scontri di classe*, Editrice Democratica Sarda, Cagliari 1977.
—, *Forme di trasmissione orale e scritta sulla religione popolare*, «Ricerche di storia sociale e religiosa» 6 (1977), n. 11, pp. 96-108.
GARELLI F. - GUIZZARDI G. - PACE E., *Un singolare pluralismo, indagine sul pluralismo morale e religioso degli italiani*, il Mulino, Bologna 2003.
GEERTZ G., *Interpretazione di culture*, il Mulino, Bologna 1987.
GIRAUDO C., *La struttura letteraria della benedizione eucaristica. Saggio sulla genesi letteraria di una forma*, Anacleta, Roma 1981.
GIUSTI S., *Simbolismo religioso e divenire storico*, in ARCELLA L. - PISI P. - SCAGNO R. (a cura di), *Confronto con Mircea Eliade*, Jaca Book, Milano 1985, p. 422.
GLUCKMAN M., *Rituals of Rebellion in South East Africa*, University Press, Manchester 1954.
GRAMSCI A., *La questione meridionale*, Editori Riuniti, Roma 1970.
—, *Quaderni dal carcere*, Einaudi, Torino 1975.
GREE P., *Confusione nell'acquario*, «Il Regno» 5 (1996), p. 189.
HADOT P., *Il velo di Iside: storia dell'idea di natura*, trad. di D. Tarizzo, Einaudi, Torino 2006.
HANCOCK G. - BAUVAL R., *Talismano: le città sacre e la fede segreta*, trad. di L. Corradini Caspani e M. Sartori, Corbaccio, Milano 2004.
HARDING M.E., *I misteri della donna. Un'interpretazione psicologica del principio femminile come raffigurato nel mito, nella storia e nei sogni*, trad. a cura di A. Giuliani, Psiche e coscienza, Astrolabio, Roma 1973.
HAWKING S. - MLODINOW L., *La grande storia del tempo*, trad. di D. Didero, Rizzoli, Milano 2005.

HEBB D.H., *Emotion in man and animal, an analysis of intuitive process of recognition*, «Phsicology Review» 53 (1946), pp. 88-106.
HEGEL G.W.F., *Filosofia della natura: la lezione del 1819-1820*, a cura di M. Del Vecchio, F. Angeli, Milano 2007.
HEILER F., *Le religioni dell'umanità, introduzione generale*, Jaca Book, Milano 1975.
HESCHEL J., *Dio alla ricerca dell'uomo*, Borla, Torino 1969.
ILLICH I., *Nemesi medica. L'espropriazione della salute*, Red, Como 1995.
JUKKO R., *La prière interreligieuse et l'Eglise catholique*, «Nouvelle revue theologique» 130/4 (2008), Facoltà di teologia della compagnia di Gesù, Bruxelles 2008.
JUNG C.G. - KERENYI K., *Prolegomeni allo studio scientifico della mitologia*, Boringhieri, Torino 1972 (ed. or. *Einführung in das Wesen der Mithologie. Das Göttliche Kind. Das Göttliche Mädchen*, Panteon Akademische Verlagsanstalt, Amsterdam - Leipzig - Zürich Ch 1941).
JUNG C.G., *Gli archetipi e l'inconscio collettivo*, Opere, 9,1: 1-59, Boringhieri, Torino 1980.
KHAIRAN A.J., *A history of the agakhani ismailis*, Edizione limitata alla consultazione in PDF, Biblioteca ecclesiastica parrocchiale, Porto Cervo 2008.
LA ROCCA T., *Gramsci e la religione*, S. 131, Giornale di teologia, Queriniana, Brescia 1981.
LACROIX B. - BOGLIONI P., *Les religions populaires. Colloque international 1970*, s. 3, Histoire et sociologie de la culture, Les presses de l'Univesité Laval, Québec 1971.
LANGER S., *Filosofia in una nuova chiave. Linguaggio, mito, rito e arte*, Armando, Roma 1972.
—, *Sentimento e forma,* Feltrinelli, Milano, 1975.
LANTERNARI V., *Movimenti religiosi di libertà e di salvezza dei popoli oppressi*, Feltrinelli, Milano 1974.
—, *Occidente e terzomondo, incontri di civiltà differenti*, Dedalo, Bari 1974.
—, *Religioni primitive e religione popolare. Corso di etnologia*, Bulzoni Editore, Roma 1975.
—, *La grande festa*, Dedalo Edizioni, Bari 1976.
—, *Crisi e ricerca di identità. Folclore e dinamica culturale*, Liguori, Napoli 1977.
—, *Preistoria e folklore. Tradizioni etnografiche e religiose della Sardegna*, Quaderni demologici, L'asfodelo Editore, Sassari 1984.
LE DOUX J., *Il cervello emotivo*, Baldini & Castoldi, Milano 1998.

LEACH E., *Ritual*, in *International Encyclopoedia of the Social Science*, Macmillan, New York 1968.
—, *Political systems of highland burma: A study of Kachin social structure*, Beacon Press, Boston 1954.
LÉVI-STRAUSS C., *Il pensiero selvaggio*, Il Saggiatore, Milano 1964.
LEVINAS E., *Altrimenti che essere o al di là dell'essenza*, Jaca Book, Milano 1983.
LEVY-BRUHL L., *La partecipazione magica*, in *Magia e civiltà. Un'antologia critica fondamentale per lo studio del concetto di magia nella civiltà occidentale*, a cura di E. De Martino, Strumenti di studio, Garzanti, Milano 1984, pp. 80-86.
LINCOLN B., *Diventare dea: i riti di iniziazione femminile*, Saggi di cultura contemporanea, Vol. 145, Edizioni di comunità, Milano 1983.
LITTLE L.K., *Benedictine maledictions: liturgical cursing in Romanesque*, Cornell university press, New York 1993.
LOMBARDI STRIANI L.M., *Il folclore come cultura di contestazione*, Messina, Peloritana, 1966.
—, *Attuale problematica della religione popolare*, in F. SAIJA, *Questione meridionale, religione e classi subalterne,* La terra deportata, Vol. 6, Guida Editori, Napoli 1978, pp. 9-33.
LYOTARD J.F., *La condizione postmoderna*, 12, Feltrinelli, Milano 1999.
MAINWARNING K., *I danzatori della pioggia*, trad. di G. Bulla, Comune di Venezia, Venezia 2003.
MALINOWSKY B., *Teoria scientifica della cultura e altri saggi*, Feltrinelli, Milano 1974.
MANDRUZZATO E., *I demoni: undici confessioni apocrife*, Il poligrafo, Padova 2006.
MARCHIARO C., *Fatture controfatture e pratiche magiche: come difendersi dai malefici e annullare il malocchio*, Padova, MEB 1986.
MARTON F., *La ricerca sulla religiosità popolare oggi in Italia*, «Il Regno attualità» 23/16 (1978), pp. 368-376.
MARSILI S., *La liturgia, momento storico della salvezza*, in *La liturgia, momento nella storia della salvezza*, Anàmnesis 1, Marietti, Casale Monferrato 1979, p. 67.
MEIJSING G., *Malocchio: een Toscaanse jeugd*, De Arbeiderspers, Amsterdam 2003.
METZ JOHANN B., *Chiesa e popolo. Ovvero il prezzo dell'ortodossia*, in *Ancora sulla teologia politica: il dibattito continua*, S. 92, Giornale di teologia, Queriniana, Brescia 1975, pp. 175-201.
MINERVA N., *Il diavolo: eclissi e metamorfosi nel secolo dei Lumi: da Asmodeo a Belzebù*, Longo, Ravenna 1990.
MIRANDI L.T., *Vento, terra, pioggia, fuoco: elementi*, S. Gabriele, Editoriale Eco, Teramo 2002.

MOTTU H. – CASTIGLIONE M., *Religione popolare in un'ottica protestante. Gramsci, cultura subalterna e lotte contadine*, Serie sociologica, Piccola collana moderna, Editoria Claudiana, Torino 1977.

NEUMANN E., *La grande madre: fenomenologia delle configurazioni femminili dell'inconscio*, traduzione a cura di A. Vitolo, Psiche e coscienza, Astrolabio, Roma 1981.

—, *La terra madre e dea: sacralità della natura che ci fa vivere*, Red, Como 1989.

OLMI G. - PAPAGNO G., *La natura e il corpo: studi in memoria di Attilio Zanca*, in *Atti del convegno Mantova (17 maggio 2003)*, Olschki, Firenze 2006.

OTTO R., *Il Sacro. L'irrazionale nell'idea del Divino e la sua relazione al razionale*, Feltrinelli, Milano 1994.

PADIGLIONE V., *Il cinghiale cacciatore. Antropologia simbolica della caccia in Sardegna*, Armando Editore, Roma 1989.

PANI ERMINI L., *Una testimonianza del culto di San Costantino in Sardegna*, in *Memoriam Sanctorum Venerantes. Miscellanea in onore di Monsignor Victor Saxer*, Studi di Antichità cristiana XVIII, Città del Vaticano 1992, pp. 613-625.

PESTALOZZA U., *Eterno femminino mediterraneo, Problemi di critica antichi e moderni*, Vol. 2, Neri Pozza, Venezia 1954.

PETTAZZONI R., *L'onniscienza di Dio*, Einaudi Torino, 1955.

—, *La religione primitiva in Sardegna*, Sardegna archeologica, Carlo Delfino Editore, Sassari 1980.

PETTINELLI P., *Saggio di una teoria generale dei fenomeni naturali*, Tipografia D. Bertolotto e C., Savona, 1904.

PINKOLA ESTES C., - NORTEY E., *La danza delle grandi madri*, Frassinelli, Milano 2006.

PIRA M., *La rivolta dell'oggetto. Antropologia della Sardegna*, Giuffrè, Milano 1978.

PIZZUTI D., *La religiosità popolare*, «Aggiornamenti sociali» 29 (1978), pp. 273-290.

PONTY M., *Fenomenologia della percezione*, Bompiani, Milano 2003.

PRANDI C., *Religioni e classi subalterne*, «Testimonianze» 18 (1975), pp. 451-478 e 547-572.

RAPPAPORT R.A., *Ritual Regulation of Environmental Relations among a New Guinea People*, «Ethnology» 6 (1967), pp. 17-30.

—, *The Religion of Bellona Island: A Study of the Place of Beliefs and Rites in the Social Life of Pre-Christian Bellona. Part 1: The Concepts of Supernaturals*, «American Anthropologist» 70 (1968), pp. 150-152.

—, *Pigs for the Ancestors: Ritual in the Ecology of a New Guinea People*, Yale University Press, New Haven 1968, p. 311.

—, *Ritual, Sanctity, and Cybernetics*, «American Anthropologist» 73 (1971), pp. 59-76.
—, *Adaptation and maladaptation in social systems. The Ethical Basis of Economic Freedom*, American Viewpoint, I Hill editions, Chapel Hill 1976.
—, *Liturgies and Lies*, «International Yearbook for the Sociology of Knowledge and Religion» 10 (1976), pp. 75-104.
—, *Ecology, Meaning, and Religion*, North Atlantic Books, Richmond 1979.
—, *The Obvious Aspects of Ritual*, in RAPPAPORT R.A., *Ecology, Meaning, and Religion*, North Atlantic Books, Richmond 1979, pp. 173-221.
—, *Comment on James G. Peoples, Individual or Group Advantage? A Reinterpretation of the Maring Ritual Cycle*, «Current Anthropology» 23 (1982), pp. 303-305.
—, *The Construction of Time and Eternity in Ritual*, in *The David Skomp Distinguished Lectures in Anthropology*, Indiana University Department of Anthropology, Bloomington 1986.
—, *Rito e religione nella costruzione dell'umanità*, a cura di A. N. Terrin, Edizioni Messaggero - Abbazia di Santa Giustina, Padova 2004.
—, *Ritual, Time, and Eternity*, trad. di F. Scardovi, PDF Version, Scriptorium Stella Maris, Porto Cervo 2008.
RICOEUR P., *Ecrits et conferences*, «Revue theologique de Louvain 39/3 (2008), Louven 2008.
RIES J., *Il sacro. Nella storia religiosa dell'umanità*, S. 89, Di fronte e attraverso, Jaca Book, Milano 1982.
RUDHART, *Les dieux, le feminin, le pouvoir. Enquètes d'un historien des religions*, «Revue de l'histoire des religions» 225/4 (2008), Armand Colin 2008.
SARTORI L., *Il disagio del teologo*, «Il Regno attualità» 23/16 (1978), pp. 376-379.
—, *Religiosità popolare e cammino di liberazione. Convegno teologico-pastorale su la «religione popolare» tenutosi al CEIAL (Verona - San Massimo) con la partecipazione di teologi latino-americani e teologi delle Tre Venezie (11-13 maggio 1978)*, Dehoniane, S. 11, Oggi e domani, Bologna 1978.
SATTA R., *Preghiere popolari del nord della Sardegna: intreccio tra vita ed esperienza del sacro. Risonanze liturgiche*, tesi per la licenza in Teologia con specializzazione liturgico-pastorale, Padova 1989.
SCAGNO R., *Mircea Eliade: un Ulisse romeno tra oriente e occidente*, in ARCELLA L. - PISI P. - SCAGNO R. (a cura di), *Confronto con Mircea Eliade. Archetipi mitici e identità storica*, Jaca Book, Milano 1982, pp. 9-23.

SCOPELLO M., *Femme, gnose et manichèisme: de l'espace mytique au territoire du rèel*, Nag Hammadi and Manichaean studies, vol. 53, Brill, Leiden 2005.

SPEZI M., *Le sette di Satana: cronache dall'inferno*, Sonzogno, Milano 2004.

STERLING B., *Fuoco Sacro*, Editore Fanucci, Roma 2000.

SVEVO I., *Il malocchio; L'assassinio di via Belpoggio. La morte e altri racconti*, Comet, Roma 1994.

TERRIN A.N., *La ritualità nella religiosità popolare*, in *Religiosità popolare e cammino di liberazione*, a cura di L. Sartori, S. 2, Oggi e domani, Dehoniane, Bologna 1978, pp. 257-281.

—, *L'esperienza del sacro in Abraham Joshua Heschel*, Tipografia Antoniana, Padova 1979.

—, *La religiosità popolare in prospettiva fenomenologica. Tentativo di fondazione antropologica-religiosa*, in *Ricerche sulla religiosità popolare. Nella Bibbia, nella liturgia, nella pastorale*, a cura dell'Istituto di liturgia pastorale dell'Abbazia di Santa Giustina di Padova, EDB, Bologna 1979, pp. 119-148.

—, *Dimensione ecologica ed etnologica del rito in rapporto all'esperienza del sacro*, in *Liturgia soglia dell'esperienza di Dio?*, Caro Salutis Cardo, 1, Edizioni Messaggero, Padova 1982.

—, *Religioni esperienza verità. Saggi di fenomenologia della religione,* S. 7, Biblioteca di Hermeneutica, Edizioni Quattro Venti, Urbino 1986.

—, *Introduzione allo studio comparato delle religioni*, Morcelliana, Brescia 1991 e 1998.

—, *Il sacro off limits: l'esperienza religiosa e il suo travaglio antropologico*, EDB, Bologna 1994.

—, *La malattia? Sindrome di disarmonia dello spirito. Rapporto sulle origini vecchie e nuove*, in A.N. TERRIN, *Liturgia e Terapia*, Edizioni Messaggero, Padova 1994, p. 172.

—, *Il respiro religioso dell'oriente: luoghi d'incontro con il cristianesimo*, EDB, Bologna 1997.

—, *Celebrazione e guarigione*, «Servizio della parola» 299 (1998), pp. 29-35.

—, *Il rito: Antropologia e fenomenologia della ritualità*, Morcelliana, Brescia 1999.

—, *Antropologia e orizzonti del sacro*, Edizioni Cittadella, Assisi 2001.

—, *New Age. La religiosità del postmoderno*, EDB, Bologna 2001.

—, *Mistiche dell'Occidente: new age. Orientalismo, mondo pentecostale*, Morcelliana, Brescia 2001.

—, *Unzione degli infermi*, in G. BARBAGLIO - S. DIANICH, *Teologia*, San Paolo, Cinisello Balsamo 2002, pp. 1810-1828.
—, *Religione e neuroscienze: una sfida per l'antropologia culturale*, Morcelliana, Brescia 2004.
—, *Liturgia ed estetica*, Edizioni Messaggero - Abbazia di Santa Giustina, Padova 2006.
—, *L'oriente e noi: orientalismo e postmoderno*, Morcelliana, Brescia 2007.
TURNER V., *Il processo rituale*, Morcelliana, Brescia 1972.
—, *Rituals as communication and potency: a Ndembu case study*, in C.E. HILL (a cura di), *Symbols and Society*, New York 1975, p. 58.
—, *La foresta dei simboli*, Morcelliana, Brescia 1976.
—, *Dal rito al teatro*, il Mulino, Bologna 1986.
TOSCHI P., *Guida allo studio delle tradizioni popolari. Serie di antropologia, etnologia e religione*, Boringhieri, Torino 1974.
V. BARICALLA, *L'uomo, la bestia, i cieli: critiche all'antropocentrismo nel Sei-Settecento*, ETS, Pisa 2000.
VAN DER LEEUW G., *Fenomenologia della religione*, Boringhieri, Torino 1975.
VAN GENNEP A., *I riti di passaggio*, Torino, Boringhieri, 1981.
VOLTAGGIO F., *L'arte della guarigione*, Bollati Boringhieri, Torino 1992.
VON REITZENSTEIN F., *La donna presso i popoli selvaggi*, Universum, Milano 1933.
WAGNER M.L., *Malocchio e credenze affini in Sardegna*, «Lares. Bollettino della società etnografica italiana» 2/3 (1913), Loescher, Roma 1913, pp. 129-150.
WESTERMANN C., *La benedizione nella bibbia e nell'azione della chiesa*, Queriana, Brescia 1997.
WHITMONT E.C., *Omeopatia e psicoanalisi*, Red, Como 1992.
WHITEHOUSE H., *Modes of religiosity: towards a cognitive explanation of the sociopolitical dynamics of religion*, «Method and theory in the Study of Religion» 14 (2002), pp. 293-315.
WIDENGREN G., *Fenomenologia della religione*, Collana di studi religiosi, Dehoniane, Bologna, 1984.
WIER J., *Agli albori della critica razionale dell'occulto e del demoniaco nell'Europa del Cinquecento*, a cura di M. Valente, L. S. Olschki, Firenze 2003.
ZABZEGSKI L., *Philosophy of Religion: An Historical Introduction*, «Religious studies» 44/4 (2008), Cambridge University Press, Cambridge 2008.

Studi di storia e letteratura sarda

AA.VV., *La società in Sardegna nei secoli*, ERI, Torino 1972.

AA.VV., *Famiglia e società sarda*, Giuffrè, Milano 1972.

AA.VV., *Lo sviluppo che si doveva fermare. Saggi e ricerche sulla Sardegna post-agricola e post industriale*, Dessì, Sassari 1982.

AA.VV., *Il Nuraghe S. Antine nel Logudoro-Meilogu*, a cura di A. Moraveti, Edizioni Delfino, Sassari 1988.

AA.VV., *Famiglia e matrimonio nella società sarda tradizionale*, a cura di A. Oppo, La Tarantola, Cagliari 1990.

AA.VV., *La cultura di Ozieri, problematiche e nuove acquisizioni*, Il Torchietto, Ozieri 1990.

ANONIMO, *Usi nuziali sardi in Gallura*, «A.S.T.P.» 1 (1895), pp. 581-584.

ARTIZZU F., *La Sardegna pisana e genovese*, Editore Chiarella, Sassari 1985.

ATZENI E., *Cagliari preistorica*, Cuec University Press, Cagliari 2003.

ATZORI M., *Tradizioni e prospettive dell'artigianato sardo*, «La Grotta della Vipera» 7/22-23 (1982), pp. 53-60.

—, *Sponsali e matrimonio nel quartiere di Castello nel XVII secolo*, in AA.VV., *Dentro Castello*, Editore Janus, Cagliari 1986.

BALDACCI O., *La casa rurale in Sardegna*, Editore Centro di Studi per la Geografia Etnologica, Firenze 1952.

BANDINU B. - MURINEDDU G. - TOGNOTTI E., *Olbia città multietnica*, Edizioni AM&D, Cagliari 1997.

BANDINU B., *Visiones, i segni dei pastori*, Edizioni AM&D, Cagliari 1998.

BANDINU B. - GATTO, A. - DESSI G., *Mario de Biasi. Viaggio dentro l'isola*, Edizioni Ilisso, Nuoro 2002.

BARGILLI G., *In Sardegna, cronache e leggende dei tempi antichi*, Editrice Sardegna Web, Nuoro 2003.

BARRECA F., *La Sardegna fenicia e punica*, Chiarella, Sassari 1987.

BERTOLI P. - MELONI B., *Azienda contadina, sviluppo economico e stratificazione sociale*, Editori Rosenberg e Sellier, Torino 1978.

BESTA E., *Sardegna Medioevale*, vol. 2, *Le istituzioni politiche, economiche, giuriche, sociali*, Edizioni Rober, Palermo 1908-09.

BORGHI C.A., *Ales. Il paese del tesoro*, Zonza Editori, Sestu 2002.

BOSCOLO A., *L'Abbazia di San Vittore, Pisa e la Sardegna*, Edizioni Cedam, Padova 1958.

—, *La Sardegna bizantina e alto giudicale*, Chiarella, Sassari 1978, p. 171.

—, *La Sardegna dei giudicati*, Edizioni Della Torre, Cagliari 1979.

BOTTIGLIONI G., *Leggende e tradizioni di Sardegna*, Leo S. Olschki, Genève, 1922.
—, «*Vita sarda*», a cura di G. Paulis e M. Atzori, Editrice Dessi, Sassari 1978.
BRESCIANI A., *Dei costumi dell'Isola di Sardegna. Confronti con gli antichissimi popoli orientali*, Edizioni Civiltà Cattolica, Napoli 1850.
—, *Brevi cenni sulla Gallura*, Editore Del Maino, Piacenza 1897.
BRIGAGLIA M. (a cura di), *La Sardegna. Enciclopedia,* Edizioni della Torre, Cagliari 1982.
CABIDDU G., *Usi, costumi, riti, tradizioni popolari della Trexenta*, Editore Fossataro, Cagliari 1965.
CAGNETTA F., *Banditi a Orgosolo*, a cura di L. M. Lombardi Satriani, Editrice Ilisso, Nuoro 2002.
CALVIA G., *Esseri meravigliosi e fantastici nelle credenze sarde, specialmente in Logudoro*, «Archivio per lo studio delle tradizioni popolari» 22 (1903), Torino 1903.
CAMBOSU S., *Miele amaro. Racconti.* Editore Arte Duchamp, Cagliari 2001.
CARCANGIU F., *L'artigianato del rame*, Zonza editori, Sestu 2003.
CARTA RASPI R., *Bagliori nelle tenebre*, in *Storia della Sardegna*, Mursia, Milano 1970.
—, *I Vandali occupano la Sardegna*, in *Storia della Sardegna*, Mursia, Milano 1970.
CASU P., *Notte sarda. Vecchia storia di Gallura*, Edizioni Dessi, Sassari 1910.
CASULA F.C., *La Sardegna Aragonese*, Chiarella, Sassari 1978.
CETTI F., *Storia naturale della Sardegna*, voll. 1-3, Tipografo G. Piattoli, Sassari 1774-77.
COCCO SOLINAS S., *Geografia storica della Sardegna*, Editrice Dessì, Sassari 1888.
CONTU G., *Annotazioni sulle notizie relative alla Sardegna nelle fonti arabe*, in *Atti del terzo seminario internazionale (Cagliari, 3-5 Ottobre 1996)*, in *Storie di viaggi e viaggiatori. Incontri nel Mediterraneo*, Cagliari 1996.
COSTA E., *Costumi sardi*, Editrice Dessi, Cagliari 1913.
CUCCIARI N., *Magia e superstizione tra i pastori della Bassa Gallura*, Chiarella, Sassari 1985.
DE ROSA F., *Tradizioni popolari di Gallura*, Editrice Tortu, Tempio 1910.
DELEDDA G., *Tradizioni Popolari di Nuoro in Sardegna*, «R.T.P.» 2 (1894-1895), pp. 418 - 421.
—, *Cenere*, Mondadori, Milano 1986.
—, *Marianna Sirca*, Mondadori, Milano 1990.

—, *Canne al vento*, Mondadori, Milano 1990.
—, *Tradizioni Popolari di Sardegna*, a cura di D. Turchi, Newton Compton, Roma 1995.
DELEDDA G. - BOTTIGLIONI G., *Antiche leggende Sarde*, Editrice Sardegna web, Nuoro 2003.
DELITALA E., *Novelline popolari sarde dell'ottocento*, Edizioni AM&D, Cagliari 1999.
—, *Materiali per lo studio degli esseri fantastici del mondo tradizionale sardo*, in *Studi Sardi*, vol. 23, Gallizzi, Sassari 1974.
—, *Il manoscritto 58 del fondo Comparetti del Museo Nazionale di Arti e Tradizioni Popolari*, «Bollettino del Repertorio e dell'Atlante Demonologico Sardo» 5 (1974), Cagliari 1974, pp. 23-26.
—, *Fiabe e leggende nelle tradizioni popolari della Sardegna*, Editrice Mediterranea, Sassari 1985, p. 131.
DELPIANO L., *La Sardegna nell'800*, Chiarella, Sassari 1984.
—, *Tenores, Canto e comunicazione sociale in Sardegna*, Edizioni AM&D, Cagliari 1997.
DI TUCCI R., *La vedova nel diritto e nell'economia di Sardegna*, «Rivista Italiana di Sociologia» 19 (1915), pp. 183-196.
—, *Le corporazioni artigiane della Sardegna*, in *Archivio Storico Sardo*, vol. 16, Tipografia G. Ledda, Cagliari 1926, pp. 1-152.
DIDU I., *I Greci e la Sardegna*, Scuola Sarda Editrice, Cagliari 2002.
DORE G., *Gosos e ternuras. Testi e musiche religiose popolari sarde secondo l'antica e ininterrotta tradizione di pregare cantando*, Arti grafiche A.R.P.E.F., Nuoro 1983.
ELIAESON A., *Beitraege zur Geschichte Sardiniens und Corsicas im ersten punischen Kriege*, Almquist-Wilcsells, Uppsala 1906.
FARNETI V., *Olbia. La terranova del nostro passato*, Zonza Editori, Sestu 2002.
FASCETTI B., *Aspetti dell'influenza e del dominio pisano in Sardegna*, in «Bollettino Storico Pisano» 8 (1939).
FERRARO G., *Canti popolari in dialetto logudorese*, Ermanno Loescher, Torino 1891.
FILIA D., *La Sardegna cristiana*, Tipografia Salta, Sassari 1909.
FLORA L. - CORDA A., *Manufatti preistorici della Sardegna*, Edizioni Tam Tam, Cagliari 2003.
FLORIS F., *La grande enciclopedia della Sardegna*, Edizioni della Torre, Cagliari 2002.
FORTELEONI D., *Le emissioni monetarie della Sardegna punica*, Gallizzi, Sassari 1961.
GABRIEL G., *Canti di Sardegna*, Casa Editrice Italica, Milano 1923.
GEMINA F., *Leggende di Sardegna*, Società Editrice Unitas, Milano 1930.

GIAGHEDDU L., *Il giudicato di Gallura e le sue relazioni con Pisa*, Tipografia S. Bernardino, Siena 1919.
GRAMSCI A., *Favole di libertà: le fiabe dei fratelli Grimm tradotte in carcere*, Editore Robin, Roma 2008.
—, *Lettere dal carcere*, Editore l'Unità, Roma 1988.
—, *Scritti di economia politica*, Boringhieri, Torino 1994.
—, *Contro la legge sulle associazioni segrete*, Manifesto Libri, Roma 1997.
—, *Pensare la democrazia*, Biblioteca Einaudi, vol. 9, Einaudi, Torino 1997.
—, *Le opere*, Editori riuniti, Roma 1997.
GUIDETTI M., *Dalle origini alla fine dell'età bizantina*, in *Storia dei sardi e della Sardegna*, vol. 1, Jaca Book, Milano 1988.
KIROVA T. - FIORINO D., *Le architetture religiose del Barocco in Sardegna*, Aipsa Edizioni, Cagliari 2003.
LA MARMORA A., *Voyage en Sardaigne de 1818 à 1825, ou description statistiqe, physique et politique de cette île*, tradotto da V. Martelli, Editore Il Nuraghe, Cagliari 1928.
LILLIU G., *Sculture della Sardegna nuragica*, Editore La Zattera, Cagliari 1966, pp. 310-313.
—, *La civiltà nuragica*, Edizioni Delfino, Sassari 1981.
—, *Per una rappresentazione dinamica della cultura popolare*, Editore A. Pizzi, Milano 1987.
—, *L'archeologo e i falsi bronzetti*, Edizioni AM&D, Cagliari 1998.
—, *La costante resistenziale Sarda,* a cura di A. Matteone, Editore Ilisso, Nuoro 2002.
LISSIA S., *La Gallura*, Edizioni Tortu, Tempio 1904.
LODDO CANEPA F., *Statuti inediti di alcuni gremi sardi*, in *Archivio Storico Sardo*, vol. 28, Cagliari 1961.
—, *La Sardegna dal 1478 al 1793. Gli anni 1478-1720*, a cura di G. Todde, vol. I, Edizioni Gallizzi, Sassari 1974.
LOI S. - ARGUER S., *Un innocente sul rogo dell'Inquisizione. Cattolicesimo e protestantesimo in Sardegna e Spagna nel '500*, Edizioni AM&D, Cagliari 1998.
—, *Cultura popolare in Sardegna tra '500 e '600*, Edizioni AM&D, Cagliari 2006.
—, *Streghe, guaritrici, esorcisti e cercatori di tesori. Inquisizione spagnola ed episcopale (Sardegna, sec. XVI-XVIII)*, Edizioni AM&D, Cagliari 2008.
LUCIANO B., *Cenni sulla Sardegna*, Botta, Torino 1841.
LUSSU E., *Il cinghiale del diavolo e altri scritti sulla Sardegna*, a cura di S. Salvestrini, Einaudi, Torino 1976, pp. 7-55.

MADAO M., *Dissertazioni storiche, apologetiche, critiche sulle antichità*, Stampa Reale, Cagliari 1792.

MAMELI D., *Vita, usi e costumi del Sarrabus*, Edizioni Fossataro, Cagliari 1965, pp. 21-47.

MANCONI F., *Per una storia del lavoro tradizionale*, in AA.VV., *Il lavoro dei Sardi*, Gallizzi, Sassari 1983, p. 14.

MANNO G., *Storia di Sardegna*, Tipografia Elvetica, Capolago 1840.

MARCHI R., *Il boe muliache della Barbagia e l'essere fantastico di Nule*, in *Atti del convegno di Studi Religiosi Sardi (Cagliari 24-26 Maggio 1962)*, Cedam, Padova 1963, pp. 282-313.

MARIELLI F., *Sardegna*, Paravia, Torino 1925.

MAXIA M., *Tra Sardo e Corso*, Magnum, Sassari 2003.

MELONI P., *La Sardegna Romana*, Chiarella, Sassari 1987.

MERCHIONNA G., *Santuario di Ns Signora di Bonaria*, Editore Fossataro, Cagliari 1970.

MIMAUT F., *Histoire de Sardaigne ou la Sardaigne ancienne et moderne*, Blaise, Paris 1825.

MURINEDDU A., *Gallura. Aspetti storici, geografici ed economici*, Editrice Sarda - Fratelli Fossataro, Cagliari 1962.

OPPES T., Paristorias, *Miti e racconti della Sardegna*, Edizioni AM&D, Cagliari 1998.

PAIS E., *La civiltà dei nuraghi e sviluppo sociologico della Sardegna*, Dessi, Cagliari 1911.

PALA F., *Il matrimonio in Sardegna*, La Torre, Cagliari 1985.

PANEDDA D., *Il giudicato di Gallura. Curatorie e centri abitati*, Editrice Libreria Dessì, Sassari 1968.

—, *Olbia. Nel periodo punico e romano*, Carlo Delfino Editore, Sassari 1987.

—, *Olbia e il suo volto*, Carlo Delfino Editore, Sassari 1989.

PANI ERMINI L., *La Sardegna e l'Africa nel periodo vandalico*, «L'Africa romana» 2 (1984), Sassari 1985, pp. 105-122.

PESCE G., *Sardegna punica*, Fossataro, Cagliari 1961.

PINNA M., *Le ordinazioni dei Consiglieri di Cagliari*, «Archivio Storico Sardo» 17 (1929), pp. 1-272.

PINNA O., *Riti funebri di Sardegna*, Sassari, Gallizzi, 1921.

PINNA T., *Sagre riti e feste popolari in Sardegna. La Settimana Santa e la Sagra di Sant'Efisio a Cagliari*, Editore Janus, Cagliari 1987, pp. 19-35.

PIRA M., *Il villaggio elettronico*, Edizioni AM&D, Cagliari 1997.

PISANU L., *La presenza francescana in Sardegna*, in *Frati Minori d'Italia*, Città di Castello 1981.

POGGI F., *Usi nuziali del centro della Sardegna*, Dessi, Sassari 1894.

PORTA BOCA G., *Sos sette 'e s'arcu 'e su chelu, Leggende sarde*, Editore Sardegna Web, Nuoro 2002.
PUDDU R., *S'ardia*, Edizioni AM&D, Cagliari 1998.
RASSU M., *La geometria del tempio, armonie e proporzione delle chiese nella Sardegna medievale*, Grafica del parteolla, Dolianova 2002.
SANNA A., *Tracce di riti bizantini in Sardegna*, in *Atti del convegno di studi religiosi Sardi (Cagliari 24-26 Maggio 1962)*, Cagliari 1962.
SATTA M.M., *Donne e preghiere tradizionali in Sardegna*, 3, Quaderni demologici, l'Asfodelo Editore, Sassari 1980.
—, *Riso e pianto nella cultura popolare. Feste e tradizioni sarde*, l'Asfodelo Editore, Sassari 1982, pp. 145-170.
SATTA R., *Stella Maris. Ikona del cielo e del mare*, Grafiche Ortolan, Opera-Milano 2002.
SOLE C., *Politica, economia e società in Sardegna nell'epoca moderna*, Editrice Sarda Fossataro, Cagliari 1978.
—, *La Sardegna sabauda nel '700*, Chiarella, Sassari 1984.
SORGIA G., *La Sardegna spagnola*, Chiarella, Sassari 1987.
SORO A., *Folklore logudorese*, Leo S. Olschki Editore, Firenze 1971.
SPANO G., *Catalogo della raccolta archeologica sarda*, Cagliari, 1960, p. 77.
TOLA P., *Candelieri*, in *Almanacco Sassarese*, Sassari 1953.
TUSCERI G.C., *Il governatore, storia di Mons. Capula e della sua isola*, Paolo Sorba Editore, La Maddalena 2000.
USAI L. - FRAU M., *Il museo archeologico di Cagliari*, Editore Tam Tam, Cagliari 2003.
WAGNER M.L., *La vita rustica della Sardegna riflessa nella lingua*, traduzione e introduzione di G. Paulis, Ilisso, Nuoro 1996, pp. 338-334.
WRIGHT H.D., *Little known Sardinia*, «National Geografic Magazine» 30 (1916), pp. 97-120.
ZANETTI G., *Alcuni statuti inediti di corporazioni artigiane di Sassari e Oristano*, in *Studi Sardi*, vol. 17, Gallizzi, Sassari 1962, pp. 441 e ss.

Studi teologici-liturgici

AA.VV., *Liturgia e spiritualità*, in *Atti della XX settimana di studio dell'associazione Professori di Liturgia (Fermo 25 30 agosto 1991)*, Edizioni liturgiche, Roma 1992.
AA.VV., *Liturgia e cultura*, Edizioni liturgiche, Roma 1996, pp. 155-205.
BARGELLINI E., *Il rinnovamento liturgico a confronto con la religiosità*

popolare: note di riflessione, «Vita monastica» 32 (1978), pp. 97-106.
BONACCORSO G., *Introduzione allo studio della teologia*, Edizioni Messaggero, Padova 1990.
—, *Le azioni simboliche alla luce della fenomenologia religiosa, in Amen vestrum. Miscellanea in onore di Pelagio Visentin*, Edizioni Messaggero, Padova 1994.
—, *Celebrare la salvezza. Lineamenti di liturgia*, Edizioni Messaggero, Padova 1996.
—, *La ripetizione rituale e la novità dell'annuncio*, «Rivista di pastorale liturgica» 41 (2003).
COX H., *La seduzione dello spirito. Uso e abuso della religione popolare*, Queriniana, Brescia 1974.
COURTAS R. - F.A. ISAMBERT, *Etnologues et sociologues aux prises avec la notion de popolare*, «La Maison Dieu» 122 (1975), pp. 20-42.
DE PUNITE P., *Le pouvoir sacerdotale de bènir*, «Ephemerides liturgicae» 42 (1928), pp. 425-439.
DALLA MUTTA R., *Liturgia e devozione: devozionalismo medievale*, in «Rivista di pastorale liturgica» 31 (1993/1994), pp. 13-21.
DELLA TORRE L., *Liturgia e pietà popolare*, «Rivista di pastorale liturgica» 16/87 (1978), pp. 3-10.
DUQUESNE J., *Un débat actuel: la religion populaire*, «La Maison Dieu» 122 (1975), pp. 7-19.
FLORES DE S., *La nuova spiritualità*, Edizioni Studium, Roma 1996.
GALILEA S., *Le evangelizaciòn de la religiosidad popular. Dialéctica de los modelos pastorales*, «Salterrae» 64 (1974), pp. 724-730.
GARGANO I., *Liturgia e religiosità popolare*, «Rivista di pastorale liturgica» 16 (1978), n. 87, pp. 11-18.
GUARDINI R., *Lo spirito della liturgia*, Morcelliana, Brescia 1980.
GREELEY A.M., *L'uomo non secolare. La persistenza della religione*, Queriniana, Brescia 1975.
HOFFMANN H., *Berakhah rabbinica e spiritualità ebraica*, «Concilium» 26 (1990), pp. 349-364.
HESCHEL A.J., *Il sabato. Il suo significato per l'uomo moderno*, Garzanti, Milano 1999.
LAURENTIN R., *La persistenza della pietà popolare*, «Concilium» 9 (1973), pp. 180-193.
LODI E., *Maria nella pietà popolare*, «Rivista di pastorale liturgica» 16/87 (1978), pp. 19-21.
MARSILI S., *Liturgia e devozioni: tra storia e teologia*, «Rivista liturgica» 63 (1976), pp. 164-168.
NESTI A., *Per una lettura della religione popolare*, «IDOC internazionale» 5 (1975), pp. 1-4.

PASQUALE G., *La risorsa profetica della devozione popolare: tratto simbolico della cultura cristiana*, «Rassegna di Teologia» 43 (2002), pp. 221-240.
PANIKKAR R., *L'India. Popolazione e cultura e credenze*, Morcelliana, Brescia 1964.
PANTEGHINI G., *La religiosità popolare. Provocazioni culturali ed ecclesiali*, Edizioni Messaggero, Padova 1996.
PIANA G. - GOFFI T., *Liturgia, etica della religiosità*, Queriniana, Brescia 1995.
SARTORE D., *La religiosità popolare nella problematica teologico-pastorale dell'ultimo decennio*, «Vita monastica» 32 (1978), pp. 18-46.
SARTORI L., *Il disagio del teologo*, «Il Regno attualità» 23/16 (1978), pp. 376-379.
SCHMIDT H., *Introductio in liturgia rinnovata dal concilio. Studi e commenti intorno alla costituzione liturgica del concilio ecumenico Vaticano II*, Leumann, Torino 1964.
STEIN E., *La preghiera della chiesa*, Morcelliana, Brescia 1987.
THIELMANN L., *Malattia, guarigione e salute*, «Concilium» 5 (1998), p. 53.
THILS G., *La religion populaire: approches, définition*, «Revue theologique de Louvain» 8 (1977), pp. 198-210.
TAGLIAFERRI R., *I problemi epistemiologici della scienza liturgica: ricerca sui fondamenti della scienza liturgica a partire dalla ritualità religiosa*, Istituto di Liturgia Pastorale, Abbazia di Santa Giustina, Padova 1992.
—, *La violazione del mondo: ricerche di epistemologia liturgica*, C.L.V. - Edizioni Liturgiche, Roma 1996.
—, *La Magia del rito. Saggi sulla questione rituale e liturgica*, Edizioni Messaggero, Padova 2006.
TRIACCA A. M. - CIBIEN C., *Liturgia*, San Paolo, Cinisello Balsamo 2001.
VALENZIANO C., *Su la religiosità popolare: osservazioni per una tipologia nelle culture cristiane*, «Orientamenti sociali» 34 (1978), pp. 155-172.
ZANCHETTA R., *Malattia Salute Salvezza. Il rito come terapia*, Caro Salutis Cardo, Edizioni Messaggero, Padova 2004.

INDICE

Capitolo Terzo

Capitolo Quarto

Finito di stampare nel mese di giugno 2009
Villaggio Grafica – Noventa Padovana, Padova